本书受以下项目资助：

· 江西省高校人文社会科学重点研究基地赣南师范大学教育经济研究中心资助出版项目

· 江西省教育科学规划2017年度资助项目

· 赣南师范大学教育学重点学科资助出版项目

4-6岁

城乡幼儿前科学概念的研究

以生命科学领域为例

符太胜 著

4-6SUI CHENGXIANG YOUER QIAN KEXUE
GAINIAN DE YANJIU :
YI SHENGMING KEXUE LINGYU WEILI

中国社会科学出版社

图书在版编目（CIP）数据

4—6岁城乡幼儿前科学概念的研究：以生命科学领域为例／符太胜著．—北京：中国社会科学出版社，2018.5

ISBN 978－7－5203－1206－6

Ⅰ.①4… Ⅱ.①符… Ⅲ.①生命科学—教学研究—学前教育 Ⅳ.①G613.3

中国版本图书馆CIP数据核字(2017)第255547号

出 版 人　赵剑英
责任编辑　赵　丽
责任校对　张依婧
责任印制　王　超

出　　版　中国社会科学出版社
社　　址　北京鼓楼西大街甲158号
邮　　编　100720
网　　址　http://www.csspw.cn
发 行 部　010－84083685
门 市 部　010－84029450
经　　销　新华书店及其他书店

印刷装订　北京明恒达印务有限公司
版　　次　2018年5月第1版
印　　次　2018年5月第1次印刷

开　　本　710×1000　1/16
印　　张　16.5
插　　页　2
字　　数　254千字
定　　价　68.00元

序

符太胜博士论文《4—6 岁城乡幼儿前科学概念的研究——以生命科学领域为例》要出版了，这是一件可喜可贺的好事！我也“领”到了一项为其作序的“任务”。虽然符太胜是我“门”下毕业的第一个博士，但由于手头事情太多，加之以前没有为人作序的经历，面对符太胜博士请我写序的请求，我着实踌躇了很久。

按东北师大现行的博士生导师标准来看，当符太胜博士毕业时，这意味着我的角色发生了“新”与“老”的转换，即从一个“新”博导向“老”博导转换。在符太胜准备博士论文答辩时，正值东北师范大学学前教育学院学前教育学二级博士学位点准备申报之际，我们也在思考博士层次的人才培养与人才引进等相关问题。

由于学前教育学的学科特殊性，学前教育学的博士生培养阶段总是面临一些困惑：相比于其他专业的博士生教育，学前教育学专业的博士生整体上更倾向于感性、与实践联系更多——这对于博士阶段的指导来说，理论思维与研究视野的挑战就更大。当研究者们投入较多精力于学前领域的研究后，他们会发现学前领域的相关研究成果很难在国内较高级别的刊物上发表。

好在符太胜博士用他的经历很好地诠释了博与精、专业发展与论文发表等方面的平衡问题。博士在读三年，符太胜发表了 5 篇 CSSCI 论文和 1 篇外文，参与了我的 3 项课题，独自主持了江西省教育科学和江西省社会科学课题。可以说，符太胜用他的勤奋为三年博士生阶段学习书写了完美的答卷。他在博士阶段的努力与拼搏给我们的博士生培养留下了可贵的经验，同时给学前领域的研究者们在当下的科研生存状态提供了某种启示。

在符太胜的三年博士生涯中，与其说我们是师生，倒不如说我们更多的是朋友。我们一起既讨论专业，也讨论生活，既讨论论文的写作，也讨论论文的发表，同时还讨论时代变革与社会发展。在此过程中，师生二人都获得了视域的“交融”，相互的启迪。

由于符太胜博士在研究上灵性十足，一些问题只要稍微点到，他就能马上领会。如果一定要强调师生存在关系的话，作为当事人之一的我在这一过程中体验更多的是做导师的快乐——享受着由于学生进步带给老师的喜悦。

在重视农村学前教育的今天，部分理论研究者们通过研究发现，农村儿童特别是农村留守儿童在语言发展水平与数学概念方面的发展明显比不上城市儿童，这种无可厚非的结论很容易让人把这种在语言发展、数学概念方面的差异扩大到其他方面，如在科学概念方面，就很容易让人误认为农村儿童在科学概念方面的发展不如城市儿童。

面对城乡儿童差异的争论，符太胜的博士论文《4—6岁城乡幼儿前科学概念的研究——以生命科学领域为例》在问卷调查与现实儿童科学认知能力测查的基础上，通过访谈三所城市幼儿园和三所农村幼儿园的159名4—6岁幼儿，给出了与当代研究者略有不同却又令人信服的结论：城乡儿童在科学概念（特别是生命科学领域）方面不存在显著差异，只是获取与生命有关经验的渠道不同，在某些方面，如生命知识的直接体验上，农村儿童甚至还超过了城市儿童。当然，这也不是说明农村幼儿园课程质量比城市幼儿园课程质量高，而是从另一角度阐释了幼儿园教育、生活环境与家庭教育之间的紧密联系，生活环境和家庭教育在当代儿童发展中具有重要影响。同时，这也说明了儿童学习方式的特殊性，以及科学认知领域的特殊性。让儿童接触大自然，让儿童在大自然中学习，对当代幼儿教育具有重要意义。

论文的结束、论著的出版，是对博士生活的总结，这确实是一件令人高兴的事情，同时，也意味着新生活、新挑战的开始。重新回到工作岗位之后，会有新的角色、新的要求，也意味着新的压力与新的使命。通过这些新角色、新要求、新压力、新使命的磨砺，个人的发展就会迎来更大的成长空间。

不管在什么时候，坚持学习、坚持思考、坚持研究，个人就必能获得持续的发展动力。特别是遇到挫折时的不放弃，把挫折当作一种挑战，个人的发展才更有滋味，人生的意义才更圆满、更富有意蕴。在个人的成长过程中，如果有一个良师、益友相伴，个人的成长也会获得更大的助力。如果有一个良好的学术环境，学前教育发展也会有更大的空间。

以此为序，并与符太胜博士共勉！

严仲连

2017年2月16日于长春

前　言

20 世纪 30 年代以来，皮亚杰认知发展理论成为儿童发展研究领域的主导理论。皮亚杰认知发展理论指出，儿童的认知发展阶段是领域普遍性的，处于前运算阶段的幼儿既无演绎推理，也无归纳推理，对事物的认知不是从事物本身的特点及其内部关系出发，而是表现出“泛灵论”倾向，受限于知觉相似性和自我中心思维。长达半个多世纪以来，儿童研究领域以皮亚杰认知发展理论为信条，普遍认为儿童的认知发展特征似乎是普适性的，任何文化背景中的儿童在任何科学领域的认知发展似乎都具有相同的发展特征。

20 世纪 80 年代末期以来，领域特殊性和朴素理论的研究者展开了对皮亚杰认知发展理论的质疑，并且用实证研究批判了皮亚杰对幼儿认知能力的低估倾向，提出幼儿具有朴素物理学理论、朴素心理学理论和朴素生物学理论。领域特殊性和朴素理论的研究者指出，幼儿也能将世界组织成有意义的范畴，儿童早期的概念不单单依赖于知觉外表，而且常常反映了某个范畴的成员间比较深层的不那么明显的关系。

幼儿在生命科学领域具有较丰富的前科学概念，逐渐形成一个类似“理论”的知识体系，虽然不是真正的科学理论，但具有理论的性质和功能，能用于解释和预测特定领域中的现象。探究儿童对生命世界的前科学概念是理解儿童认知发展特征、发展儿童科学概念、培养儿童科学素养的重要选题，有利于幼儿教师积极实施儿童生命科学教育，也有利于从儿童认知发展的视角理解城乡教育一体化。

儿童的前科学概念会受到所生活的社会文化背景的影响。现代社会背景下儿童的科学认知可能不同于皮亚杰所研究的传统社会背景下儿童的科学认知；在中国文化背景下儿童的科学认知可能也不同于西方文化背景下儿童的科学认知；在农村文化背景下儿童的科学认知可能也不同于城市文化背景下儿童的科学认知。同时，儿童的科学认知发展也具有领域特殊性，儿童对生命领域的科学认知可能不同于对其他领域的科学认知。即使是在生命领域内部，儿童对动物、植物、人类的认知也会因为生命体类型的不同而有差异，对遗传、生长、生病、死亡的认知可能也会因为生命概念的不同表现出差异。

现有相关研究成果的特点在于研究幼儿对人体生命现象的科学认知居多，其次为研究幼儿对动物生命现象的科学认知，较少研究幼儿对植物生命现象的科学认知，从人体、动物和植物三种生命类型研究幼儿前科学概念的整合性研究很少；具体选择的生命概念和实验材料也不同，要么单独研究生长，要么单独研究疾病，要么单独研究死亡，缺乏对遗传、生长、疾病和死亡的整合研究；选择的研究对象多为城市儿童，较少研究文化背景不同的农村幼儿。因此，现有研究成果的不足在于各个研究之间的可比较性差，研究的具体概念、抽样被试和实验材料不同，得出了很不一样甚至完全相反的研究结论；对西方儿童和我国大城市儿童的研究结论不适合完全推广到我国农村儿童，因为生命毕竟不是各种割裂的生物特征的简单组合，需要在前人研究基础上更进一步的系统的研究。

本书在梳理国内外已有相关研究的基础上，界定了前科学概念的内涵，综合运用皮亚杰的认知发展理论、维果茨基的文化历史发展理论、朴素理论与多元智能理论，从生老病死的生命过程现象出发，选择代表生命过程的四个基本概念——遗传、生长、生病和死亡，从三种类型的生命体——动物、植物、人体，结合图片和情境设计了幼儿前科学概念的临床访谈提纲，从三所城市幼儿园和三所农村幼儿园临床访谈159名4—6岁幼儿；编制了幼儿生命科学教育教师自评问卷和家长自评问卷，将访谈、问卷和观察等多种研究方法相结合，将量化分析与质性研究相结合，研究幼儿前科学概念的水平、共同特征与差异以及影响因素，在此基础上，提出了前科学概念的研究对幼儿科学教育的启示。

目　录

第一章

绪　论

第一节　选题缘由

一　幼儿科学教育应该尊重并且发展幼儿的前科学概念

经验主义哲学家洛克认为，人出生时心灵犹如“白板”，上面没有任何观念，没有任何印记和符号，人的知识、才能和智慧是在后天的活动中获得的，经验是观念的唯一来源。洛克有力地反击了天赋观念说，指出了知识来自后天的经验，感知觉对知识的获得具有重要作用，确认了人与人之间的生来平等。然而，洛克的“白板说”在一定程度上低估了儿童在认知活动中的主体性，低估了幼儿的认知潜能，忽视了幼儿的前科学概念，容易导致被动接受式的科学教育。

皮亚杰[①]认为，认知发展是儿童与环境相互作用的结果，同化、顺应是认知发展的基本机制，动作是儿童与环境相互作用的一种形式，成熟、经验、社会环境和平衡化是认知发展的影响因素。皮亚杰将儿童认知发展分为感知动作阶段、前运算阶段、具体运算阶段和形式运算阶段，每一个阶段具有相应的认知图式。3—6 岁幼儿处于前运算阶段，不具有思维守恒性和可逆性，对科学现象的理解特点是“泛灵论”“前因果”“现实主义”“自我中心”、受直觉相似性支配。皮亚杰的理论确认了幼儿认知活动的主动性和主体地位，但也在一定程度上低估了幼儿的科学认知能力，“在前运算阶段的幼儿科学认知能力很低”，由此质疑学前儿童是否具备学习科学的能力。教师在科学教育中常常忽视幼儿的前科学概念，导致科

① 张向葵：《发展心理学》，教育科学出版社 2012 年版，第 46—48 页。

学教育不能充分发挥幼儿的自主性，科学课程不能定位于幼儿的“最近发展区”。

随着儿童研究的深入，学术研究视域中的儿童观发生了巨大的转变：儿童具有巨大的认知潜能，具有吸收力的心智，儿童在生活中积累了大量的知识经验，儿童是小小科学家。近20年来，“领域特殊性”理论和“理论”论认为幼儿具有朴素物理理论、朴素心理理论和朴素生物理论，学前儿童比我们过去认为的更聪敏。在知识经验相对丰富的特殊领域，儿童对事物的认识能够做出本体区分，他们在特殊领域具有相应的因果解释机制，在特殊领域的知识经验具有内在一致性。① 儿童的前科学概念往往是其朴素理论的重要体现，是日常生活经验在前科学思维基础上的归纳、概括和系统化，具有类似于科学理论的解释、预测和交流的功能。

全美幼教协会（NAEYC）在3—8岁儿童的课程内容指南中提出了判断教育内容适宜性的标准。课程内容对于儿童应当是有意义的，应适当从儿童已经具有的知识经验出发，突出一定的主题，提供一些概念性框架，同时尊重学科的基本体系，帮助幼儿理解知识、建构认知结构和发展智力。儿童在经验的理解和知识的建构中将形成一些自发概念，这些概念有可能包含科学思维成分，也有可能含有迷思概念，通过研究儿童的自发概念可以理解儿童的认知水平和思维特点。儿童的兴趣是选择课程内容的重要标准，但不是唯一标准，有意义的课程不只是要去取悦儿童，发展儿童的理解力、增强儿童的成就感、保证知识的正确性也是选择课程内容的重要标准。②

随着电子传媒的普及，幼儿的前科学概念已经超越传统的生活时空。对“贴近生活”的理解不应过于狭隘，贴近生活并不是简单重复日常生活经验，而是要用观察、比较、调查、实验等科学研究方法，发展幼儿的科学概念，帮助幼儿逐渐接近科学思维和理解事物之间的关系。尽管受认知发展水平的局限，幼儿不可能完全理解抽象的原理，但我们要看到认识是一个渐进的过程，幼儿对科学概念的理解和掌握不是一步到位的，但可

---

① Wellman H. M., Gelman S. A., "Cognitive development: Foundational theories and core domains", *Annual Review of Psychology*, Vol. 43, No. 1, 1992.

② 姜勇、徐刚：《幼儿园生存课程的研究》，上海教育出版社1999年版，第76—79页。

以逐渐接近它，从而为进一步的学习做好认知准备；某些事物的本质属性和规律性联系存在可感知的外部特征，因而也可以引导幼儿通过研究发现这种关系。[①] 前科学概念具有发展性和水平性，幼儿可以通过探究的方法理解科学概念的初级水平，逐渐接近科学概念。

二　发展幼儿的前科学概念是科学素养启蒙的重要内容

科学概念是科学素养的重要维度之一，美国威斯康星科学素养研究中心研究员佩勒（Pella）在60年代中期首次概括了科学素养的内涵，将其分为6个主题：科学概念、科学与社会、科学伦理、科学的本质、科学与技术、人文中的科学。70年代中期，索尔特（Showalter）提出科学素养的7个维度：科学概念、科学的本质、科学过程、科学的价值、科学与社会、科学兴趣、科学技能。索尔特进一步提出科学素养的连续性特征，认为科学素养的整体以及科学素养的7个维度都要经历由不成熟发展到成熟、由低级发展到高级的连续过程。美国国家优质教育委员会（NCEE）在1983年的报告《国家处于危机中：教育改革势在必行》中将生命科学的概念、定律和过程规定为科学素养的基本内容。[②]

科学素养具有连续性，也具有领域性和复杂性。一般而言，成人的科学素养比儿童的科学素养高，年长儿童的科学素养比幼儿的科学素养高。但是科学素养不是随着年龄增长就能自然而然地增长的，其中科学概念发展是科学素养启蒙的重要因素。“儿童专家”研究表明，在某一特定领域，成人的科学素养在实际上可能并不如我们想的那样好，儿童的科学素养在实际上也不是我们想象的那样低。在物理科学领域具有较高科学素养的人，在生命科学领域的科学素养不一定高。

科学素养发展的连续性和领域特殊性表明科学素养应该成为科学教育的重要目标，幼儿科学教育应该把培养儿童的科学素养作为首要目标，促进幼儿生命科学概念的发展应该是幼儿生命科学素养发展的重要目标。影响深远的广为国际社会参考的美国国家科学教育标准就特别指出幼儿园至12年级科学教育的目标是“培养具有科学素养的人”。2061计划核心著

---

① 冯晓霞：《幼儿园课程》，北京师范大学出版社2000年版，第59—60页。

② 魏冰：《“科学素养”探析》，《比较教育研究》2000年第12期。

作《面向全体美国人的科学》在导论中将科学概念明确为科学素养的核心内容之一。“幼儿是需要学习科学概念的，但这种学习不是严格意义上的从概念出发的学习，而是通过游戏的方式探究科学概念的内涵，以促成幼儿的概念转变与科学思维的启蒙。”①

三 幼儿科学教育的理论与实践对科学知识与概念的目标定位有困惑

在幼儿科学教育的目标定位中，如何定位科学知识与概念、科学过程与方法、科学情感与态度往往是学界争论的焦点，目前有三种代表性观点。

第一种观点是对科学知识与概念的批判。有学者从后现代主义、现象学、解释学等学术视域出发，提出科学课程要回归生活，有部分观点甚至走向否定科学知识与概念的立场。对科学知识与概念的课程目标批判主要包括以下几点。传统的科学教育观过于强调科学知识与概念，认为科学知识是永恒的客观真理，掌握了科学知识就是拥有了科学素养，过于突出教师在传递科学知识与概念中的中心地位，不注重儿童在科学探究中获得科学知识的主体地位。知识中心取向使儿童迷信权威，缺乏探索精神、好奇心与求知欲，儿童通过接受式学习获得的科学知识缺乏活性，科学知识的获得是以丧失实事求是的科学精神为代价的。

第二种观点强调科学过程与方法的首要地位。这种观点认为科学知识来自科学过程，科学的本质在于科学过程的科学性。科学知识不是永恒的普遍的真理，是发展中的相对的，科学知识需要实证，并且需要不断地接受检验。科学知识与概念来自于科学探究，科学探究过程是科学知识发展的源动力，是科学知识科学性的根本保证，科学过程与方法应该是幼儿科学教育的首要目标。

第三种观点则认为科学情感与态度才是科学教育的首要目标。这种观点认为由于幼儿的认知发展水平很低，幼儿的思维以具体形象思维为主，因此幼儿只需要积累一些初浅的科学经验即可，科学知识与概念的学习主要是小学以后的事情，学前儿童学习科学知识是“小学化”的表征。幼

① 张俊：《指向概念转变的教学：来自实践的反思与启示》，《学前教育研究》2008年第2期。

儿的认知发展水平有限，缺乏提出科学计划的能力，难以按照科学计划进行科学探究，难以通过控制变量达到探究过程的科学性，所以过程与方法也不应成为幼儿科学教育的重心。

冯晓霞教授强调科学知识与概念、科学过程与方法、科学情感与态度三维目标的立体整合关系，认为对科学知识与概念的目标定位不能从一个极端走向另一个极端。“幼儿教育改革批判的是死记硬背和强行灌输，但不能否定科学知识的价值，有些知识是幼儿必须掌握的，基本的生命健康与安全知识、简单的自然环境与生态保护知识是幼儿很有必要掌握的。教师要引导幼儿整理、扩充、提升日常经验，使其概括化、系统化。系统化本身还是一种认知方式，知识系统化的过程也是思维方式逐渐改造，思维水平不断提高的过程。尽管受认知发展水平的局限，幼儿还不可能完全理解抽象的原理，但要看到认识是一个渐进的过程，幼儿对科学概念的理解和掌握不是一步到位的，但可以逐渐接近它，逐渐接近科学思维，从而为进一步的学习做好认知准备。”①

真正需要讨论的不是知识的取舍问题，而是知识的性质问题、知识的选择问题以及知识的获得方式问题。“幼儿科学教育不应该也不可能取消知识的目标，知识是科学探索过程的必然结果，知识的目标蕴藏在科学方法和科学情感等目标之中。”②

四 对幼儿生命科学教育的诉求与隐忧

生命世界是一个独特的能够吸引幼儿科学探究的领域，儿童在生命科学领域拥有相对丰富的知识经验。生命世界是他们从小就怀有浓厚兴趣的神奇世界，虫鱼鸟兽、花草树木，伴随着他们的童年生活。因此，儿童对生命科学可能会有比较丰富而深刻的前科学概念，探究生命现象是发展儿童科学概念、培养儿童科学素养的重要选题。在生命世界中，儿童感知动植物的相似性与多样性，观察动物的外形特征与生理结构，比较动植物的繁殖方式，了解动植物的生活环境与生活习性，感受生命体的生长条件、生长过程和生命周期，认识到动植物与生活环境之间的关系，体验动植物

---

① 冯晓霞：《幼儿园课程》，北京师范大学出版社 2000 年版，第 51—60 页。

② 张俊：《幼儿园科学教育》，人民教育出版社 2004 年版，第 64 页。

与人类的关系，从而激发幼儿的生命概念意识、生命伦理意识和生命保护意识。遗传、生长、生病、死亡是生命体的基本生命过程，是生命现象的基本特征，幼儿对遗传、生长、生病、死亡具有一定的前科学概念。研究幼儿的前科学概念有利于正确理解儿童认知发展的特征，也有利于适宜的幼儿科学教育。

《3—6 岁儿童学习与发展指南》中的幼儿科学领域也特别强调发展幼儿的生命科学概念，里面有大量的陈述为证："1. 感知和发现动植物的生长变化及其基本条件；2. 感知和发现不同季节的特点，体验季节对动植物和人的影响；3. 察觉动植物的外形特征、习性与生存环境的适应关系；4. 初步了解人们的生活与自然环境的密切关系；5. 知道尊重和珍惜生命，保护环境；6. 通过户外活动、参观考察、种植和饲养活动，感知生物的多样性和独特性，以及生长发育、繁殖和死亡的过程；7. 引导幼儿关注和思考动植物的外部特征、习性与生活环境对动植物生存的意义；8. 引导幼儿体会人与自然、动植物的依赖关系。"①

从学前教育的使命看，幼儿教育是保教结合的，幼儿教育要保护儿童的生命健康，增强幼儿体质，提高儿童自我保护能力；同时，幼儿教育要鼓励幼儿探究大自然、关爱大自然、保护大自然，在亲近自然的过程中发展幼儿的自然智能。然而，在幼儿教育实践中，一方面，幼儿的生命健康安全保障力度不够，幼儿自我保护能力不足，积极培养幼儿自我保护意识的生命科学教育非常缺乏；另一方面，当前幼儿教育不能充分认识到亲近自然对儿童认知发展的重要性，不能认识到探究自然对发展幼儿生命科学概念和科学素养的重要价值，反而以束缚儿童的消极方式使越来越多的儿童远离大自然，使他们患上了"自然缺失症"，城市幼儿表现得更为突出，部分农村儿童也有这种趋向。他们的时空被各种特色技能课程所占用，他们的身体被成人所规约，极大地影响了他们探究自然的欲望和自主性，也影响了科学概念的发展。出于对幼儿生命科学教育的隐忧与诉求，本书基于生命科学领域研究幼儿的前科学概念，倡导积极的生命教育。

---

① 中华人民共和国教育部：《3—6 岁儿童学习与发展指南》（http：//www. moe. edu. cn/publicfiles/business/htmlfiles/moe/s3327/201210/xxgk_143254. html）。

五　幼儿的前科学概念可能存在城乡差异

文化不仅会影响到自我概念和情绪情感等人格建构，同时也会对人类的感知觉、记忆以及思维等高级认知过程产生显著的作用。[①] 由于不同的社会文化背景环境，幼儿的前科学概念可能存在城乡差异。现有研究成果的被试多为外国幼儿或者我国城市幼儿，以农村幼儿为被试的认知发展研究很少，关于农村幼儿前科学概念的研究就更少。这就需要思考一些问题：以城市幼儿为研究对象的研究成果在多大程度上适合农村幼儿？他们有哪些共同特征，又有哪些差异？如何看待这种差异和共同特征？这些问题非常重要，因为我国幼儿教师教育和幼儿园课程实施大多是以城市学前教育模式为标准，缺乏对农村的充分观照。本书希望通过城乡比较揭示其中的差异与共同特征，为适应城乡学前教育的差异提供一些依据。

第二节　研究意义

一　理论意义

（一）深化幼儿科学概念发展研究

科学概念发展是研究儿童认知发展的一个重要视域，从皮亚杰以来，儿童科学概念发展的相关研究成果较为丰富，并且以皮亚杰的理论范式为主导。近 20 年来的一个重要转变是，随着研究方法和技术的改进，以及当代儿童本身的变化，新的研究表明幼儿对物理现象、生命现象和心理现象三个领域的认知具有朴素理论的性质。具体到生命科学领域，幼儿对遗传、生长、生病、死亡的概念认知相关研究成果以国外较为丰富，国内研究成果较少。现有相关成果的不足在于：研究幼儿对人体生命现象的概念认知居多，或者单独研究幼儿对动物生命现象的概念认知，较少研究幼儿对植物生命现象的概念认知，从人体、动物和植物三种生命类型研究幼儿前科学概念的整合性研究很少；具体选择的生命概念和实验材料也不同，要么单独研究生长，要么单独研究疾病，要么单独研究死亡，缺乏对遗传、生长、疾病和死亡的整合研究；选择的研究对象多为城市儿童，较少

---

① 杨红升：《文化差异的认知影响》，《心理科学》2007 年第 4 期。

研究文化背景不同的农村幼儿。因此各个研究之间的可比较性差，研究的具体概念、抽样被试和实验材料不同，得出了很不一样甚至完全相反的研究结论。因为生命毕竟不是各种割裂的生物特征的简单组合，需要在前人研究基础上更进一步的系统的研究。

前人采用的研究设计主要集中于生物与非生物的本体区分任务和自由提取任务，以选题的方式让幼儿做出判断，以此探查幼儿能否区分生物与非生物，是否具有某个生命概念，是否具有朴素生物理论，较少深入探查前科学概念的内容特征和水平层次，对幼儿科学教育的指导价值比较有限。认知发展具有连续性，幼儿的概念认知始终“在路上”，因此本书不满足于“有—无”判断，希望进一步研究幼儿对生命现象的解释来分析幼儿前科学概念的水平、内容与特征，这也呼应了科学的本质——理解与解释，为幼儿科学教育提供更为丰富细致的依据，从而将幼儿科学概念发展的两个研究视角（心理学视角和幼儿科学教育视角）整合起来。

（二）深化幼儿科学课程实施的理论理解

幼儿教师往往“畏惧”幼儿科学课程，回避科学课程实施。一方面，幼儿园科学课程资源缺乏，幼儿教师科学素养不高，科学课程实施效能偏低，对儿童科学认知发展特点的理解不够。由于不能确定幼儿前科学概念的水平、特征、获得方式与影响因素，教师对科学课程的目标制定、内容选择、策略实施、评价方式等把握不足。另一方面，科学探究是科学教育的核心理念，有些教育者对科学探究缺乏深刻理解，往往容易产生误解，导致科学探究与科学概念的对立，使科学探究缺乏抓手，流于形式。

误区之一是将探究活动与科学知识对立。只强调探究活动，不关注科学概念，片面理解科学概念与幼儿发展的关系，误认为科学概念会阻碍科学探究。科学探究只是否定传统落后的被动学习，并不否定知识本身，科学概念是支持探究的工具，也是幼儿深入探究的结果。尽管幼儿的认知发展是以直观思维为主、抽象思维开始萌芽，应该以活动的形式探究初级科学概念，不可过深过于抽象，但并不是要否定科学概念。美国《国家科学教育标准》在提到科学探究的意义时，第一条就是“帮助儿童理解科学概念”。

误区之二是将动手活动等同于探究活动。动作是认知发展的中介，动手活动对探究活动具有重要的意义。但要注意，动手的关键是动脑，只有动脑，动手才能有的放矢，发现问题、提出假设、寻找证据、验证假设、解决问题、评价交流等都需要动脑，缺乏动脑的动手是无意义的，不是真正的科学探究。如果排斥科学概念，动脑就缺乏抓手、缺乏中心、缺乏指导，科学探究也就容易流于形式，儿童也不能感受到科学的本质。现在，因为“小学化”的问题，有些人避谈科学概念，这是不对的。概念是思维的工具，语言促进思维的发展，知识是认知发展的基础和结果，强调知识的重要性并不意味着是灌输知识。科学探究与科学概念发展是相辅相成的，我们要以幼儿的前科学概念设计科学探究活动，以科学探究活动发展幼儿的前科学概念。

二　实践意义

（一）有利于教师积极实施幼儿科学课程

在幼儿科学教育中，“生活性”与“学科性”两种取向一直是课程改革钟摆现象的两极。生活课程取向强调让儿童在自然生活中积累丰富的科学经验，强调科学教育的广度，注重儿童的兴趣爱好和自发学习。但是，生活课程过于强调儿童的自然成熟状态和自发兴趣，使科学学习难以深入，教师的作用过于被动，难以发展儿童的科学素养。学科课程重视学科的基本结构，往往成为“生活”课程批判的靶子，容易导致科学课程过难过深、脱离儿童生活经验。

“学科性”与“生活性”可以整合，“学科性”与“生活性”应该共同作为幼儿科学教育的标准，“学科性”要自上而下，“生活性”要自下而上，从而找到两者的交点——前科学概念，在此实现两者的整合，这个交点也是幼儿的最近发展区。经过近百年的改革与实验，学科课程理论与实践已经有了很大的进步，大力地吸收了生活课程的思想精华：立足于儿童心理发展特点和学习主体性，注意学科结构要与儿童发展相适应，提倡发现学习和螺旋式课程，重视内在学习动机和直觉思维的培养，激发儿童创造力和探究欲望。因此“学科课程”与“生活课程”具有整合的理论可能性。

设计幼儿科学教育活动可以有两种思路。一种是从幼儿的生活出发，根据具有科学概念发展价值的儿童生活经验，选择值得探究和能够探究的科学概念，设计进一步的科学探究活动；另一种是从科学概念出发，激活有助于幼儿理解科学概念的更为具体生动的生活经验，利用生活中相对熟悉的事物引发幼儿对这一概念的探究和学习。所谓相对熟悉是指，幼儿有一定的经验准备，又有一定的陌生感，是经过教师精心设计的具有一定挑战性的科学情境。①

与"学科性""生活性"紧密相关，"广度"与"深度"问题是幼儿科学教育需要探索的又一个重要问题。从前科学概念的视角来看，"广度"与"深度"之间的关系是可以协调好的，两者的对立是可以调和的。科学教育的"广度"是"深度"的基础，如果科学经验过于缺乏，事实性知识准备严重不足，幼儿进行归纳和概括所需要的样例不足，知识系统化缺乏基本的经验支持，那么科学教育的"深度"自然难以达到，这时候过于追求"深度"将很可能是不求甚解的"灌输"。当幼儿在某些领域具备较为丰富的科学经验，通过多种途径和方式获得较为广泛的事实性知识后，幼儿很可能由此形成了前科学概念，此时就要走出无意义的重复，零散的、表层的"广泛"不能提升幼儿的经验水平，应该转向对幼儿认知具有发展价值的"核心概念"，围绕"核心概念"设计一系列科学教育活动，从而实现经验重组和科学概念发展。合理定位科学教育"广度"与"深度"之间的关系应该基于幼儿前科学概念的内容与水平。

（二）有利于正确看待城乡学前教育一体化

在城镇化的大背景下，城乡教育一体化价值取向也出现了多种声音的交锋。有人认为城乡教育一体化的方向应该是城镇化，农村教育的目标不能定位于"培养农民"和"为三农服务"，而应定位于培养适应城镇化社会生活的市民，农村教育的主要内容应该是现代文化教育，而不是乡土课程。

也有人怀着浓浓乡愁忧虑农村空心化、乡村荒漠化以及将来无人种地，特别强调城乡教育一体化的方向应该是农村本位的，农村教育要传承乡村文明，适应农村社会的现实需要和农村儿童的发展需求，要紧密联系农村生活，要基于农村生活经验培植儿童对农村的情感认同和生存适应能力。正如陶行知早在20世纪20年代就曾尖锐地指出："中国乡村教育走

① 张俊：《生活化与学科性：幼儿科学教育内容选择的两重标准》，《幼儿教育·教育教学》2013年第7期。

错了路！他教人离开乡下向城市里跑。他教人吃饭不种稻，穿衣不种棉，做房子不造林，他教人羡慕奢华，看不起务农。他教人分利不生利，他教农夫子弟变成书呆子。”①

研究城乡幼儿前科学概念的差异与共同特征，有利于正确理解城乡学前教育一体化。“完全根据农村地区的价值体系和认知方式难以帮助这些地区发生实质性改进。但是，无论如何，农村地区的儿童教育援助需要在充分了解当地社会文化情况和儿童发展特征的基础上有针对性地进行。”②城乡教育一体化应该“和而不同”③，其“和”在于城乡互相理解、资源共享、文化认同、均衡协调，在于培养具有社会主义核心价值观的现代中国公民；其“不同”在于因地制宜和因人制宜，在于适应当地社会和当地人的社会文化状况和儿童发展特征。

第三节　核心概念界定

一　生命

生命是什么？什么是生命？一直以来人类都在思考这个问题，我们好像都有关于生命的常识经验，但又难以准确的定义生命概念。生命问题往往是多个学科研究的问题域，哲学、伦理学、生物学、医学、教育学，等等，都对生命问题有所理解。从不同学科看，生命具有不同的属性，难以取得一个共识的本质性定义。

以生物科学视角来看，北京师范大学哲学与社会学学院李建会教授概述了生命定义的两种方法④：实体定义法与功能定义法。实体定义法把生命看作一类特殊的构成生命的物质实体，例如细胞、蛋白质、核酸。功能定义法把生命看作一种特殊的现象，这种生命现象具有一些基本的生命特征与功能，如繁殖、遗传、生长、疾病、死亡、新陈代谢、进化、自稳

---

① 王剑、冯建军：《对我国农村教育城市化的审视》，《教育发展研究》2005 年第 8 期。

② 涂元玲：《儿童人类学的儿童观及启示》，《湖南师范大学教育科学学报》2013 年第 5 期。

③ 邬志辉：《中国农村教育现代化的价值取向与道路选择》，《中国地质大学学报》（社会科学版）2008 年第 6 期。

④ 李建会：《生命是什么》，《自然辩证法研究》2003 年第 4 期。

态、自组织、应激性。

由于功能定义法列举的生命特征与功能过多，不能有力地解释“为什么特殊的一组性质要集合在一起产生生命这样的实体”，因此，有学者进一步提出了根本性质定义，目前主要有 4 种[①]。①“新陈代谢说”，包括物质代谢和能量代谢两个方面，是生命过程的两种表现。物质代谢是通过同化作用和异化作用实现的，生命体吸收外在物质合成自身物质的过程是同化作用，分解自身物质排出体外是异化作用。在同化作用中储存能量，在异化作用中释放能量，所以物质代谢和能量代谢是新陈代谢同一过程的两种表现。②“自创生说”，生命体是一个自组织系统，能够自我维持和自我创造，从而实现自身生命的持续运作和代代衍生。③“灵活适应说”，将生命形式分为两种类型，其一为基本的生命形式，即灵活适应系统本身；其二为派生的生命形式，由于与基本的生命形式有适当的关系而具有生命。④“信息说”，生命过程和生命特征都是由信息控制的过程，新陈代谢、生长发育、免疫反应、进化和变异等，本质都是一种生命信息过程。

《现代汉语大词典》对生命的定义是“由蛋白质和核酸等物质组成的活的生物体所特有的现象。生命物质不断进行新陈代谢，并出现生长、发育、生殖、遗传和变异等生命现象。在环境变化时，常表现出适应环境的能力”。[②] 与此类似的定义还可见于现代汉语分类词典。“生命是生物体所具有的活动能力。生命是物质存在形式的一种，它的基础物质是蛋白质和核酸组成的核蛋白，生命的特征是由核蛋白构成的生命物质不断进行新陈代谢、生长、发育、生殖、遗传、能随时调节自己的组成和功能、具有适应环境的能力、能进行各种形式的活动等。”[③] 由此表明，对生命的定义越来越显示出综合的取向，侧重于生命的基本特征与过程。本书无意于纠结生命的本质定义究竟是什么，出于研究的需要，基于现代汉语词典对生命定义的综合性取向以及侧重于生命基本特征与过程的视角，本书采用现代汉语大词典的生命定义，着重从动物、植物、人体三种生命体的遗传、

---

① 李建会：《生命是什么》，《自然辩证法研究》2003 年第 4 期。

② 阮智富、郭忠新：《现代汉语大词典》，上海辞书出版社 2009 年版，第 2710 页。

③ 董大年：《现代汉语分类词典》，汉语大词典出版社 1998 年版，第 61 页。

生长、生病、死亡四个子概念探查幼儿对生命认知的前科学概念。

二 科学

2002年出版的《现代汉语辞海》认为，科学是“反映自然、社会、思维等的客观规律的分门别类的知识体系”①。而1999年的《辞海》认为，科学是“运用范畴、定理、定律等思维形式反映现实世界中各种现象的本质和规律的知识体系”。由此可见，在传统的科学定义看来，科学与知识是紧密的联系在一起的，具有真理性的知识反映了现象和事物的客观规律，这种知识就被认为是科学知识，也就是科学。

近20年来，人们对科学本质的认识越来越深入，科学的内涵也越来越丰富。科学过程与科学精神也成为定义科学的一个标准。科学过程的科学性是科学知识科学性的根本保障，科学知识其实是人们运用科学方法，经过一定的科学探究过程的结果，如观察现象、提出问题与假设、提出探究计划、执行科学计划、获取科学证据、推理与形成结论、解释与预测、评价与交流等过程。科学精神标准则认为，科学精神是科学知识的动力机制，科学知识离不开研究者的好奇心和求知欲的驱使，需要遵守一系列科学价值与规范，需要有实事求是的精神、怀疑创新的精神、团结协作的精神。因此，现在人们常常将科学定义为“科学知识、科学过程、科学精神的统一体。科学知识是科学过程的产品，同时也是指导科学过程的基础，科学过程是一种程序性科学知识，保障科学知识的科学性。科学精神是科学知识的动力机制和价值基础，合理的科学精神离不开科学知识的支撑”。

三 儿童的科学

儿童的科学与科学家的科学有不一致的地方：①儿童的科学是一种前科学思维层次的科学，基于经验和表象；②儿童的科学受到朴素理论的束缚，不能区分理论与证据，受个人偏好的影响，常常歪曲证据、忽视不一致的证据；③儿童的科学易受到资料的束缚，幼儿的信息加工容量有限，经验比较缺乏，因此儿童考虑的信息会比较片面。②

---

① 现代汉语辞海编委会：《现代汉语辞海》，印刷工业出版社2002年版，第934页。

② 佟秀丽、莫雷：《国外儿童科学思维发展的新探索》，《心理科学》2005年第4期。

儿童的科学与科学家的科学也有极大的相似之处：①儿童与科学家一样有着强烈的好奇心和求知欲；②儿童的科学也具有探究性，是儿童对环境、材料、事物、事件和关系的探究，充满了理智的特点；③儿童的科学也经历了观察、问题、假设、计划、证据、解释、评价、交流与反思的过程；④儿童的科学也能在某种程度上获得某种科学探究结果——前科学概念。"儿童所具有的关于世界的'错误的'或'正确的'的观念，是某种试图认识事实上复杂的、探索性的智力系统的特征。"[①]

四 概念

《现代汉语辞海》将概念定义为"在头脑里所形成的反映对象本质属性的思维形式，人们通过实践，从对象的诸多属性中指出特有的本质的属性概括而成"。[②] 从中可以发现，概念与科学是相伴而生的，概念往往是对科学知识的概括，反映了某种思维形式，是思维的工具。有研究者认为，"从静态特征来看，概念是存储于个人知识结构中的知识内容，并且是一种具有组织性特征的知识内容，揭示了同类事物的共同特征，有利于记忆、推理和预测。从动态特征来看，概念又是主体的认知加工过程，作为思维的基本形式而成为思维的细胞，具有知识活力，可以促进学习，生成新的知识。幼儿的概念发展水平在一定程度上反映思维的发展水平"。[③]

传统研究将语言的产生作为概念发生的先决条件，将能否对概念下定义作为儿童是否拥有概念的标准，结果产生低估幼儿的研究结论。随着研究技术方法的进步，学者越来越认识到概念是一个连续体，是认识不断发展深化的过程，存在不同的水平和表征形式，如动作表征、映像表征和符号表征，因此不能将儿童的科学概念完全分为"有"与"无"两极，重要的是探测幼儿科学概念认知发展的水平与特征。

五 前科学概念

近30年以来，概念发展成为儿童认知发展和科学教育的共同研究域，

---

① Miller P. H., *Theories of Developmental Psychology*, Macmillan, 2002, pp. 114—123.

② 现代汉语辞海编委会：《现代汉语辞海》，印刷工业出版社2002年版，第538页。

③ 王小英：《个体概念早期发生探微》，《学前教育研究》2001年第3期。

出现了大量的与科学概念发展相关的词语，如前科学概念、自发概念、日常概念、直觉概念、自发推理、朴素概念、前概念、朴素理论、错误概念、迷思概念、相异概念，等等。这些词语的含义非常接近，指在正式的科学概念学习之前，儿童在日常生活中通过各种渠道所形成的对自然事物、现象和事件的看法与解释，反映了儿童的知识经验和认知发展特点，具有隐蔽性、概括性、广泛性等特点，符合直观观察，能解释日常生活中的部分现象，与正式的科学概念有相容之处，也存在相冲突之处。例如，杨治良、罗承初（1986）对前科学概念的定义为“不经过专门教学而在同别人进行日常交际和积累个人经验的过程中掌握概念，这样的概念是日常概念和前科学概念”。①

在中性的意义上，一般用前科学概念、自发概念、日常概念、直觉概念、自发推理、朴素概念、前概念、朴素理论；在消极的意义上，一般用错误概念、相异概念。② 1991 年以来，很多学者倾向于用“前科学概念”，因为这种表达更为中立，没有先入为主地从成人的角度对儿童的看法和解释贴上消极的标签，同时也更好地表达了科学概念的发展性和连续性。③

有学者基于知识的抽象性将科学知识划分为三个水平：经验层次、概念层次和理论层次。科学经验是最低层次的科学知识，是幼儿通过亲自操作，凭感觉器官直接经验对周围环境获取的具体事实和直观感受。前科学概念是初级概念层次的科学知识，是幼儿在获得感性经验表象的基础上，对同类事物外在的、明显的共同特征的概括，是一种概括化的表象。④ 理论层次的科学知识往往是高度抽象的概念系统。

前科学概念区别于具体的科学经验，前科学概念与科学经验的区别是科学经验有很强的具体性，总是与具体现象和直观感受联系在一起，离开了具体事物和直观感受不可能获得这些经验；相对科学经验而言，前科学概念要更为概括，是对具体事物和现象的概括，是对直观感受的系统思考

① 杨治良、罗承初：《心理学问答》，甘肃人民出版社 1986 年版，第 134 页。

② 牟毅、朱莉琪：《儿童朴素物理学的错误概念及影响概念转换的因素》，《心理科学进展》2006 年第 5 期。

③ 李高峰：《科学教育中的“前科学概念”》，《教育学术月刊》2010 年第 9 期。

④ 张俊：《幼儿园科学教育》，人民教育出版社 2004 年版，第 67 页。

和解释推理。

前科学概念也区别于科学概念，前科学概念与科学概念的区别是前科学概念不一定能够揭示事物和现象的本质特征，但它们都具有概括性，所不同的是，前科学概念的概括性受具体形象的束缚，根据事物和现象的具体特征进行概括，常常不能揭示事物的本质特征。“前科学思维的、日常生活的概念，主要是以感知表象为依据，而且是对感性经验直接概括的产物，还不具有很高的抽象性，认识的深度也是比较差的。而科学思维的概念则不同，除了依据感性经验之外，更重要的是以相应的专业理论和相关的学科理论为指导，总是处于一定的理论系统之中。”①

前科学概念与科学概念的区别是相对的，尤其对个体的概念认知发展而言，很难找出明显的分割线，而从科学概念形成的人类初级阶段而言，其抽象性、科学性与幼儿的前科学概念相差无几。② 例如，古希腊人对人的定义是“有两条腿、没有羽毛的动物”，这个定义与现代科学对人的本质的认识实在是相差太大。很多科学概念最初都是由日常生活中的前科学概念发展而来的，如生物学中的“昆虫”“鱼”“叶”“根”，物理学中的“力”，气象学中的“风”“雨”，等等，这些科学概念都是由日常生活中的前科学概念发展而来的。任何一个日常生活的概念一旦纳入某个理论系统，被赋予理论的意义，就会转化成为某个学科的科学概念。

幼儿的科学知识有两个层次：科学经验和前科学概念。从严格意义上说，幼儿的概念还不是真正的科学概念，而只能称之为“前科学概念”，因为幼儿抽象思维初步发展，不适宜用概念之间的关系和下定义的演绎方式来获得新概念。幼儿的概念获得过程是一种从具体发展到抽象的归纳过程，通过概括具体事物和现象的共同特征，从对具体事物和现象共同特征的归纳思维中形成新概念。前科学概念也是一种概念，是初级形态的概念。前科学概念使幼儿能够将丰富的、具体的、孤立的、零碎的科学经验进行概念化和结构化，有利于幼儿的推理、迁移、记忆，是幼儿科学概念发展的一个阶段，体现了幼儿抽象概括思维的发展过程。③

---

① 刘文君：《前科学思维概念与科学思维概念》，《江汉论坛》1982 年第 6 期。

② 同上。

③ 张俊：《幼儿园科学教育》，人民教育出版社 2004 年版，第 65—68 页。

综上所述，本书认为，幼儿的前科学概念，或指幼儿的朴素概念、自发概念或日常概念，是在正式的科学概念学习之前，幼儿通过日常生活中各种途径所形成的对事物、事件和现象的理解、分类、解释与预测，以直观思维为主，体现了抽象思维的初步发展。前科学概念能帮助儿童将具体、丰富、零散、孤立的科学经验转化为概念化的认识结构，是幼儿科学经验的初级概括阶段。前科学概念是初级形态的概念，是动态发展中的概念，与科学概念的区别具有相对性，很难找出明显的分界线。

第四节　理论基础

幼儿前科学概念研究的理论基础主要有皮亚杰的认知发展理论，维果茨基的文化历史发展理论、朴素理论、多元智能理论。这些理论之间具有内在联系：这几个理论都是以儿童认知发展为研究主题，核心都是围绕儿童认知发展的特点、机制与影响因素以及如何适应与促进儿童的认知发展，这些理论之间存在继承关系和批判关系。

一　皮亚杰的儿童认知发展理论

20 世纪 20 年代，皮亚杰开创了临床访谈法，深入研究儿童关于自然现象的观念，以《儿童的自然观》（*The Child's Conception of the World*）为代表作，揭示了儿童科学认知发展的特点，发现了“儿童的科学”。[1] 皮亚杰访谈儿童“什么是活的”来探查儿童对生命的认知，将儿童的各种有趣的回答进行整理分析，发现儿童的回答类型具有典型的年龄段特征。6 岁以前的儿童处于第一阶段，主要特点是认为“活动着的物体就是有生命的，对人类有用的物体就是有生命的”。6—8 岁的儿童处于第二阶段，主要特点认为是“运动的物体就是有生命的”，这个年龄段的儿童不能区分生物运动和机械运动。9—12 岁的儿童处于第三阶段，认为“能够自发运动的物体是有生命的”。[2] 皮亚杰的研究结论表明，学前儿童的自然认

---

① J. Piaget, *The Child's Conception of the world*，转引自张俊《幼儿园科学教育》，人民教育出版社 2004 年版，第 24 页。

② 张俊：《幼儿园科学教育》，人民教育出版社 2004 年版，第 24 页。

知有这样4个特点：①泛灵论，即世间的事物和现象都和人一样有目的、有意识和有感觉，赋予非生命一种魔幻色彩；②人为主义，将客观事物的存在依附于人的主观意向，是人的意志决定了事物的存在；③知觉相似性，易被事物的表面现象所蒙蔽，认识不具有一致性，看不到事物内在的特征，不能根据类属概念进行推理；④前因果，在解释事物和现象时将无关的表面现象任意联系。学前儿童的自发概念之所以有这些特点，主要原因在于幼儿的认知图示还是以自我为中心的，还不能将主体与客体分离，主体的主观意志渗透于客体的物理属性之中。

在此基础上，皮亚杰进一步提出了儿童认知发展理论，对儿童认知发展的机制、阶段、特点与影响因素进行了系统的理论阐述。儿童认知发展发源于动作，动作使儿童与环境之间相互作用，建立了主客体之间的分化与关联。在动作中儿童通过经验抽象获得物理知识，通过动作关系的协调与内化获得逻辑数理经验，从而使逻辑数理经验逐步从物理经验中分离出来，抽象思维逐步萌芽。同化与顺应是儿童认知发展的机制。在主体与环境相互作用过程中，儿童的认知图式具有将客体信息进行整理、分析、归纳、分类、转换、推理与创造的主动功能，当客体信息与原有认知图式的差异不是很大时，先前认知图式将通过同化机制将客体信息纳入认知图式之中，认知图式将得到进一步丰富而发生量变；当原有认知图式无法同化差异性很大的客体信息时，主体将改变先前图式或创造新图式以适应环境。同化与顺应的认知发展机制表明儿童是积极主动的认知主体，儿童的前科学概念是个体与环境在互动中建构知识的结果，自我调节作用的平衡化过程是适应的本质，适应环境又是儿童智慧的本质。①

皮亚杰认为成熟、物理环境、社会经验、自我调节作用的平衡化过程共同影响儿童认知发展，其中成熟尤其重要。儿童的前科学概念取决于认知发展阶段，不同年龄段的儿童处于不同的认知发展阶段，这主要是因为成熟所决定的认知图式。皮亚杰将儿童认知发展分为四个阶段：感知动作阶段、前运算阶段、具体运算阶段和形式运算阶段。学前儿童处于前运算阶段，这个阶段的认知特点是泛灵论、自我中心、思维不可逆、缺乏守恒概念，受知觉相似性制约，缺乏类属关系推理。这些认知特点的根源在于

---

① 陈琦、刘儒德：《当代教育心理学》，北京师范大学出版社2007年版，第195—196页。

幼儿不能认识到事物和现象的内在特征，尤其是不能意识到事物和现象的本质特征，尚未形成科学概念，被表面现象所迷惑。

皮亚杰的儿童认知发展理论对幼儿科学教育具有重要的教育意义。①动作和直接经验对学前儿童科学概念的发展具有重要作用。②幼儿科学教育要提供丰富的操作材料，鼓励儿童“做中学”。③幼儿科学课程应该与幼儿的认知图式相适宜，教师应该促进幼儿自主建构知识。④儿童的自发概念反映了“儿童的科学”。幼儿科学教育活动应该尊重幼儿的自发概念。“只有幼儿的自发概念，才能真正使人直接地了解幼儿思维的独特性质，因为幼儿在形成这类概念时留下了自己思维特征的印记。”[①]

皮亚杰的观点也有不足之处，他认为儿童认知发展具有阶段性与普遍性，这种阶段性和普遍性主要是由年龄段和生理成熟机制决定的，相对轻视生活经验对儿童科学认知发展的巨大影响，没有看到儿童在特殊领域的认知潜能和文化差异，忽视了教育促进儿童科学概念发展的作用。对此，维果茨基提出“最近发展区”理论，揭示出幼儿发展潜能、发展连续性和教育干预的有效性，这是对皮亚杰认知发展理论不足的一个有力批评。后来的朴素理论、多元智能理论等都对皮亚杰的理论进行了很好的反思，继承其中的合理内核，同时在批评的基础上提出新的理论取向。近 30 年来，有学者认为，皮亚杰关注儿童“不能做什么”，研究被试又是 100 年前的瑞士山区儿童，受地域文化及落后时代的影响，儿童的科学认知由于受到相对封闭的环境限制而有可能偏低。在社会文化和科学文明高度发达的当代社会，儿童的生活环境和教育条件有显著的改善，儿童在日常生活中获得前科学概念的途径日益丰富，当代儿童的科学认知水平可能有显著的改进，因此很有必要转换研究取向，关注“儿童能够理解什么”，以免过于低估儿童。[②]

二 维果茨基的文化历史发展理论

维果茨基认为，个体的心理发展是一个文化内化的过程，文化是个体心理发展的源泉和决定因素。个体通过参与社会共同体的实践活动，掌握

---

① 朱家雄：《幼儿园课程》，华东师范大学出版社 2003 年版，第 107—109 页。

② 张俊：《幼儿园科学教育》，人民教育出版社 2004 年版，第 32 页。

作为文化的各种符号系统，特别是语词系统，从而逐步将外部活动中的文化工具内化为内部认知结构。因此，个体的科学认知发展是个体在充满社会文化意义的合作互动中，借助互动参与者提供的文化支持来内化科学知识的社会建构过程。正是在这个意义上，儿童的认知发展不完全取决于儿童的自发状态，也不完全由儿童的成熟机制决定，渗透于活动中的文化为儿童认知发展提供了重要的智力工具，包括文字、符号、语言以及科学概念。

在文化内化过程中，有两种类型的知识相互作用，一种为日常概念（自发概念），它是自下而上的知识，遵循的是从具体到抽象的路径，这种知识的习得是一个概念形成的过程。儿童在日常生活、社会交往和游戏中，通过接触现实事物和仿真事物，长时间的感知和对照后，找出事物的类似之处进行归纳和分类，借助语词为中介达到概括和意义理解。另一种为科学概念，是自上而下的知识，遵循的是从抽象到具体的途径，这种知识的习得是一个概念同化的过程。

皮亚杰只是看到了这两类知识的区别，但没有看出两者的联系。维果茨基指出，“儿童自发概念的发展是自下而上的，科学概念的发展是自上而下的，这两个过程是相反的，同时在内部也是最深刻地相互联系的”。[①]科学概念具有概念的高级特性——认识性和有意性，日常概念恰好在这个方面有较大的不足；日常概念具有直接经验性，根基于具体情境的个人体验中，科学概念恰好在这个范围有很大的弱点，这两者的结合是可能的，也是必须的，具有重大的教育意义。

维果茨基的“最近发展区”说明儿童的发展不是一个点，而是儿童独立行为水平与他人所提供的文化支架下能够达到的解决问题的水平之间构成的区域。“最近发展区”有力地阐明了儿童发展的连续性特征，证明了在儿童未成熟状态背后所具有的巨大潜能，强调可以通过成人提供的支架和心理工具促进儿童的认知发展。教学必须处于最近发展区，立足于儿童的前科学概念，必须对幼儿的思维具有挑战性。教师应该基于儿童经验鼓励儿童之间互动，使用更具弹性的评价

---

① 维果茨基：《维果茨基教育论著选》，余震球选译，人民教育出版社 1994 年版，第 270 页。

技术探析儿童的最近发展区。

皮亚杰和维果茨基都提到自我中心语言。皮亚杰认为幼儿的自我中心语言不具有意义，只是儿童思维活动的副产品，他们还不能自我调节学习，当儿童发展到具体运算阶段以后，自我中心语言就会趋于消失。不同的是，维果茨基更倾向于自我中心语言的积极功能，其有助于幼儿解决问题，当儿童遇到任务障碍时，自我中心语言可以帮助其更好地思维，自我中心语言最终的结果不是消失，而是内化为儿童的内部语言，起到促进认知发展的作用。①

三 朴素理论

皮亚杰认为儿童的认知发展具有跨领域的普遍性，受到一般认知发展阶段的制约，学前儿童处于前运算阶段，思维是不可逆的、不守恒的、前因果的，受知觉相似性制约。因此，在皮亚杰看来，儿童在所有领域的科学认知水平是很低的。朴素理论则认为，儿童的科学认知受到领域特殊性的制约，儿童在不同领域的认知发展并不是同步的，儿童在某些特定领域拥有丰富的知识经验和先天结构。朴素理论研究取向的学者通过多种研究方法改进研究设计和降低任务难度，证明幼儿具有朴素心理理论、朴素生物理论和朴素物理理论。② 有学者认为，皮亚杰访谈儿童对“活的”概念的认知不足以说明儿童不能区分生物和非生物，因为“活的”一词具有多种意义，“活的”一词本身就不限定为生物概念，不同文化对“活的”理解很不相同。为了使研究更加敏感，朴素理论研究取向的学者从生命的其他特征来探查儿童的概念认知，如自愈、生长、遗传、生病、繁殖和死亡等。③

源自领域特殊性的朴素理论认为，儿童的领域特殊性知识虽然并不是一个真正的科学理论，但也具有解释功能和预测功能，具有理论的基本性质，其发展过程类似于科学理论的变化过程。儿童的领域特殊性知识在抽

---

① 维果茨基：《维果茨基教育论著选》，余震球选译，人民教育出版社 2005 年版，第 101—105 页。

② 朱家雄：《超越儿童认知发展的普遍性》，《学前教育研究》2002 年第 5 期。

③ 王振宇：《学前儿童发展心理学》，人民教育出版社 2004 年版，第 388 页。

象性和系统性方面不同于科学理论，是幼儿的一种“前科学思维”，所以被称为“朴素理论”或“直觉理论”。[①] 认知发展过程其实就是随着领域特殊性知识丰富儿童逐步在各个领域中形成朴素理论的过程。例如当幼儿积累了较多的生长方面的知识经验后，幼儿逐步理解吸收和消化关于生长的重要意义，关于生命的朴素理论可能就此建构。

威尔曼（Wellman）提出，如果幼儿对特定领域的认知符合 3 个条件，那么可以认为幼儿具有该领域的朴素理论。①特殊领域的本体区分，即明确区分哪些现象和事件属于该认知领域，哪些现象和事件不属于该认知领域。例如，愿望、意图、信念等属于心理领域，沉浮、光影、力和运动属于物理领域，遗传、生长、疾病、死亡等属于生物领域。只有在能够做出本体区分的前提下，才不至于用心理愿望解释生命现象。②特殊领域的因果解释机制，即儿童能够用符合该领域的因果机制解释该领域的现象，不同领域的因果解释机制是不同的，受到领域特殊性制约。例如，用生物因果解释机制解释生物现象，用心理理论解释心理现象。③内在一致性的知识体系，即儿童的特殊领域知识具有内在一致性，因果解释机制是整个朴素理论的核心，领域特殊性知识以因果解释机制为核心建立起内部关联。[②] 威尔曼的实证研究表明，学前儿童对生物的认知满足这三个基本条件，因此学前儿童具有朴素生物理论。

日本学者基于朴素理论提出，幼儿在生物领域具有与生俱来的认知结构，这些先天组织结构可以促进幼儿的早期概念学习，因此要从幼儿天生就易学、易理解的领域开始，尽早实施科学教育。因为幼儿可以自己为例或以身边熟悉的生活环境为例，通过建构性活动有效获得知识。幼儿科学教育的实施就要以幼儿生活中感兴趣的主题为中心，加以深入探究。在具有丰富知识与经验的生命领域，幼儿自然有高度的自发探究而成为专家，自然科学现象是幼儿深感兴趣并拥有丰富经验的领域，教师理应让其深入探究，使其成为这个领域的专家。[③]

---

① 王振宇：《学前儿童发展心理学》，人民教育出版社 2004 年版，第 361 页。

② Wellman H. M., Gelman S. A., "Cognitive development: Foundational theories and core domains," *Annual Review of Psychology*, Vol. 43, No. 1, 1992.

③ 周淑惠：《幼儿自然科学经验教材教法》，心理出版社 1997 年版，第 30—31 页。

四　多元智能理论

以加德纳为代表的多元智能理论认为[1]，智能是个体解决问题的实践能力，体现于人与环境的相互作用，是人的一种潜能，并且在一定程度上受到文化和教育的影响。人不仅具有逻辑数理智能和语言智能，人还具有视觉空间智能、音乐智能、身体运动智能、人际交往智能、自省智能和自然观察智能。人的多元智能与特定的认知领域不可分割，个体的认知是多种智能整合的有机综合体，人的智能结构具有多元性、独特性和动力性。传统智能理论过于强调逻辑数理智能和语言智能，在教育实践中产生了很大的弊端。多元智能理论批判了传统智能理论的局限性。

其一，低估了人的潜能。皮亚杰以抽象的逻辑数理智能为标准划分儿童的认知发展水平，认为幼儿的思维处于前运算阶段，不具有可逆性和守恒性，以幼儿的抽象思维水平很低为依据得出幼儿在各个领域的认知发展水平普遍较低的结论。近 30 年来，领域特殊性理论证明幼儿在某些特殊领域的认知水平与成人的差异并没有前人想象的那么大。多元智能理论表明，幼儿在音乐智能、身体运动智能、自然观察智能等方面可以达到较高水平。

其二，不利于人的全面发展。人的遗传素质为人的多元智能发展提供了生物基础，如果能得到后天教育和社会文化的合理促进，人的潜能将得到极大的实现，问题解决能力将因多种智能的综合作用而得到更好的开发。然而，传统教育将逻辑数理智能和语言智能从多元智能结构中独立出来，成为脱离具体内容领域的一般智能，忽略多元智能的协调发展，将不利于人的全面发展。

其三，不利于公正的尊重儿童的个体差异。每个人的智能结构和优势智能有所不同，教育应该尊重人的个体差异，不应该只是以逻辑数理智能和语言智能简单将儿童分为聪明和愚钝。规定儿童采用同样的学习方式达到同样的学习目标是很不合理的。“不存在谁更聪明的

---

① 陈杰琦、埃米勒·艾斯贝格、玛拉·克瑞克维斯基：《多元智能理论与儿童学习活动》，何敏、李季湄译，北京师范大学出版社 2005 年版，第 1—18 页。

问题，只存在不同的人在哪些方面聪明和怎样聪明的问题。每个人都是独特的，又是出色的。”①

加德纳认为，自然观察智能是人类非常重要的智能，对于人类适应环境和科学素养发展都具有很大的影响。自人类起源以来，人类的生存就在很大程度上依赖于自然环境，人类从自然世界中获取生存资料、发展生产和维护生命安全，人类的科学技术和文学艺术的发展最初都来自对大自然的探索。在探索大自然中，人类自身也在不断进化，并获得了自然观察智能。自然观察智能表现在热爱大自然、对自然现象特别敏感、运用感官体验大自然、种植植物、收集标本、认识自然的力量、观察生物的特征与分类、参与环境保护，以及对自然科学有强烈的求知欲。

① 刘玉娟：《发展学生优势智能的课堂教学策略研究》，《中国教育学刊》2003 年第 1 期。

第二章

研究综述

生命科学是幼儿科学教育的重要领域，国内外科学教育标准都把生命科学作为幼儿科学教育的重要目标和内容，提出要在科学探究中发展幼儿在生命科学领域的前科学概念，促进幼儿对生命现象的概念性理解，在帮助儿童获取科学经验的基础上发展儿童的科学认知能力。前科学概念的相关成果对研究幼儿前科学概念具有重要启示，已有研究成果表明幼儿对生命现象具有较为丰富的前科学概念。

第一节　幼儿科学教育的目标、内容与方法

一　国外幼儿科学教育的目标、内容与方法

美国《国家科学教育标准》提出了 K－12 年级儿童在自然科学领域都应该知道的内容，分为八个部分，生命科学是其中一个重要的部分。幼儿应该发展理解的主要内容有以下 4 个方面。①生命体的特性。生命体都有一定的基本需要。如空气、水分、阳光和土壤对于植物而言是必不可少的。空气、水分、阳光和食物对于动物而言也是必需的。在地球上不同的区域有不同的环境，从而适合不同类型的生命体。生物种类不同，它们的结构和功能也是不同的，从而适应不同的环境，服务于生存、生长、繁殖的不同功能。生物体可以通过内部提示和外部提示进行调节。②生命周期。生命体都具有一定的生命周期，包括出生、生长、衰老和死亡。同种类生命体之间有很大的相似性，不同种类生命体之间有很大的不同。生物的生理特征是遗传而来的，而能力特征和心理特征则是通过与环境相互作用而来的。③生命体与环境。动物依赖于植物作为食物，有的是食草动

物，有的则以草食动物为食物，从而构成一个生物链。生物的生命过程受到环境的影响，如环境的物理特征、环境可以提供的资源和食物，环境的变化会影响生命体的生长与死亡。生命体的活动也会影响环境的变化，人类可以主动地改变环境，但人类对环境的改变可能是有害的，也可能是有利的。④对个人健康而言，安全和安全感是最基本的需要，个人对自己的健康负有重要责任，个人要掌握一定的健康知识、养成健康行为、形成健康习惯，营养和饮食对个体的健康有很大的影响。

美国全美幼教协会（NAEYC）制定的《学前儿童科学教育标准》指出，要发展每个儿童对世界的好奇心，发展儿童发现问题、解决问题和做出决定的能力，[①] 使每个孩子有探究的兴趣和欲望，热爱生命、积极主动参与科学活动，准确使用和照管科学活动设备，初步熟悉科学过程技能——观察、交流、比较、分类、组织、解释、推断、运用，增进儿童对自然界的认识。

美国科学开端课程（Science Start）认为，解释和探究同为科学的本质，科学解释是科学探究的基本特征，学前儿童科学教育应该强调科学探究和科学解释双重目标的共同发展，科学课程内容的选择和组织也要实现两者的均衡和整合。经验性、综合性和一致性是科学开端课程最重要的三个特点，可以更有利于发展儿童解释能力。[②] 经验性是指科学课程内容要紧密联系儿童日常生活，要给儿童提供亲身体验的机会。课程内容与儿童知识经验的连接有利于儿童的理解。对幼儿而言，理解意味着能够口头解释事物之间的关系，能够归纳和初步概括事物的特征，能够把初级概念迁移到相对陌生的情境中。综合性是指科学活动的开展要以科学探究为中心，扩展至幼儿园课程的所有领域，如语言、艺术、健康和社会领域。一致性是指科学活动的开展和课程内容的组织具有顺序衔接性，采用螺旋式课程组织形式——科学循环教学法。

科学循环教学法（pedagogy of science circle）是科学开端课程富有特色的教学模式，是四个步骤的循环：反映与询问、计划与预测、活动与观

---

① 张俊：《幼儿园科学教育》，人民教育出版社2004年版，第83页。

② 姚伟、张妮妮：《在科学探究中促进儿童解释能力的发展——美国科学开端课程对我国儿童科学教育的启示》，《课程教材教法》2011年第5期。

察、报告与反馈。探究与询问可以探查和激活幼儿的前科学概念，计划与预测可以利用幼儿的前科学概念，引导幼儿的观察和活动；活动与观察则是幼儿以小组探究的方式实施计划与验证预测；报告与反馈则对活动过程与结论进行交流、解释、反思与评价。

科学开端课程的成功实施表明教学可以走在发展的前面，在教师的指导下，幼儿完全有能力探索科学现象，能够预测与解释紧密联系日常生活的科学问题。有重要证据证明，在特殊领域积累了大量知识经验后，幼儿的科学认知能力将远远高于我们以前对幼儿认知的一般性评估。①

英国《幼儿园科学教育大纲》把科学、英语和数学并列为三大核心课程，规定5—16岁儿童都必须接受科学教育。5—7岁为科学教育的第一阶段，相应的科学教育目标有四个——科学调查、生命与生命过程、材料及其性质、物理过程，每个目标又分为1—3级。以生命与生命过程的科学教育目标为例，幼儿应该发展的科学知识与理解有生命过程与生物的组织，变异、遗传机制与进化论，人类对生态系统的影响，能量流动和生态系统中的物质循环。第1级：能知道人体和开花植物主要外部器官的名称，知道生物品种多样，其中包括人类。第2级：知道动植物需要一定的条件赖以生存，能根据明显的特征对常见的生物做粗略的分类，知道不同种类的生物发现于不同的地方，知道某些废弃的材料会自然腐烂，但要经历不同的时间过程。第3级：知道人类与其他动物所共有的生命过程，人类有可能改变环境和影响动植物的生存，知道绿色植物需要光来维持生命。②

二 我国幼儿科学教育的目标、内容与方法

21世纪以来，我国科学教育的总目标强调科学知识、科学过程、科学方法和科学态度的不可分割和统一③，具体目标可以表述为以下3点：①帮助幼儿获取广泛的科学经验，认识自然事物和现象，以直观经验为基

① 芭芭拉·鲍曼：《渴望学习——教育我们的幼儿》，吴亦东译，南京师范大学出版社2004年版，第4页。

② 刘占兰：《学前儿童科学教育》，北京师范大学出版社2008年版，第46页。

③ 姚伟：《论儿童科学素质的培养》，《东北师大学报》（哲学社会科学版）2001年第2期。

础形成初步的科学概念；②在科学活动中发展探索自然的科学方法，如观察、测量、分类、交流、解释、推理、预测；③主动探索、乐于动手动脑解决问题，关心环境、爱护自然。[①]

《幼儿园教育指导纲要》提出了幼儿科学教育的目标、内容与指导要求。科学知识、科学方法和科学态度的统一是《幼儿教育指导纲要》的基本理念。《幼儿教育指导纲要》尤其突出了生命科学领域的目标，例如，爱护动植物，关心周围环境，亲近大自然，珍惜自然资源，有初步的环保意识；特别强调幼儿的主体地位与教师引导作用的统一，教师要尊重幼儿的生活经验，创设适宜的条件支持幼儿以多种方式探索生活环境，例如"在幼儿生活经验的基础上，帮助幼儿了解自然、环境与人类生活的关系。从身边的小事入手，培养初步的环保意识和行为"。[②]

《3—6岁儿童学习与发展指南》指出[③]，幼儿科学教育不仅要使幼儿在探究自然事物的过程中获得丰富的感性经验，发展形象思维，同时也要在感知具体事物的基础上归类、概括、抽象，逐步发展逻辑思维能力，为深入学习奠定基础；要引导幼儿观察、比较、操作、实验、学习，不断积累经验，学会发现问题、分析和解决问题。关于生命科学教育，《3—6岁儿童学习与发展指南》中有几条与幼儿的前科学概念紧密相关，列举如下。

(1) 观察、比较、分析，发现并描述不同种类物体的特征或某个事物前后的变化；

(2) 用一定的方法验证自己的猜测；

(3) 通过记录帮助幼儿丰富观察经验，建立事物之间的联系和分享发现；

(4) 感知和发现动植物的生长变化及其基本条件；

(5) 感知和发现不同季节的特点，体验季节对动植物和人的影响；

(6) 察觉到动植物的外形特征、习性与生存环境的适应关系；

---

① 刘占兰：《幼儿科学教育》，北京师范大学出版社2000年版，第4页。

② 中华人民共和国教育部：《幼儿园教育指导纲要》（http：//www. moe. gov. cn/publicfiles/business/htmlfiles/moe/moe_309/200412/1506. html）。

③ 中华人民共和国教育部：《3—6岁儿童学习与发展指南》（http：//www. moe. edu. cn/publicfiles/business/htmlfiles/moe/s3327/201210/xxgk_143254. html）。

（7）通过户外活动、参观考察、种植和饲养活动，感知生物的多样性和独特性，以及生长发育、繁殖和死亡的过程；

（8）关注和思考动植物的外部特征、习性与生活环境对动植物生存的意义；

（9）体会人与自然、动植物的依赖关系，尊重和珍惜生命，保护环境。

总之，幼儿科学教育要从幼儿日常生活经验出发，发挥幼儿的主体性，引导幼儿在动手与动脑相结合的探究活动中扩展科学经验，并在不断地探究周边自然事物的过程中对自然现象进行系统化思考，逐步发展科学思维能力，提升前科学概念的科学性。

第二节　前科学概念的相关研究

一　前科学概念的来源

研究儿童前科学概念的来源有助于揭示前科学概念的获得方式和影响因素，理解前科学概念的特征，为诊断和发展儿童的前科学概念提供参考依据，进而有效地组织活动丰富前科学概念。“明晰生物学前科学概念的来源，有助于研究者进一步揭示前科学概念的本质、界定前科学概念的类型、归纳前科学概念的转变策略，也有助于教师理解前科学概念的形成机制，从而有针对性地采取措施、提高概念教学水平。”①

拉塞尔（Russell）在“选择性概念”理论中，提出了一个科学知识的表征框架。“在通常情况下，儿童的知识来自两方面因素的相互作用，即直接经验和日常文化的渗透。而在教学条件下，知识表征的框架就更为复杂，它是直接经验、日常文化的渗透和正式教学三个来源之间的相互作用。科学教学要分析知识表征的各个不同的来源，教学应该为儿童提供一种理解知识表征的空间，同时也为儿童提供一种选择知识表征的机会。”②詹姆士·万德希（James H. Wandersee）等学者也认为，“前科学概念源于

① 高峰、刘恩山：《初中生生物学前科学概念来源的研究》，《生物学通报》2010年第2期。

② 张俊：《幼儿园科学教育》，人民教育出版社2004年版，第38页。

不同的个人经历，包括直接观察和理解、同代人的文化和语言，以及教师的解释和教学材料”①。

二 前科学概念的特征

（一）推理性

前科学概念的形成是幼儿科学概念发展的一个阶段，反映了幼儿抽象概括思维的初步发展过程。从幼儿科学认知发展的意义来说，前科学概念是一种初级形态的概念，是儿童对丰富具体的科学经验进行系统化和概括化所形成的认知结构。由于前科学概念建立了科学经验之间的内在联系，所以能用于推理、迁移和记忆。②

过去我们认为，大多数儿童在 7 岁之前不能应用抽象概念进行推理，近期研究表明，学前儿童也能够通过概念进行归纳推理，从熟悉到不熟悉，从已经知道的到尚未知道的，不断增加知识经验，概念性词汇能帮助儿童归纳事物的共同特征，儿童的早期概念与朴素理论紧密联系。③

婴儿在学会说话之前就开始具有动物、脸谱、家具等的类别表征。④ 1—2 岁的儿童已经能够比较熟练地获得概念性词汇，这些词汇可以用来组织经验、建立类比和进行归纳推理。即使缺乏外部特征支持，儿童也能做出类比推理，这种类比推理主要是以事物的种属关系为线索和依据的。

格尔曼（S. A. Gelman）、马克曼（E. M. Markman）⑤（1987）向儿童呈现三张动物图片，分别为三角恐龙、雷龙、犀牛。在种属关系上，三角恐龙与雷龙属于同一类别，都是恐龙，但是，在外形特征上，三角恐龙与犀牛更为相似。研究者告诉幼儿，雷龙是冷血动物，犀牛是热血动物，三

---

① James H. Wandersee, Joel J. Mintzes, Joseph D. Novak, “Research on alternative conceptions in science”, Dorothy L. Gabel, *Handbook of Research on Science Teaching and Learning*, Macmillan Publishing Company, New York, 1994, p. 188.

② 张俊：《幼儿园科学教育》，人民教育出版社 2004 年版，第 65—68 页。

③ 房慧、徐学福：《儿童概念的发展与教育》，《学前教育研究》2010 年第 6 期。

④ Behl-Chadha G., “Basic-level and superordinate-like categorical representations in early infancy”, *Cognition*, Vol. 60, No. 2, 1996.

⑤ S. A. Gelman, J. D. Coley, “The importance of knowing a dodo is a bird: categories and inferences in 2 - year-old children”, *Developmental Psychology*, Vol. 26, No. 5, 1990.

角恐龙和雷龙都是恐龙。研究者请幼儿判断，三角恐龙是热血动物，还是冷血动物。结果显示，虽然三角恐龙与犀牛在外形上很相似，4 岁儿童却很少受到外部知觉特征的干扰，他们能够根据类属关系推断三角恐龙和雷龙一样是冷血动物。①

（二）模式性

沃斯尼阿多（Vosniadou）研究儿童对地球昼夜循环更替的概念理解。研究发现，儿童对昼夜更替现象的解释遵循一定的心智模式。他将儿童的心智模式分为三类：初始模式（initial models）、综合模式（synthetic models）、科学模式（scientific models）。这些心智模式反映了以经验为主的准确性、逻辑一致性，以及儿童对朴素解释的敏感性。初始模式是指，幼儿完全基于日常生活经验和观察而形成的一种直观、经验的信念，如太阳躲在山后面了，云层遮住了太阳。综合模式是指，太阳围绕固定静止的地球每 24 小时循环旋转一周；或者，太阳和月亮是固定的，两者是正反对立的，地球以上下方向旋转。综合模式反映出儿童试图将文化教育的外部输入和自身初始模式相综合，既不与自己的直观经验相冲突，也不排斥所接受的科学观点，天真地发展出两种理论并存的心智模式。科学模式与科学概念或者科学解释非常接近。初始模式在儿童早期就已经出现了，随着知识经验的丰富与组织结构化，综合模式和科学模式也将稍后出现。②

（三）顽固性

前科学概念具有反复性和顽固性。前科学概念来自儿童个人生活事件，在儿童解释和行动于周围环境时具有有效性和可理解性，受到日常直观经验的不断强化，形成了相对稳固的认知结构，因而成为一种信念。正式的科学教学难以改变前科学概念的负面迁移和干扰。即使儿童依靠记忆科学知识暂时排斥前科学概念，也难以根除前科学概念的反复性。儿童在认知自然现象时仍然会受到思维定式的影响，他们的前科学概念往往与教

① S. A. Gelman, E. M. Markman, "Young children's inductions from natural kinds: The role of categories and appearances", *Child Development*, Vol. 58, No. 6, 1987.

② Vosniadou, S. & Brewer, W. F., "Mental models of the day/night cycle", Cognitive Science, No. 1, 1994.

学中接受的科学概念混杂为并行的二重观念。

沃斯尼阿多与布鲁尔①研究了儿童关于地球的心理模型，发现儿童的本体论的、认识论的信念对儿童的具体概念有重要影响。儿童在日常经验中认识到，上层空间的物体如果没有其他东西在它们的下面支撑着，这些物体将掉下来，基于此信念，儿童无论如何都不能相信地球是圆的，即使教师告诉儿童地球是圆体的，儿童依然认为地球是平的。于是他们建立了两个地球的心理模型。“科学课程中的地球是圆的，人生活于其中的地球是平的。”

（四）自发性

很多学者对前科学概念的界定突出了前科学概念的自发性。“不经过专门教学而在同别人进行日常交际和积累个人经验的过程中掌握概念，这样的概念是前科学概念。”② 自发性是前科学概念的一个重要特征。

幼儿前科学概念是幼儿对日常经验中的具体表象的初步归纳和概括，没有科学理论的指导，大多未能认识到事物的本质特征，对现象的理解和解释不系统，内涵和外延过大或过小，有时掺杂了儿童个人的主观想象和心理愿望，概念形成过程具有自发性，往往是多种观念的主观建构和自发推理，缺乏科学思维和科学知识的基础，具有内隐性，元认知难以对其进行监控。

（五）多样性

不同儿童的前科学概念具有特异性。③ 生活经验不同的儿童对现象的解释不同；认知发展水平不同的学生对现象的解释也不同。儿童的前科学概念可以分为多种类型，有些类型的前科学概念与科学概念具有一致性，有利于儿童的有意义学习和迁移，将促进科学概念的发展；有些类型的前科学概念与科学概念具有冲突性，容易产生负向迁移，阻碍科学概念的发展。前科学概念的多样性表明教师需要以具体儿童为中心，科学诊断不同儿童的概念认知特征、类型和水平，采用多元的教学方式，鼓励儿童通过

---

① Vosniadou S., Brewer W. F., “Mental models of the earth: A study of conceptual change”, *Cognitive psychology*, Vol. 24, No. 4, 1992.

② 杨治良、罗承初：《心理学问答》，甘肃人民出版社1986年版，第134页。

③ 袁维新：《生物教学中错误概念的诊断与矫治》，《课程·教材·教法》2003年第5期。

合作、对话、探究等方式相互对话，寻找有针对性的教育方法，从而使所有儿童都能达到为理解而学习的目标。

三　前科学概念的诊断方法

前科学概念的评价取向可以分为两大类[①]，一类是以“科学知识”为标准，测评儿童的前科学概念与科学知识的一致性程度，侧重于诊断儿童自发形成的相异概念与科学概念相背离的程度，以认知冲突为突破口促进概念转变；另一类是以“儿童的自我解释”为中心，研究者通过种种方法尽量最大限度地引出儿童的自我解释，解释儿童对自然现象的自发理解，从中揭示出儿童认知的一般特征。其基本信念是儿童的前科学概念是儿童的朴素理论，反映儿童的认知发展特征；前科学概念是儿童的科学概念发展过程中的一个初级阶段，与人类的科学认知发展过程具有相似性，随着前科学概念的丰富和扩展，儿童将形成符合科学思维的科学概念。

在诊断中研究者提出的问题是落在实际情境和科学概念的两个端点之间的，因此德瑞弗和艾里克森根据施测者所提问题的性质，把前科学概念的诊断方法分为三类。“偏向概念这一端的方法有字词联想、自由联想、命题构图、概念构图等，而偏向实际情境这一端的方法则包括观察、学生对现象的预测和解释以及自然情境下的研究，介于两者之间的则有事例访谈和现象访谈。”[②]

大部分研究者使用质性研究范式，将要考察的前科学概念融入精心设计的情境中，以幼儿能够理解的通俗语言，呈现图片进行临床访谈，通过这种方法引出更丰富的、更深入的前概念。少部分研究者采用儿童绘画法和临床访谈相结合的方法。斯托曼（Strommen）[③] 研究了 20 位小学一年级城市儿童关于森林的知识以及对森林里动植物类型的认识。采用的研究方法为临床访谈和儿童绘画。研究结果表明，儿童对森林的理解很不一

---

① 李高峰、刘恩山：《前科学概念的研究进展》，《内蒙古师范大学学报》（哲学社会科学版）2007 年第 4 期。

② 郭重吉：《学生科学知识认知结构的评估与描述》，《彰化师范大学学报》1990 年第 6 期。

③ Strommen, E. , “Lions and tigers and bears, oh my! Children's conceptions of forests and their inhabitants”, *Journal of Research in Science Teaching*, Vol. 32, No. 7, 1995.

致，他们把森林视为一个有很多动物和植物的地方，儿童自发提到森林中的动物数目为6—33 种，但是不知道动物生活在森林的什么地方，在森林中的什么位置可以找到哪种动物，这些特定的动物分别以什么为食物。

有些研究者①进一步使用了质性与量化相整合的混合研究范式，对临床访谈得来的质性材料进一步编码、赋分，采用方差分析或者多元方差分析，以检验年龄段差异和各种不同生命现象的差异。

Nguyen 和罗森格伦（Rosengren）② 采用对家长调查问卷的方式间接探查幼儿的前科学概念。问卷调查了 270 名幼儿家长，探查了学前儿童关于生命、衰老、再生、疾病、死亡的生物概念认知。问卷涉及 6 个问题：①儿童在某个生物概念的相关经验；②儿童关于某个生物概念的讨论；③父母对某个生物概念的讨论；④儿童应该在什么年龄学习某个生物概念；⑤儿童应该怎样学习某个生物概念；⑥儿童对某个生物概念的迷思。

美国的科学教育标准认为，科学解释是最重要的目标，低龄儿童只要理解科学概念对应的现象与本质，可以相对忽略概念的“名词符号”，关键是探查儿童的前科学概念和朴素理论，而不是对名词的记忆。比如，幼儿没有“食物链”的概念符号，但幼儿知道“老鹰吃蛇、蛇吃青蛙、青蛙吃虫、虫吃稻子”。因此，美英等国的研究者通常是从可感知的现象着手，引入儿童日常生活中的问题情境，让儿童基于生活的问题情境预测结果和解释原因，从儿童的预测和解释中继续追问儿童，进一步挖掘儿童深层次的想法及其来源。③

然而，我国研究者采用的研究方法通常是从学科概念的“名词符号”出发，采用问卷选择题的方式，测评内容偏于学科，与儿童的日常生活相距较远，并且不太注重儿童对原因的解释和预测。中西方学者对“前科学概念”的理解是有分歧的，我国学者对前科学概念的研究注重探究儿童的前科学概念与科学概念的一致性程度，西方学者则倾向于探究儿童自

---

① Valarie L. Akerson, Ingrid Weiland and khadija E. Fouad, “Children’s Ideas about life Science Concepts”, Kathy Cabe Trundle & Mesut Sackes, “Research in Early Childhood Science Education”, Springer, 2015, pp. 99 - 121.

② Nguyen, S. P. , & Rosengren, K. S. , “Parental reports of children’s biological knowledge and misconceptions”, *International Journal of Behavioral Development*, Vol. 28, No. 5, 2004.

③ 石翡、丁邦平：《科学前概念中西方研究进展追踪》，《比较教育研究》2014 年第 6 期。

己的想法和信念。研究取向和方法的不同也使中西方学者研究前科学概念的年龄取样范围很不同，西方学者研究范围很广泛，其中包括年幼儿童，然而，我国学者较多研究中学生的前科学概念，较少研究低年龄儿童的前科学概念，因为幼儿读写能力和名词符号理解能力有限，难以进行问卷测评。

四　前科学概念的转变与干预

幼儿前科学概念的研究主要是从发展心理学的视角和科学教育的视角进行的。[①] 发展心理学和科学教育两个学科视角研究幼儿前科学概念的理论框架是不同的，发展心理学是从朴素生物学和朴素心理学的领域区分的理论框架来研究幼儿前科学概念，而科学教育则是从教育理论和概念转变的理论视域来研究的。例如，发展心理学家希克林（Hickling）和格尔曼（1995）[②]研究了幼儿对种子和植物的生命特征的朴素理论，儿童对生命体的理解是基于生物特征的，而不是基于心理特征的。他们进一步研究了儿童是从什么年龄开始拥有朴素生物学理论以及儿童科学概念发展的年龄特征，儿童是从什么年龄开始能够认知到生物体具有生长、繁殖、疾病、死亡等生命特征，儿童是从什么年龄开始对熟悉生物体的生命特征认知能够推广到不熟悉的生物体。然而，与发展心理学家关注幼儿认知发展的研究兴趣不同，科学教育专家更为关注教育意义，研究如何通过教育干预促进儿童的概念转变。

概念转变理论是从库恩范式理论中受到启发而来，库恩（Thomas S. Kuhn）在《科学革命的结构》中提出了范式理论。范式是科学研究共同体承认的理论体系，是对本体论、认识论和方法论的基本承诺。以范式为表征的科学发展模式为前范式科学—常规科学—革命科学—新常规科学。前范式科学是指范式尚未产生之前的科学阶段，当范式产生之后，科学研究进入常规科学阶段。在常规科学阶段，范式相对稳定成为一种科学

---

① Valarie L. Akerson, Ingrid Wwiland and khadija E. Fouad, "Children's Ideas about life Science Concepts", Kathy Cabe Trundle & Mesut Sackes, *Research in Early Childhood Science Education*, *Springer*, 2015, pp. 99 - 121.

② Hickling, A., Gelman, S., "How does your garden grow? Early conceptualizations of seeds and their place in the plant growth cycle", *Child Development*, Vol. 66, No. 3, 1995.

研究惯习和传统，一方面能够促使科学家团结协作，使学科发展具有特色；另一方面，由于范式的优势性，即使会出现某些“反例”和“挑战”，某些特定的理论有可能被批判，范式本身只需稍加修正、扩充和完善就可消除“反常”。当“反例”积累到很大的程度时，范式外围的完善和修补也难以解释大量出现的“反常”现象，就会构成对常规科学的“优势范式”的根本性危机，科学研究共同体将逐步瓦解，进而开始革命科学阶段。革命科学使人们的本体论、认识论和方法论发生根本性的转变。当新范式广为认同后，科学将进入新常规科学时期。

受库恩和皮亚杰的启发，波斯纳提出概念转变的 4 个条件[①]。①对前概念的不满。儿童往往不愿意否定他们的前概念，他们对前概念的不满程度主要在于“反例”对儿童的挑战程度。儿童对“反例”的应对策略依次为[②]：“忽略反例、拒绝反例、将反例排除于理论之外、持有而暂不使用反例、重新解释反例、理论外围发生变化、理论转变”。当“新概念”与“前概念”发生剧烈冲突，儿童意识到前概念基本失去作用，必须基于“新概念”改变其朴素理论时，儿童对前概念的不满将转化为概念转变的行动力量。②新概念的可理解性。儿童必须理解新概念的意义，而不是表层的记忆符号，儿童现有认知发展水平和知识经验准备足以理解新概念所指向的情境、内涵和外延，能够理解新概念所反映的事物之间的关系。③新概念的合理性。新概念要与儿童所认同的其他概念相一致，儿童相信新概念比自己的前概念能够提供更为一致、充分而有证据的解释。④新概念的有效性。新概念要能有效地解释“反例”，解决问题、推理和预测，预示新的可能和方向。可理解性、合理性和有效性又是层层递进的，新概念的可理解性是合理性的基础，新概念的有效性又以合理性为前提。

美国生物学课程研究（BSCS）在 1989 年开发出 5E 教学模式，对概念转变教学有重要的借鉴[③]。该模式由五个教学活动环节组成，分别为参

---

① Posner, G. J., Strike, K. A. & Hewson, P. W., “Accommodation of a scientific conception: toward a theory of conceptual change”, *Science Education*, Vol. 66, No. 2, 1992.

② 鄢超云：《朴素物理理论与儿童科学教育》，江苏教育出版社 2007 年版，第 244—260 页。

③ 王健、李秀菊：《5E 教学模式的内涵及其对我国理科教育的启示》，《生物学通报》2012 年第 3 期。

与（engage）、探究（explore）、解释（explain）、精致（elaborate）和评价（evaluate）（见表2—1）。

表2—1 美国生物学课程研究（BSCS）在1989年开发出的5E教学模式

环节	教师	学生
参与（engage）	提供实物，提出问题，创设情境，与儿童对话	参与科学教育活动（预测、观察、解释）、暴露前科学概念
探究（explore）	观察、倾听、引导，提出反例	观察、操作、动手动脑、建立事物之间的联系，探究新问题和新情境，获得前科学概念难以解释的新结果
解释（explain）	引入新概念，使新概念具有可理解性和合理性	解释探究过程和结果，意识前科学概念的不足之处，意识到原有概念和新概念之间的冲突，认识到新概念的有效性、预测力和解释力
精致（elaborate）	提供时间和空间，提出新问题，支持儿童深入探究	合作探究新问题使新获得的概念精致化，对新概念、过程和方法进行归纳总结
评价（evaluate）	通过多种方式评价，提出开放性问题评价儿童对新概念的理解与使用情况	儿童自评和同伴互评

第三节 幼儿在生命科学领域的前科学概念

一 幼儿关于遗传的前科学概念

研究者大多采用基于情境的临床访谈研究幼儿关于遗传的前科学概念，目的是判断幼儿是否具有朴素生物学理论，是否能够基于遗传概念区分生物与非生物，是否能够分清身体特征主要由先天遗传决定，而心理行为主要由后天教养决定。研究结论很不一致，较多专家认为幼儿具有朴素生物学理论，也有少部分专家认为幼儿不具有朴素生物学理论。

格尔曼（Gelman）① 设置了基于情境的问题：小牛犊刚出生后就和猪

① 王振宇：《学前儿童发展心理学》，人民教育出版社2004年版，第393页。

生活在猪圈里，从未见过其他的牛。然后要求幼儿预测小牛长大后的身体特征和行为特征将是怎样的。研究结论是，4岁儿童就能明确认知到，小牛长大后身体特征和牛妈妈一样，行为特征将会像猪一样。

斯普林格（K. Springer）[①] 等研究者告诉儿童：布尔太太和布尔先生天生就有一个异常的粉红色的心脏。然后让学前儿童预测他们孩子的心脏是正常的红色，还是异常的粉红色。研究结论表明，当告诉幼儿，异常的生理特征将引起生理上的后果（如强壮有力），而不会引起社会后果或者心理后果（如生气）时，多数幼儿认为布尔太太和布尔先生的孩子将遗传父母的异常特征——粉红色的心脏，这说明幼儿具有朴素生物信念，遗传特征只限于生物学领域。

约翰逊（Johnson）和所罗门（Solomon）[②] 研究了4—7岁儿童依据生物起源对出生概念的理解。他首先给75名儿童讲述了一个交换抚养的故事，然后让儿童确认故事中婴儿的亲生父母是谁，养父母是谁。在此基础上，让儿童预测婴儿长大后的身体特征，是与亲生父母相似，还是与养父母相似。幼儿的回答编码为四类：出生取向、抚养取向、分化取向、混合取向。总体结论为，4—7岁儿童的判断大部分持出生取向而不是抚养取向，认为身体特征和身体之外的特征都是遗传自母亲，而不是父亲。

赫希菲尔德（Hirschfeld）也设计了（Switched-at-birth task）交换抚养任务情境。研究表明，即使三岁幼儿也能理解肤色是遗传的稳定的生物特征，白人父母生出的幼儿在黑人家庭长大后其肤色依然不会改变。[③]

斯普林格[④]基于实证研究认为，儿童对具有亲缘关系的生物相似性的认识是基于朴素理论的推理而获得的，并不是认知结构的改变，如果儿童

---

① Springer, K. & Keil, F. C., "On the Development of Biologically Specific Beliefs: The Case of Inheritance", *Child Development*, Vol. 60, No. 3, 1989.

② Johnson, S. C., & Solomon, G. E. A., "Why dogs have puppies and cats have kittens: The role of birth in young children's understanding of biological origins", *Child Development*, Vol. 68, No. 3, 1997.

③ Rhodes M., Gelman S. A., "A developmental examination of the conceptual structure of animal, artifact, and human social categories across two cultural contexts", *Cognitive psychology*, Vol. 59, No. 3, 2009.

④ Springer K., "Acquiring a Naive Theory of Kinship through Inference", *Child Development*, Vol. 66, No. 2, 1995.

具有胎儿生长知识，或者教给儿童胎儿生长的基本知识，儿童的朴素亲缘关系理论将表现得更为明显。

斯普林格和凯尔（Keil）[①] 还研究了4—7岁儿童的颜色获得因果解释机制，研究表明，对于生物体的颜色，幼儿倾向于用生物内部原因进行解释；对于人造物的颜色，幼儿倾向于用人为的外部力量来解释。

然而，莫里斯（Maurice）与所罗门[②]等人在Zafimaniry（马达加斯加东部的一个偏远山村）的研究结论则明显不同。他们选取7—16岁的儿童，研究他们对人体遗传的理解。研究发现，Zafimaniry的16岁以下的大部分儿童不具有生物遗传朴素理论，显著不同于美国儿童的遗传概念发展水平，美国6—7岁儿童就具有生物遗传朴素理论。Zafimaniry的儿童认为，婴儿被养父母抚养长大后，生物特征和性格特征会更像养父母，而不是亲生父母，因为他们有共同的生活环境。

二 幼儿关于生长的前科学概念

稻垣（Inagaki）波多野（Hatano）研究证明，3岁以上的幼儿，对能够生长和不能生长的事物能够做出合理区分并解释，对生长的必然性有所认识，甚至能意识到生长的方向性，判断生物能够随年龄的增长而长大，而人造物则不会。巴克希德（Backscheider）沙茨（Shatz）与格尔曼（1993）研究证明，学前儿童还可以认识到生物不仅可以生长，而且会经常再生，对某些类型的损伤，它们具有自主愈合的能力，人造物就缺乏这种自发再生的能力。[③]

希克林和格尔曼[④]探索了4岁幼儿对种子的生物机制的理解。研究人员呈现种子的图片，请幼儿描述种子的起源和种子的生长条件。他

---

① Springer K., Keil F. C., "Early differentiation of causal mechanisms appropriate to biological and nobiological kinds", Child Development, No. 4, 1991.

② Bloch M., Solomon G. E. A., "Carey S. Zafimaniry: An understanding of what is passed on from parents to children: A cross-cultural investigation", Journal of Cognition and Culture, Vol. 1, No. 1, 2001.

③ J. H. 弗拉维尔、P. H. 米勒、S. A. 米勒：《认知发展》，邓赐平译，华东师范大学出版社2002年版，第158页。

④ Hickling A. K., Gelman S. A., "How does your garden grow? Early conceptualization of seeds and their place in the plant growth cycle", *Child Development*, Vol. 66, No. 3, 1995.

们发现，幼儿能够区分生物机制和心理机制，对种子的生长和起源做生物学领域的解释，并且识别出种子生长需要的自然条件。幼儿能够理解植物来源于种子，种子来源于植物。四岁半以前的幼儿对种子的生命周期缺乏理解，四岁半至五岁的儿童能够理解种子的生长周期。

罗森格伦①研究了幼儿对动物变形的理解。他探查幼儿是否会认为现在看起来是臭鼬的动物其实以前是只狗，或者是否会认为一只小狗能够长成臭鼬。在实验中，他呈现尺寸大小不同的36张动物卡片和24张人工制品卡片，考察幼儿是否能够根据生长属性区分生物和非生物。研究结论说明，幼儿能够判断出动物大小尺寸不同，实质是一样的，是生长的结果；人工制品可能会随着时间变得陈旧，但不能生长。研究者继续使用蝴蝶、毛毛虫、蚕茧、昆虫等例子，3—4岁幼儿能够判断出这些生物将逐渐长大，5—6岁幼儿则更进一步能判断出这些生物不仅能够长大，而且成体和幼体在外形上将不一样，有一个变态生长的变形过程。

谢泼德森②调查了儿童关于昆虫生命周期的前科学概念，并研究了儿童的前科学概念随着正式的教育干预而变化的情况。他随机选择了四名儿童，以蝴蝶的生长周期为例，进行了15天的教育干预。在干预之前，他发现儿童对蝴蝶生长过程持有一阶段模型，即多数儿童认为蝴蝶的生长只是一个由小到大的过程。通过教育干预，四名儿童发展出蝴蝶成长的四阶段模型，他们对蝴蝶成长过程有了四个阶段的概念认知，幼体—蛹—幼虫—成体，认识到同一个生物体在生长过程中历经了四个体态不同的阶段。他进一步归纳出概念转变教学干预的策略：基于对话促进概念的社会建构，通过讨论生成意义，记录科学经验的科学日志，发展能够解释数据的语言系统。

三 幼儿关于生病的前科学概念

早期研究大多以皮亚杰理论框架为基础研究儿童的生病概念认知发

① Rosengren, K. S., Gelman, S. A., Kalish, C. W., McCormick, M., "As time goes by: Children's early understanding of growth in animals", *Child Development*, Vol. 62, No. 6, 1991.

② Shepardson, D. P., "Of butterflies and beetles: First graders' ways of seeing and talking about insect life cycles", *Journal of Research in Science Teaching*, Vol. 34, No. 9, 1997.

展，比贝斯（Bibace）与沃尔什（Walsh）[①] 的研究最具代表性，他们认为儿童的生病概念认知可以分为三个发展阶段。2—6 岁的儿童处于“前逻辑阶段”，他们认为病因和疾病是同时发生的，但两者之间没有任何逻辑联系；7—10 岁的儿童处于“具体逻辑阶段”，他们能认识到如果接触了有害物体将致病，是病源的“有害性”使人生病，如吃了被污染的食物、接触了生病的人。但他们还不能理解内隐的病因机制。11 岁以后的儿童进入“形式逻辑阶段”，他们认识到细菌是致病的内在机制，细菌会引起生命体内部器官功能的失调，心理因素（恶劣的情绪）也有可能阻碍身体功能，因而导致疾病。我国学者对儿童的生病概念认知发展的研究结论与比贝斯的研究结论有所不同[②]：幼儿的生病概念认知不是“前逻辑阶段”，而是属于“具体逻辑阶段”，少数幼儿甚至达到“形式逻辑阶段”，幼儿的生病概念认知在思维结构发展的一般规律上体现不明显，而是更多地受到有关身体、细菌、疾病等领域特殊性知识的积极影响，表现出了更高的思维水平。

西格尔（Siegal）和沙雷（Share）[③] 设计了两个实验研究幼儿的疾病概念认知，在实验 1 中有 38 个 3—4 岁儿童参与，实验者描绘了 3 个小故事，在故事 1 中，实验者问，如果果汁里有蟑螂，这杯果汁能喝吗？在故事 2 中，实验者问，如果果汁里的蟑螂被取走，这杯果汁能喝吗？在故事 3 中，实验者问，一个小孩非常口渴，他非常想喝一杯巧克力牛奶，那么把蟑螂取走后，这杯巧克力牛奶能喝吗？绝大多数幼儿认为，被蟑螂污染过的果汁和巧克力牛奶不能喝，否则会生病。在第二个实验中，实验者呈现了一块发霉的面包并且询问幼儿，如果用咸味酱将发霉面包的霉味给遮盖掉之后，这块面包还能吃吗？幼儿肯定地回答道，即使用咸味酱把霉味弄掉，眼睛看不到发霉，这块面包还是不能吃。研究者由此得出结论，幼儿能够不受表面知觉的限制，更多地注意到食物是否被污染变质的生物学内在机制。

---

① Bibace R. & Walsh M. E.，“Development of children's concepts of illness”，*Pediatrics*，Vol. 66，No. 6，1980.

② 顾荣芳：《幼儿对疾病相关概念的认知》，《学前教育研究》2008 年第 11 期。

③ Siegal M.，Share D. L.，“Contamination sensitivity in young children”，*Developmental Psychology*，Vol. 26，No. 3，1990.

所罗门和卡西马蒂斯（Cassimatis）[①] 研究了幼儿对细菌和传染的认知。在实验 1 中，被试包括五个年龄组，4 岁组、6 岁组、7 岁组、10 岁组、成人组。实验者在故事中描述了一个朋友探望一个生病的小孩，紧接着提问“这个探望的人是否会生病”。其中两个版本的故事描述的是“细菌是生病的原因”；另外两个版本的故事描述的是“中毒是生病的原因”。研究结果是，成人组和 10 岁组儿童识别出细菌导致疾病；大部分学前儿童不能区分细菌致病与中毒致病产生的症状是不同的，认识不到细菌传染疾病；认为细菌导致疾病的幼儿相应地能够识别出细菌在传染中的作用。

实验 2 与实验 1 很相似，不同之处是，实验 2 将细菌致病的症状与刺激物（不是毒药）产生的症状进行对比，大部分幼儿不能区分细菌致病的症状与刺激物（不是毒药）产生的症状。

实验 3 中，研究者直接告诉幼儿“是细菌让小女孩生病的”，结论依然是大部分幼儿不能区分细菌致病的症状与刺激物（不是毒药）产生的症状。

实验 4 强调不同实体的属性，在实验中呈现了人体、蚂蚁、树、岩石、细菌和毒药。几乎没有幼儿将生命属性赋予细菌或者毒药，大部分幼儿将细菌和毒药归为非生物。

实验 5 研究儿童是否能够认识到细菌也要吃东西、也会生长和死亡。只有 17% 的儿童知道细菌也需要食物，没有一个幼儿认为细菌可以生长，33% 的儿童认为细菌有衰老和死亡的过程。总之，儿童认为细菌不是生物，不能将细菌与传染疾病相联系。

克里斯蒂纳（Cristine）等研究者[②]在南非地区选择 366 名被试，分五个年龄段（5 - ，7 - ，11 - ，15 岁，以及成人）。研究表明，在该地区被试对疾病的认知中，生物解释机制的支持度最高，魔法解释也常常受到支持。更重要的是，魔法解释并不是被试缺乏生物知识的结果，也不会被生

① Solomon G. E. A. , Cassimatis N. L. , “On facts and conceptual systems: young children’s integration of their understandings of germs and contagion”, *Developmental psychology*, Vol. 35, No. 1, 1999.

② Cristine H. Legare, Susan A. Gelman, “Bewitchment, Biology or Both: The Co-Existence of Natural and Supernatural Explanatory Frameworks across Development”, *Cognitive Science*, Vol. 32, No. 4, 2008.

物解释机制所取代。魔法解释和生物解释常常一起用来解释同样的疾病现象，成人比儿童更多地持有魔法解释的倾向。研究表明多元文化背景在建构生病的多元解释中有重要作用。儿童以同样的方式对难以察觉的自然实体和超自然实体进行概念化，通过文化输入学习可经验证实的概念和不可经验证实的概念，这种文化输入常常通过语言交流进行①。例如，许多科学本质（病毒和分子）以及非科学超自然本质（魔法和幽灵）被广泛认同为真的，虽然它们常常不能被直接观察到。

在南非社区，疾病的生物解释和魔法解释共存的方式有三种②：并列因果推理（Juxtaposition reasoning）、近远因果推理（proximal/distal reasoning）、真实反抗虚构的因果推理（real versus fictitious reasoning）。并列因果推理是指魔法解释和生物解释等多元解释机制松散地混杂在一起，这些解释机制缺乏内部联系。近远因果推理是指魔法解释和生物解释之间有关联，构成了一个逻辑链条，比较典型的例子是，接触了传染源是近因，魔法解释是远因，魔法使人接触了传染源。当健康教育课程强调魔法不是疾病的原因时，儿童将持真实反抗虚构的因果推理来保留魔法解释框架，试图调节两者的关系以适应新的标准。魔法解释的支持度随着年龄增长呈现U形变化，随着儿童年龄的增长，由于健康教育课程的影响，魔法解释支持度呈下降趋势；当年长儿童离开学校后，健康教育课程的影响效果逐渐下降，非生物的社会文化对他们的影响逐渐加大，魔法解释支持度又呈上升趋势，这主要受到社会文化的影响。

近年来，“朴素理论”成为儿童科学概念认知发展的一个理论视角，学前儿童是否在生病认知维度上具有朴素生物理论，凯里（Carey）、卡利什（Kalish）等学者的观点很不一致③。凯里认为，儿童在10岁前将生病理解为是对违规行为的惩罚，儿童对疾病的认识要在10岁以后才从朴素心理学中分离出来，转变为独立的朴素生物学。卡利什不同意凯里的看法，他的研究证实幼儿能够认识到传染与生病的因果关系，说明学前

---

① Harris, P. & Koenig, M., “Trust in testimony: How children learn about science and religion”, *Child Development*, Vol. 77, No. 3, 2006.

② Raman, L. & Winer, G., “Children's and adults' understanding of illness: Evidence in support of a co-existence model of illness”, *Genetic, Social, and General Psychology Monographs*, No. 12, 2002.

③ 朱莉琪、刘光仪：《学前儿童对疾病的认知》，《心理学报》2007年第1期。

儿童具有独立的朴素生物理论。Au & Romo 认为，儿童对细菌的认识有可能不是生物水平的，而是物理水平的（例如，传染是由于物理距离的接近），因此儿童提到细菌并不能证明儿童有朴素生物理论，只有用特定的生物机制解释生病现象才能表明儿童开始具有生物理论。卡西亚（Garcia）和 Koelling[①] 则认为，儿童能够对物理机制和生物机制进行区分，例如，儿童认为腹泻是食物的原因，而伤口是物理的原因。这种领域特殊性制约对于抽象概念的获得依然是起作用的，在获得具体信息之前就可以帮助儿童排除无关假设的迷惑，在备选假设中选择最合适的假设，使他们更有效地学习和解释，进而积累有组织的知识，并形成朴素理论。

我国学者研究发现，儿童对生病的解释有四种模型[②]。①空间联系模型。儿童认为只要在空间距离上与病人很接近，即使两人之间没有接触，也会传染疾病。②物理关系模型。儿童认为传染的实质是物质粒子的转移，生病是细菌转移的物理过程。③生物模型。儿童只把传染用在生物领域，认识到生病是细菌的繁殖过程而不是物理转移过程。④有区别的生物模型。儿童认识到传染的特殊性，不同疾病有不同的致病原因。

四 幼儿关于死亡的前科学概念

纳吉（Nagy）[③] 基于 378 名 3—10 岁儿童死亡概念认知的研究，归纳出儿童死亡概念发展模式的三个阶段。第一阶段的儿童（3—5 岁）不能认识到死亡的必然性，认为死亡是可逆的、暂时的；第二阶段的儿童（5—9 岁）能够认识到死亡的必然性和不可逆性，但不能认识死亡的普遍性，儿童认为某些特殊的人（如聪明的人、幸运的人）不会死，自己也不可能死；第三阶段的儿童（9 岁以上）能够认识到死亡的普遍性和必然性。纳吉的研究对后来的研究者影响很大。与此类似，Speece 在 1984 年

---

① Garcia, J. & Koelling, R. A., "The relation of cue to consequence in avoidance learning", *Psychonomic Science*, No. 4, 1996.

② 朱莉琪：《儿童对疾病的认知》，《心理科学》2003 年第 1 期。

③ Nagy, M., "The Child's Theories Concerning Death", *Journal of Genetic Psychology*, Vol. 73, No. 2, 1948.

指出，儿童对死亡的概念认知水平与儿童认知发展的整体水平是一致的。[①]

有学者[②]从长春市吉林大学幼儿园选择120名3.5—6.5岁的儿童为研究被试，把儿童的死亡认知划分为三种发展水平。水平1：对死亡的四个基本特征（不可逆性、必然性、功能丧失性和情绪性）不清楚和不能解释；水平2：能够比较清楚地解释死亡的四个基本特征，但又受自我中心意识和心理愿望的制约；水平3：能够认识到死亡不因个人愿望而转变，能理解和解释死亡的四个基本特征。

有学者[③]研究了北京市6岁、5岁、4岁三个年龄组幼儿对死亡现象的认知。研究结论为幼儿逐渐能够认识到生物将最终死亡，非生物不存在死亡现象，能够认识到死亡的不可逆性，部分认知到死亡的普遍性，对死亡的认知没有表现出“泛灵论”和“魔法思维”，儿童的死亡认知水平高于传统研究结论。

格尔曼[④]设计了三个实验研究4岁儿童和6岁儿童对花、树、草的死亡概念。在实验1中，有30个4岁组儿童、20个6岁组儿童作为被试。实验者向儿童呈现花、树、草的图片，提问幼儿这些生物体是否有可能会死亡，对幼儿的回答从四个特征进行编码——普遍性、必然性、不可逆性、因果性。方差分析说明，4岁组幼儿和6岁组幼儿的死亡认知差异显著，4岁组幼儿对死亡的三种特征（普遍性、必然性、不可逆性）以及对植物的三种类型（花、树、草）缺乏内在一致的认知，不具备生物学的理解，而6岁组儿童则具有内在一致的生物学理解。

实验2中有17个4岁组儿童和20个6岁组儿童被试，研究结论则表明，4岁组幼儿和6岁组幼儿都能基于死亡特征区分生物与非生物，4岁组儿童能够理解死亡的不可逆性和因果性，但不能理解死亡

---

① Speece, M. & Brent, S., “Children's understanding of death: A review of three components of a death concept”, *Child Development*, Vol. 55, No. 5, 1984.

② 张向葵：《3.5—6.5岁儿童对死亡认知的研究》，《心理发展与教育》1998年第4期。

③ 朱莉琪、方富熹：《学前儿童对死亡认知的研究》，《中国临床心理学杂志》2006年第1期。

④ Nguyen, S. P. & Gelman, S. A., “Four-and 6 - year-olds' biological concept of death: The case of plants”, *British Journal of Developmental Psychology*, Vol. 20, No. 4, 2002.

的普遍性和必然性，6岁组儿童则对死亡概念的四个基本特征有较好的理解。

实验3中有19个4岁组儿童和20个6岁组儿童被试，方差分析表明，儿童对动物死亡的认知显著好于对植物死亡的认知。基于三个实验，Nguyen与格尔曼得出最终结论：儿童能够基于死亡概念区分生物与非生物，儿童对植物死亡的认知水平随着具体的植物类型有所差异，对花的死亡认知好于对草、树的死亡认知，对动物的死亡认知好于对植物的死亡认知。

五 幼儿关于动物、植物和人体的前科学概念

（一）测验幼儿关于动植物的自然常识

陈鹤琴针对幼儿编制的知识测验主要在于测试幼儿的自然常识[①]，内容分为动物类、植物类、生理类、天然类、普通物类、时节类、杂类。浪格（K. Lange）博士曾研究过初入普劳恩（Plauen）城的500个学童以及邻近的乡村学校的300名儿童，他的研究结论表明，曾经看见过日出的城市儿童只有18%，乡村儿童有42%；城市儿童很少知道百灵鸟，而乡村儿童大半都知道。霍尔于1880年调查了波士顿城的200余名学童，共做了一百三四十个问题，这些问题都是有关儿童常识的。Kansas城的视学格林伍德（Greenwood）采取霍尔的方法调查了该城678名学童，其中47名是黑种儿童。他的调查结论表明，儿童最需要的就是对象，书本教育实多危险；凡为父母的若要其子女得到良好的学校教育，应使其子女在家时熟悉天然的对象与乡下的风景；凡为教师的应先探查儿童已有的知识，然后再定教材与教法；儿童的知识因环境而变迁，此乡儿童的知识不能为他乡儿童的标准。

（二）幼儿对生物与人造物（人工制品）的区分

巴克希德[②]研究了幼儿对生物再生功能与人造物不具有再生功能的区

---

① 北京市教育科学研究所编：《陈鹤琴全集》（第一卷），江苏教育出版社1987年版，第302页。

② Backscheider, A., Shatz, M. & Gelman, S., "Preschoolers' ability to distinguish living kinds as a function of regrowth", *Child Development*, Vol. 64, No. 4, 1993.

分。研究者用 14 张图片，每张图片呈现一个受到损伤的生物体或者人造物。研究者询问儿童，受到损伤的部分能否自己再生。研究表明，幼儿能够认知到生物体能够自愈，而人工制品需要人为修理，幼儿对熟悉事物的判断好于对不熟悉事物的判断。

稻垣和波多野①研究表明，5 岁幼儿能够理解动植物的相似之处，并且能够意识到非生物不具有这些特征，尤其以照料和生长开始临床访谈时，幼儿的表现更好。学前儿童关于动物和人造物的因果知识能应用于判断它们的属性，能够推断动物和人工制品有不同的内在属性和结构，动物拥有内脏，能够自发运动和生长，由自我生物机制所调控，而人造物则不一样。

休斯（Hughes），伍德科克（Woodcock），芬内尔（Funnell）②（2005）向幼儿呈现了动物、植物、操作工具和交通工具等，并请幼儿自由陈述，在此基础上将幼儿的陈述进行编码，分为类属、外观知觉、事实信息、功能、操作行动等。研究发现，幼儿在陈述生物时更多关注类属和外观知觉，陈述人造物时更多关注功能和操作行动。格里夫（Greif）③ 等学者的研究结论也极为相似，当同时呈现新颖的动物和人工制品时，学前儿童更关注动物的类属关系，对人工制品则更关注其功能和使用。

格尔曼④也持相同的看法。儿童概念发展的“理论”论认为，幼儿拥有不同领域的朴素理论，能够基于基本信念区分生物和非生物，认识到生物和非生物的因果解释机制是不同的，从而产生领域特殊性制约的分类范畴和因果推理。例如，学前儿童注意到人类行动在人工制品中所起的作用，动物是大自然创造的，而人工制品则是人类创造的，在决定人工制品的属性时，人的意图起了很重要的作用。

---

① Hatano, G. & Inagaki, K., “Young children's naive theory of biology”, *Cognition*, Vol. 50, No. 1, 1994.

② Hughes, D., Woodcock, J. & Funnell, E., “Conceptions of objects across categories; Childhood patterns resemble those of adults”, *British Journal of Psychology*, Vol. 96, No. 1, 2005.

③ Greif, M. L., Kemler-Nelson, D. G., Keil, F. C. & Guitierrez, F., “What do children want to know about animals and artifacts? Domain-specific requests for information”, *Psychological Science*, Vol. 17, No. 6, 2006.

④ Gelman, S. A. & Bloom, P., “Young children are sensitive to how an object was created when deciding what to name it”, *Cognition*, Vol. 76, No. 2, 2000.

格尔曼[①]等研究者认为，学前儿童能够对种类的永恒性做出领域特殊性判断，人工制品的类属关系会随着时间的变化而改变，要么因为外界环境的变革，要么因为人们使用人工制品的方式而发生变化。然而，他们认识到不管外部环境发生怎样的变化，动物的类属关系还是永恒的。

卡利什[②]等研究者给幼儿呈现彩色的人偶 Feppy，并告知幼儿，"Feppy 是从远方来的一位客人，那里的人在很多事情上与我们不一样，他们的有些做法是错误的，有些做法只是与我们不同，但并不是错误，请你帮我们判断哪些做法是错误的，哪些只是不同但并不错误"。研究表明，儿童将动物或者性别范畴更多视为自然的，将人工制品范畴看成约定俗成的。随着年龄的增长，儿童更有可能认识到人工制品的范畴是约定俗成的。

（三）文化背景对幼儿的生物概念认知的影响

马约莉·罗兹（Marjorie Rhodes）和格尔曼[③]强调文化背景在儿童概念发展研究中的重要性。由于很多研究样本都是来自大学附近的社区，更多地来自城市儿童，以城市儿童为被试所获得的研究结论在概括化外推时必须极为谨慎。城市儿童缺乏动植物的直接经验，对生物现象的认知有突出的拟人化思维。对于这种特点，马约莉·罗兹基于研究认为，认知发展的一般阶段并不能完全解释这种现象，社会文化背景起了很重要的作用。

马约莉·罗兹[④]等学者对比了农村儿童与城市儿童的性别和种族认知，强调社区文化背景对幼儿概念认知的影响。农村地区年长儿童将性别和种族归为自然类属，城市年长儿童则将性别和种族归为约定俗成。对于

---

① Siegel, D. R. & Callanan, M. A., "Artifacts as conventional objects", *Journal of Cognition and Development*. No. 8, 2007.

② Kalish, C. W. & Sabbagh, M. A., "Conventionality in cognitive development: How children acquire shared representations in language, thought, and action", *New Directions in Child and Adolescent Development*, Vol. 115, No. 2, 2007.

③ Marjorie Rhodes, Susan A. Gelman, "A developmental examination of the conceptual structure of animal, artifact, and human social categories across two cultural contexts", *Cognitive Psychology*, Vol. 59, No. 3, 2009.

④ Marjorie Rhodes, Susan A. Gelman, "A developmental examination of the conceptual structure of animal, artifact, and human social categories across two cultural contexts", *Cognitive Psychology*, Vol. 59, No. 3, 2009.

性别范畴，农村儿童和城市儿童在早期就认识到其自然属性，但在某些特别的文化背景中，随着年龄增长，有逐渐增多的儿童认为性别是灵活可变的。对于种族范畴，年长儿童才能认识到种族范畴的自然性，并且受到文化输入的影响。儿童关于性别和种族范畴的概念认知发展轨迹不同，可能是因为性别范畴受直觉制约，而种族范畴更多受文化输入的制约。

（四）幼儿对动植物分类的认知

奥斯本（Osborne）和弗顿伯格（Freyberg）[①]（1985）使用临床访谈技术探究 140 名 6 岁和 7 岁儿童对动植物的分类概念。75% 的儿童认为草是植物，59% 的儿童认为种子是植物，40% 的儿童认为橡树是植物，38% 的儿童认为胡萝卜是植物。类似的研究是，80% 的 8 岁儿童认为人不是动物，只有 20% 的儿童将蜘蛛或蠕虫归为动物，70% 的儿童认为鲸鱼是动物，80% 的儿童认为奶牛是动物。

（五）幼儿对动物内脏的认知

西蒙斯（Simons）和凯尔（Keil）[②]（1994）探测了学前儿童对动物内脏的前概念，以机器内部构造和动物内脏做比对，使抽象的概念溶于具体的背景之中。在研究 1 中，研究人员向幼儿呈现了一些动物的图片，图片呈现的外形都是动物，但其内部有的是动物内脏，有的却是机械。研究者要求幼儿回答哪些图片准确地描绘了动物的内部结构。研究结论说明，幼儿对动物的内部结构缺乏理解。在研究 2 中发现，即使是增加刺激材料的真实性、逼真性和细节性，低于 50% 的儿童能够正确地选择反映动物内部结构的图片。在研究 3 中，研究者使用的研究材料是真实的齿轮、保藏的内脏器官、广口瓶中的岩石，考察 4 岁组幼儿能否猜测出动物内脏的可能性。研究发现使用实物作为实验材料，幼儿的错误概念依然没有转变。在研究 4 中，研究者使用实物为实验材料，同时向幼儿解释动物内脏的功能，被试的概念认知有少许的进步。最后的研究结论是幼儿能够预判动物的内部结构和机器的内部结构应该是不同的，但不知道究竟有什么不

---

① Osborne, R. & Freyberg, P., "Learning in science: The implications of children's science", *Auckland: Heinemann*, 1985, pp. 30 – 37.

② Simons, D. J. & Keil, F. C., "An abstract to concrete shift in the development of biological thought: The insides story", *Cognition*, Vol. 56, No. 2, 1994.

同。例如，幼儿将自然物作为动物的内部结构，如岩石或污泥，研究者推测幼儿可能已经具有生物领域的因果解释框架，但对生物学内部机制缺乏详细的认知结构。

（六）幼儿对生物相互依存性的认知

利奇（Leach）、德里弗（Driver）、斯科特（Scott）以及伍德 - 罗宾逊（Wood-Robinson）（1996）[①] 研究了儿童对生物的相互依存性、平衡、相对规模，以及在食物链中的相互关系。在“生物群体”概念认知中，研究者要求被试从众多生物体中选择属于同一个生物群落的 6 种生物。研究发现，幼儿选择的标准是因为这 6 种生物都是野外发现的，并不是因为它们之间相互依存，幼儿认为一个平衡的生物群落应该包括它们熟悉的动物。在“场景”概念认知中，研究者要求幼儿选择一些生物，并将生物与栖居地相匹配。一些幼儿不愿意选择并匹配，还有部分幼儿选择更有可能被人类发现的生物，例如盆栽、房子里的昆虫。有些幼儿将动物置于很奇怪的地方，例如，将兔子、企鹅、蚯蚓一起放在树上。

在“动物规模”的概念认知中，研究者要求儿童预测和解释哪种生物的数量规模是最大的，对儿童回答的编码为生产者、初级消费者、次级消费者、分解者。很多被试提出一个以上的种类是最多的。年幼被试的回答具有拟人化色彩，谈到“喜欢在某地方的动物是最多的。”在“食物”概念认知中，幼儿以单一的方式讨论生物体，没有证据表明幼儿具有生物体相互依存的概念。5—7 岁的幼儿更多是从个体而不是从群体的角度理解生物体，他们认为动植物依赖于人类获得维持生命的资源，有些幼儿认为动物与人一样具有相同的价值和情感。从 7 岁开始，儿童理解没有人类的干预，生物体也能够自我生存，但依然不能意识到生物体对资源的竞争。

（七）幼儿对动物需求的认知

迈尔斯（Myers）、桑德斯（Saunders）、加勒特（Garrett）[②] 在布鲁克林（Brooklyn）动物园附近访谈了 171 位儿童，随机访谈了在动物园游玩

---

① Leach, J. , Driver, R. , Scott, P. & Wood-Robinson, C. , “Children's ideas about ecology 3: Ideas found in children aged 5 - 16 about the interdependency of organisms”, *International Journal of Science Education*, Vol. 18, No. 2, 1996.

② Myers, O. , Saunders, C. & Garrett, E. , “What do children think animals need? Developmental trends”, *Environmental Education Research*, No. 4, 2004.

的4—14岁儿童，请他们谈谈他们最喜欢的动物有哪些需求。幼儿可以口头表达，也可以通过绘画。采用质性分析法将儿童的回答按照以下几个维度进行编码：生理的、繁殖的、活动的、心理的、群居的、生态的、保护的。研究表明，女孩在群居的需求维度得分更高，男孩在活动需求维度得分更高，曾经承担过照料宠物责任的儿童比从未承担过照料宠物经历的儿童在所有维度上得分都更高，4—9岁儿童主要提到动物的生理需求，儿童年龄越大越有可能注意到动物的其他方面的需求，幼儿很少提到生态保护的需求。

（八）幼儿对动植物认知的拟人化特征

彼得罗娃（Petrova）[①] 采用访谈和观察法调查20所幼儿园和26名3岁幼儿对于生物的文学特征或科学特征的拟人化信念，将学前儿童和小学低年级儿童的信念进行比较。研究者向儿童朗读关于动物和植物的文学文本和科学文本，连续朗读两遍之后提问：你能告诉我们一些关于"桦树""狼""鹳"的事情吗？研究表明，与动物相比，幼儿对桦树的认知有更明显的拟人化倾向，幼儿对"狼"的认知不含拟人化倾向，虽然在文学文本中赋予"狼"拟人化特征，儿童对"狼"的认知仍以科学特征为主；与小学低年级儿童相比，学前儿童对动植物的认知有更多的拟人化色彩。研究者建议，教师要注意科学文本与文学文本的平衡，增加科学文本的使用促进儿童科学概念的发展，降低其对动植物的拟人化信念。

六　概念转变教学与幼儿科学教育

幼儿是否需要学习科学概念，概念转变的教学与幼儿科学教育是怎样的关系？哪些概念适合概念转变教学？哪个年龄段适合概念转变教学？比较有代表性的是南京师范大学张俊教授的观点[②]：幼儿需要学习科学概念，科学概念的学习方式要从幼儿认知发展特征出发，不能从学科概念定

---

① Petrova V., Siderova D., Stefanova R., et al., "Differentiation of the literary images of plants and animals by the scientific description with children at pre-school and primary school age", *Trakia Journal of Sciences*, Vol. 8, No. 3, 2010.

② 徐杰、张俊：《指向概念转变的教学：来自实践的反思与启示》，《学前教育研究》2008年第2期。

义出发，要以游戏的方式探究科学概念，从而启蒙幼儿的科学思维和转变幼儿的前科学概念。长期以来幼儿科学教育缺乏科学概念建构的意识，导致科学教育内容偏于广度、深度不足，概念转变教学就是为了矫正这个偏差。当然，概念转变教学中选择的科学概念必须符合三个标准：①这个科学概念必须基于儿童具有相关的丰富的科学经验；②这是一个核心科学概念，但又极为基础；③有专家研究过儿童关于这个核心科学概念的认知发展状况。

有学者[①]研究了干预训练的不同内容与不同形式对儿童掌握遗传知识的作用，从干预内容、干预形式、不同年龄被试取样的适当性等因素分析干预效果差异的原因，强调儿童遗传认知的研究与幼儿生物科学启蒙的密切关系；有学者[②]采用实验组对照组前后测设计，以临床访谈法和相关领域知识的讲解法对 5 岁、6 岁儿童植物繁殖概念进行干预，研究结论表明，学习和丰富相关领域知识可以有效促进 5 岁、6 岁儿童的植物繁殖概念认知，对 6 岁儿童的促进作用明显好于 5 岁儿童，领域特殊性机制和领域一般性机制共同制约儿童的概念认知发展。

科琳娜·莱昂纳特（Corinna Leonhardt）等学者和 Rolf F. Maier[③] 研究了德国泰迪熊医院（Teddy Bear Hospital）对儿童健康认知的影响，他们使用前后测准实验设计，从 14 家德国幼儿园随机选择 131 名学前儿童，使用图片临床访谈幼儿，协方差分析表明，与控制组相比，访问过泰迪熊医院的实验组幼儿对他们自己的身体、健康和疾病有更好的理解，泰迪熊医院是对幼儿健康教育的有效场所。

七　对已有研究的评析

综上所述，国外研究成果较为丰富，国内研究成果较为欠缺，已有研

---

① 王欣、张丽锦：《干预训练对儿童掌握遗传知识的作用》，《心理科学进展》2008 年第 5 期。

② 张丽锦、方富熹：《干预训练对 5 岁、6 岁儿童理解植物繁殖概念的影响》，《中国心理卫生杂志》2005 年第 9 期。

③ Corinna Leonhardt, Jutta Margraf-Stiksrud, Larissa Badners, Andrea Szerencsi and Rolf F. Maier, "Does the 'Teddy Bear Hospital' enhance preschool children's knowledge? A pilot study with a pre/post-case control design in Germany", *Journal of Health Psychology*, No. 4, 2014.

究在选题、内容和研究设计上对本书具有重大的启示意义，但也还有深入研究的空间和必要性，具体如下。

（一）从研究内容看，研究内容缺乏整合

这些研究成果大多局限于研究幼儿对某一类生物体的概念认知，缺乏关于人体、动物和植物三类生命体的整合性研究。研究者选取的概念较为单一，要么单独研究生长，要么单独研究疾病，要么单独研究死亡，幼儿关于遗传、生长、生病和死亡概念认知的整合性研究很缺乏。因此各个研究的可比较性差，得出了很不一样甚至完全相反的研究结论。生命毕竟不是各种割裂的生物特征的简单组合，因此需要在前人研究基础上更进一步的体系化的细致研究。

（二）从研究取样看，取样偏于城市幼儿，对农村幼儿关注较少

研究成果大多取样于城市儿童，可能是因为选择城市幼儿作为研究被试较为方便，但也影响到研究的可比较性和研究结论外推的适合性，将社会文化背景纳入研究设计中，可能会得出不一样的结论。大部分研究成果是从发展的传统观点出发，并且聚焦在儿童何时能自动获得生物学知识。文化心理学研究表明，在城市儿童中（这些儿童往往是典型的实验参与者）观察到的发展的年龄规律并不适用，事实上，儿童所获得的经验不同，他们的发展模式也各不相同。儿童的认识还会受到文化背景的影响，在不同的社会文化环境下，儿童的朴素生物学知识获得的表征实例不同。①

（三）从研究的学科视角看，心理学和科学教育还处于缺乏交叉的平行状态

心理学的研究关注儿童在什么年龄开始具有独立的朴素生物学，研究结论在科学教育中的指导意义比较欠缺。科学教育的研究目的在于儿童的概念转变，着眼于找出其中的迷思概念，较多注意儿童前科学概念与科学概念的不一致性，但对儿童是如何学习科学的认知发展规律研究不足。我们需要将心理学范式和科学教育范式整合起来研究幼儿的前科学概念。

---

①　林崇德、李其维、董奇：《儿童心理学手册》第一卷（下），华东师范大学出版社 2009 年版，第 778 页。

（四）从研究方法来看，较为注重“迫选题”和“有—无”判断，对解释水平与内容特征关注不足

前期研究较多采用迫选题的方式让幼儿做出判断，以此探查幼儿能否区分生物与非生物，是否具有朴素生物理论。本书不满足于这种“有—无”判断。幼儿认知发展具有连续性，幼儿的概念认知始终是“在路上”，本书试图进一步研究幼儿对生命现象的解释，分析幼儿前科学概念的具体水平、特征与影响因素，这也呼应了科学的本质——理解与解释，并为幼儿科学教育提供更为丰富细致的信息。

（五）从研究结论看，研究结论有很大的不一致

由于研究设计和理论取向的不同，例如，选取的概念、任务难度、实验材料、评价标准、理论取向等方面的不同，目前的研究结论很不相同。有研究者（如格尔曼和凯尔）① 认为儿童早期就具有独立自主的朴素生物理论。有研究者（如 Carey）② 认为年幼儿童不具有朴素生物理论，年长儿童的生物概念认知是从朴素心理学系统中分离出来的根本的概念转变。还有研究者（如稻垣和波多野）③ 则认为儿童的生物概念认知在很早就具有，只是还不足以独立自主，容易受到心理学标准的制约。

综上所述，对儿童前科学概念的研究努力方向为整合研究内容，同时研究儿童对各类生命体（动物、植物、人体）的遗传、生长、生病和死亡概念认知；平衡选择城市和农村地区的儿童，探究不同文化背景儿童的前科学概念的差异与共同特征；加强心理学和科学教育不同学科视角的整合，在考察儿童前科学概念“有—无”判断的同时，深入研究儿童具体的解释水平、内容特征与影响因素，并且从前科学概念的研究中寻找其对幼儿科学教育的启示。

---

① Keil F. C. , *Concepts, Kinds and Cognitive Development*, Cambridge, Mass: MIT Press, 1989. 转引自张丽锦、方富熹《4—7岁儿童关于动物繁殖的朴素生物学理论的发展》，《心理学报》2005年第5期。

② Carey S. , *Conceptual change in childhood*, Cambridge, MA: MIT Press, 1985, pp. 2 – 11.

③ Hatano G. , Inagaki K. , "Young children's naive theory of biology", *Cognition*, Vol. 50, No. 1, 1994.

第三章

研究设计

本书聚焦于4—6岁城乡儿童对生命体遗传、生长、生病、死亡的生命现象的判断与解释，探查儿童前科学概念的发展水平与内容特征，揭示4—5岁儿童和5—6岁儿童前科学概念的年龄段发展特征[①]和城乡差异，找出儿童前科学概念的影响因素和获得方式，力图为认知发展理论提供新的数据，加强认知发展心理学与儿童科学教育之间的交叉。

第一节 研究问题与目标、研究内容与研究思路

研究背景和研究综述为研究问题与目标的提出提供了重要依据，研究问题与目标又为研究设计的出发点，研究设计就是为了解决研究问题而对将要进行的研究过程设计蓝图，研究内容、研究思路、研究方法、研究工具等都要围绕研究问题展开。

一 研究问题与目标

本书主要研究以下三个问题。

---

① 年龄段的划分主要依据为《3—6岁儿童学习与发展指南》。《3—6岁儿童学习与发展指南》将幼儿教育划分为3—4岁、4—5岁、5—6岁三个年龄段，分别对应幼儿园小班、中班和大班，本书从中班选择4—5岁幼儿被试、从大班选择5—6岁幼儿被试，因此在检验幼儿前科学概念发展水平的年龄段差异时，将年龄段划分为4—5岁、5—6岁两个年龄段。根据已有研究，4—6岁可能是幼儿在生命科学领域前科学概念发展关键期，同时也可能是幼儿朴素生物理论形成的关键期，所以本书选择4—6岁幼儿为研究被试。张丽锦、方富熹、杨小冬：《学前儿童朴素生物学理论及其获得机制》，《心理科学进展》2004年第3期。

（一）4—6 岁城乡幼儿前科学概念的发展水平是怎样的

幼儿教育能够促进幼儿的认知发展，但幼儿教育本身必须符合幼儿的认知发展水平，从儿童潜在的认知发展水平出发，将教育目标、课程内容和教育活动方式定位于儿童在他人提供的支架下能达到的“潜在水平”和儿童独立能够完成的“目标水平”之间的“最近发展区”。儿童的认知发展水平是指儿童认知能力能够达到的程度、深度与广度，反映儿童对事物和事件的推理、判断、预测与解释的能力，认知发展水平受到个体实践经验、思维能力和知识积累等因素的影响，为儿童进一步接受教育提供认知准备。不同年龄段和不同文化背景下的儿童认知发展水平有个体间差异，同一儿童在不同领域的认知发展水平存在个体内差异，不同的环境因素和儿童自身的心理因素共同影响儿童的认知发展，从而使儿童认知发展具有一定的水平。

概念是思维的工具，是知识的组织方式，儿童的前科学概念往往反映了儿童的思维特点和知识组织结构，是探查儿童认知发展水平的一个重要研究领域。儿童前科学概念的发展具有阶段性和连续性特征，概念发展的过程是一个内在结构连续的生长、组织和改造的过程，发展过程具有连续性，发展的结果则具有不连续性，在某一个时间点上和年龄段上往往具有阶段性特征。发展阶段是按顺序出现的，出现的时间可能因为外部环境和个体内在环境的变化或早或晚，但发展阶段的先后次序不变。发展连续性中有不连续性的成分，发展的不连续性成分一旦具有相对稳定一致的结构，就呈现出发展的阶段性，达到量变与质变的统一。[①] 幼儿在生命科学领域具有丰富的知识经验，研究 4—6 岁幼儿前科学概念的发展水平对于理解儿童认知发展的规律具有重要意义，可以为科学教育更好地适宜儿童认知发展水平提供重要参考。本书尝试以临床访谈为主要研究方式来获取幼儿前科学概念的丰富信息，以质的研究和量的研究相结合的实证方法来探测 4—6 岁城乡幼儿前科学概念的发展水平。

（二）4—6 岁城乡幼儿前科学概念具有怎样的特征

前科学概念具有模式性、推理性、顽固性、自发性、多样性，前科学

---

① 白学军：《儿童思维发展水平测验的编制与测试结果》，《心理发展与教育》1994 年第 1 期。

概念的这些特征主要是学科教学专家通过对中小学生的研究而得出的，其中有些研究结论适合中小学生，也适合年幼儿童，但不是所有特征都适合幼儿，并且有待验证。相对于中小学生而言，毕竟两者处于不同的年龄阶段，幼儿教育和中小学教育在教育目标、学习环境和教育方式上有很大的不同，采用的研究方式也不同，在幼儿教育中学科教学的影响作用更小，因此幼儿前科学概念的特征可能有不同之处，可能还有一些不为人注意的特征。另外，目前的研究结论主要来自西方国家和我国城市儿童，对我国中部地区农村儿童而言，是否也是如此，还有哪些差异，有待实证研究。本书对临床访谈幼儿的研究资料进行质性分析，尝试提取幼儿前科学概念的特征。

（三）4—6 岁城乡幼儿前科学概念的影响因素及其获得方式是怎样的

前科学概念发展的影响因素可以分为内部因素和外部因素，内部因素是指儿童自身的先天遗传因素和后天知识经验，外部因素是指儿童生活的生态环境，包括儿童直接接触的有形的微小系统，间接渗入儿童生活环境的中间系统和外部宏大系统。内部因素和外部因素相互作用，没有任何一个因素的作用可以单独分离和还原。相比早期研究的争论焦点——遗传因素和后天因素，以及内部因素和外部因素，它们对个体发展的作用大小和重要程度的区分，现代认知发展理论的关注度已经不再那样突出了，这些影响因素的相互作用和影响机制变得更受关注。由于影响因素的复杂多元和难以分解，本书难以将所有要素都包容在内进行实证研究。根据认知发展理论的现有研究结论，幼儿前科学概念的影响因素主要为教师、家长、幼儿自身的特点、电视网络媒体等方面，本书将从四个方面——幼儿教师背景变量与科学教育的特点，幼儿家长背景变量与科学教育的特点，幼儿自身特点和电视网络媒体，研究它们对幼儿前科学概念的可能影响。

基于研究问题，本书旨在达成以下研究目标：

（1）编制临床访谈提纲，临床访谈 4—6 岁城乡幼儿，测查与比较幼儿前科学概念的获得方式与发展水平；

（2）整理、分析与比较城乡幼儿前科学概念的共同特征与差异；

（3）编制幼儿生命科学教育家长自评问卷和教师自评问卷，分析幼儿前科学概念的影响因素；

（4）建构前科学概念的研究对幼儿科学教育的启示。

二 研究内容

(1) 从幼儿对各类生命体的遗传、生长、生病和死亡的判断来看，4—6 岁城乡幼儿前科学概念的判断水平是怎样的?

1) 如何评估幼儿前科学概念的判断水平?

2) 幼儿前科学概念的判断水平是怎样的?

3) 幼儿前科学概念的判断水平是否存在年龄段差异?

4) 幼儿前科学概念的判断水平是否存在城乡差异?

5) 幼儿前科学概念的判断水平是否存在年龄段与城乡背景的交互影响?

6) 对动物的判断水平、对植物的判断水平、对人体的判断水平差异是否显著?

7) 对遗传的判断水平、对生长的判断水平、对生病的判断水平、对死亡的判断水平差异是否显著?

(2) 从幼儿对各类生命体的遗传、生长、生病和死亡的解释来看，4—6 岁城乡幼儿前科学概念的解释水平是怎样的?

1) 如何评估幼儿前科学概念的解释水平?

2) 幼儿前科学概念的解释水平是怎样的?

3) 幼儿前科学概念的解释水平是否存在年龄段差异?

4) 幼儿前科学概念的解释水平是否存在城乡差异?

5) 幼儿前科学概念的解释水平是否存在年龄段与城乡背景的交互影响?

6) 对动物的解释水平、对植物的解释水平、对人体的解释水平差异是否显著?

7) 对遗传的解释水平、对生长的解释水平、对生病的解释水平、对死亡的解释水平差异是否显著?

(3) 4—6 岁城乡幼儿前科学概念具有怎样的特征?

(4) 4—6 岁城乡幼儿前科学概念的影响因素是怎样的?

1) 幼儿前科学概念获得方式的城乡比较。

2) 教师背景变量及其科学教育的特点对幼儿前科学概念的可能影响。

3）家长背景变量及其科学教育的特点对幼儿前科学概念的可能影响。

4）幼儿自身的特点对前科学概念的可能影响。

5）媒体信息的特点对幼儿前科学概念的可能影响。

（5）前科学概念的研究对幼儿科学教育有哪些启示？

1）前科学概念的研究对幼儿科学教育条件的启示？

2）前科学概念的研究对幼儿科学教育价值取向的启示？

3）前科学概念的研究对幼儿科学教育策略的启示？

三　研究思路

本书以生命科学领域为例，选择遗传、生长、生病和死亡作为前科学概念研究的内容，临床访谈幼儿对遗传、生长、生病和死亡等生命过程现象的判断和解释，将量化分析和质性分析相结合研究幼儿前科学概念的发展水平和特征。编制幼儿生命科学教育家长自评问卷和教师自评问卷，根据参与临床访谈的儿童配对选择其家长进行问卷调查，从而分析幼儿前科学概念的影响因素。在实证研究的基础上，进一步建构前科学概念的研究对幼儿科学教育的启示。

（一）为什么选择遗传、生长、生病和死亡作为前科学概念研究的内容

生命科学领域有很多科学概念，例如基因、核酸、蛋白质、染色体、激素、细胞、同化作用、异化作用、光合作用、呼吸作用、吸胀作用、渗透作用、物质代谢、能量代谢、反射、神经调节、向性运动、可遗传变异、不可遗传变异、物种、种群、群落、生物进化。为什么选择遗传、生长、生病和死亡来研究幼儿的前科学概念？

1. 遗传、生长、生病和死亡是生命科学的基本内容

人们常说的“生老病死”，乃是生物之常态，谁都逃不过。所谓“生”，包括“出生”和“生长”。用学术话语来说，“出生”即指“繁殖”，而“遗传”则是“繁殖”过程中最基本的概念。遗传是生物繁殖过程中的重要现象，对生物的繁衍和进化具有重要意义。同类生物体的相似性，不同种类生物体的差异性，主要由遗传决定。生命能够得以延续和进化，有赖于在繁殖过程中亲代将基因信息遗传给子代，生物的某些性状会

发生变异，如果没有可遗传的变异，生物不可能进化。

生长是区分生命和非生命的重要属性，生长是外部身体形态的变化过程，以及内部器官和组织功能的完善成熟过程，各类生命体都具有从幼体到成体的生长过程。遗传、营养、睡眠、锻炼、疾病、环境等因素影响生长。生长一直以来是人类探索的主题。“生物为什么能够生长？生物体不断增加的部分来自于哪里？”正是对生长的不断探究，同化作用、异化作用、物质代谢、能量代谢、生长素等概念才得以逐步出现和发展。

生病是生命科学的基本概念。有史以来，人类一直遭受疾病的折磨，也一直在探索解释生病的原因。有人认为生病是由精神因素引起的，延续数百年的生物理论认为，生病是由于生物体内的液体失衡。在 19 世纪，路易斯·巴斯德提出细菌理论，认为疾病是由微生物（细菌、病毒、酵母菌）引起的。由于接受细菌理论，人们保护生命健康的行为发生了变化，在此之前，治疗疾病主要求助于超自然力，或者通过催吐、放血、通便来调节人体内部的液体。现代方法则强调卫生和饮食的安全与消毒，动植物检疫、病菌隔离、疫苗注射等。

死亡是个体生命不可避免的必然结果，人类一直对死亡充满神秘感和恐惧感，有人视其为罪孽之报应，也有人视其为天国之通途。神学家认为死亡是灵魂脱离物体升入天堂的过程。亚里士多德的死亡观则与柏拉图完全相反，他认为灵魂与肉体的关系是形式与质料的关系，灵魂是肉体的功能，肉体是灵魂的载体。生命学家则认为死亡具有重要的生物学意义，死亡是新陈代谢不可逆的终止，正因为死亡，生命更为可贵，死亡对生态循环与食物链也具有重要意义。

遗传、生长、生病和死亡之间有很强的关联性。遗传影响生长、生病和死亡；疾病也可能遗传，并影响生长和死亡，有些疾病本身就是遗传的（如白化病、血友病、地中海贫血）。生长条件和生存质量对遗传、疾病、死亡有重大影响。死亡分为外部原因导致的非正常死亡，以及生物内部生命过程的自然死亡，生命体的寿命是有限的，遗传、生长、生病等因素对生物体的寿命都有影响。

2. 幼儿对生命体的遗传、生长、生病和死亡具有丰富的前科学概念

正是因为遗传、生长、生病和死亡是生命体最基本的生命现象和生命过程，这些概念和儿童的日常生活用语最为接近，在儿童成长的文化环境

中出现频率特别高，儿童也能够通过具体的活生生的生命现象认知和感受到。通过自身的成长和亲人的生老病死，儿童真切地感受到人体的遗传、生长、生病和死亡：自己在吸收食物的过程中迅速的长大，变得更高、更有力量；虽然自己的体格、身高不断长大，行为方式也在改变，自己的形态结构和生理特征始终是越来越像自己的父母，如眼睛是那么像、脸蛋是那样的像；当自己在长大时，父母特别是祖父母已经越来越衰老了，体质越来越差了，抵抗力越来越弱了，经常生病了，甚至有可能要离开我们。儿童也对自然界中的植物充满好了好奇：发芽、散叶、抽枝、开花、结果、落叶、播种的周而复始；叶子的各种形状、花的各种颜色、树的各种姿态等植物的形态结构；植物生长的感夜性①、感震性②、季节性、向光性、向水性、向肥性、自愈性等适应环境的种种行为表现。

遗传、生长、生病和死亡既是最基本的，也是最普遍的生命现象和生命过程，既有直观的感受性，也有深入探索的发展空间。这种最基本的最普遍的生命现象和生命特性吸引着儿童的眼光，激发儿童的探究欲望，提供挑战幼儿的科学问题，为儿童在生命科学领域前科学概念的形成提供了种种环境和机会，幼儿自然对遗传、生长、生病和死亡具有丰富的日常概念。

儿童对遗传、生长、生病和死亡的理解究竟到什么程度？是用生物因果模型解释，还是用物理因果模型或者心理模型解释？是受知觉相似性决定还是能够透过现象看到内在特征？他们对动物、植物和人体等不同生命体的认知水平是一样的吗？他们对遗传、生长、生病和死亡等不同概念的认知水平有差异吗？他们会根据自己的概念认知进行预测吗？儿童如何协调自己的前科学概念与证据的不一致？当代认知心理学的研究（主要是领域特殊性理论、朴素理论）认为皮亚杰的研究低估了幼儿。皮亚杰是

---

① 感夜性运动主要是由昼夜光暗变化引起的。主要是一些豆科植物（如大豆、花生、合欢等），白天叶片张开，夜间合拢或下垂，感夜运动可以作为判断一些植物生长健壮与否的指标。如花生叶片的感夜运动很灵敏，健壮的植株一到傍晚小叶就合拢，而当植株有病或条件不适宜时，叶片的感夜性就表现得很迟钝。

② 植物体能感受机械刺激，并产生反应的性质为感震性，非常轻微的接触或液体、气体对局部的压迫以及温度急剧的变化等都可能成为刺激，这种现象亦称为感震运动，具有这种性质的植物被称为敏感植物。典型的代表为含羞草和捕虫草。

否真的低估了幼儿的认知能力？领域特殊性理论和朴素理论是否高估了幼儿的认知能力？对于我国农村幼儿而言，前人研究结论是否适合？这都需要实证研究。

幼儿在日常生活中通过五官看到了生命现象、通过情感体验了生命现象、通过动手动脑探索了生命现象，用日常生活中的知识经验解释生命现象，潜移默化地接受了民间文化对这种现象的种种解释和预测。遗憾的是，儿童的前科学概念没有得到充分的利用和发展。随着岁月的流淌、童年的渐行渐远，儿童对这些现象的关注和反思越来越少，意识越来越不敏感，好奇心不在了，探究欲望也越来越淡了。儿童早期形成的前科学概念，其中有科学思维和非科学思维混杂在一起的迷思概念，相当一部分可能固守下来，影响着他们的科学学习。儿童似乎保持两套概念系统，用于应付教师和考试的一套概念系统，用于解释和处理日常生活的另一套概念系统。例如学习了生物课程的中学生和很多成人依然认为所有的细菌都是有害的，所有的血液都是红色的，心跳停止就是死亡，将性别与遗传联系——男孩遗传父亲的信息多，女孩遗传母亲的信息多。

（二）质性研究与量化研究相结合

根据研究问题和研究内容的需要，本书采用质性研究和量化研究相结合的混合研究方法。质性研究与量化研究的不同主要表现在以下三个方面。①从研究问题而言，质性研究适合意义阐释和文化分析，量化研究适合水平比较、假设检验和概率推论。质性方法适合研究典型个案的典型特征，从归纳多个个案中生成理论，量化方法适合从理论假设出发，从普遍性演绎中验证理论。②从研究工具而言，质性研究强调研究者自身的田野研究素质，量化研究重在研究者设计标准化研究工具的能力。质性研究常常诉诸深度访谈、开放式观察、自然情境下的整体性探究、基于文化主位的本土性概念①，这种研究范式表明研究者是质性研究中最重要的研究工具。研究者自身具有的特定素质对质性研究的质量具有重要影响，研究者必须具有良好的人际交往沟通能力、对研究过程和研究结果的反思能力、在自然情境中的参与能力和文化敏感性，以及敏锐的观察能力和解释性理解能力。而在量化研究中，假设检验是量化研究的核心思想，基于研究假

① 陈向明：《教育研究方法》，教育科学出版社2013年版，第228—238页。

设系统设计结构良好的问卷、量表、实验程序以及数据统计方式被认为是更为关键的研究工具。③从证据表达方式而言，“通过言语文字传递的信息通常被认为是质化的，而用数字符号表征的数据则被认为是量化的”。[①]用文字表达的数据可以更好地描述多元复杂的现象，深入刻画情境、过程和意义；用数字符号表征的数据具有更好的可统计性、可预测性和检验假设。

相比较而言，质性研究和量化研究有各自的特点和倾向性，但不能过于夸大两者的差异，两者之间是一个连续统一体。质性研究和量化研究之间可以很好地结合。例如以质性研究探索问题，以量化研究分析问题；以质性研究获得资料，以量化方法分析资料；以质性研究生成理论，以量化研究验证理论；以质性研究揭示特征，以量化研究分析差异[②]。总之，研究问题的复杂性和研究视角的多元性共同决定了多样的研究方法要有机结合，在质性研究中融入量化研究方法，在量化研究中嵌入质性研究方法。本书中，研究者对幼儿进行临床访谈，以质性方法获取幼儿前科学概念的质性材料，将临床访谈中获得的幼儿前科学概念的话语内容信息转录为文字之后，进行内容分析，参考前人研究将幼儿前科学概念划分为五个水平，制定评估标准并赋分，这种质性材料的量化分析可以较好地将质性研究和量化研究相结合。在对幼儿临床访谈的同时，研究者问卷调查教师和家长，辅以实地观察和文本分析，进一步将质性分析与量化研究相结合，能够从多个视角研究问题，研究较为全面系统，既可以揭示幼儿前科学概念的发展水平，也可以解释幼儿前科学概念的内容特征和影响因素。

（三）实然研究与应然研究相结合

适应性与超越性，是研究问题的一个重要视角，是人作为万物之灵的重要品性，是教育之所以能够先行和必须先行的一个重要内涵。“实然”与“应然”相结合是适应性与超越性矛盾统一的运动过程。为了更好地适应，首先要利用现有的有利条件，努力克服不利条件，生成新的必要条

---

① 麦瑞尔姆：《质化方法在教育研究中的应用：个案研究的扩展》，于泽元译，重庆大学出版社2008年版，第49页。

② 鄢超云：《朴素物理理论与儿童科学教育》，江苏教育出版社2007年版，第153—163页。

件，从而在对“实然”的不满足中，在摆脱“实然”的限制与束缚中，实现其“应然”，这就是人的超越性，也是人的一种开放性和创造性，使人能够不断适应环境和改造环境。人类的这种品质和力量是教育发展和社会发展的力量源泉。人不满足于其“实然”的存在状态，而要创造出一种“应然”的存在，这种“应然”其实也即是理想中的“实然”。当这种“应然”一旦被实现，人又将进行新的应然性的创造。由此说明，每一种实然存在也都是人自身按“应然”的尺度欲创造出来的，而这种“应然”不是完全主观构造的，而是根据“实然”提出的。[①]

教育理论与实践的互涉共生关系，在另一个角度来看，也表现出实然与应然的结合转化关系，理论具有“应然”的特质，实践更多为“实然”的状态。改革的本质是以“应然”为指向，以“实然”为出发点，找出其中的差距和变革的需要，探索变革的策略和路径，使“实然”向“应然”发展，从而理想的“应然”经过改革和创造成为活生生的“实然”。当理想得以实现，教育变革目标初步达到后，新的“应然”又要产生，“实然”与新的“应然”之间又有了差异和不足，又提出改革深入推进的需要。

在科学教育改革的背景下，科学教育与儿童生活的关系，其实就是“实然”与“应然”的互动转化过程，是一种对立统一的螺旋式上升过程。单一地从“应然”出发思考问题，会使教育理论脱离教育实践，使科学教育脱离儿童生活；单一地从“实然”出发，会丧失改革的目标和动力，使日常生活取代科学教育。实然研究与应然研究相结合，使科学教育处于儿童的“最近发展区”，既尊重儿童在日常生活中生成的前科学概念，又促进幼儿前科学概念的转变与发展，既要尊重幼儿学习科学的心理逻辑和生活逻辑，也要尊重科学课程的学科逻辑，在两者之间保持一定的张力。前科学概念的“实然”研究对幼儿科学教育的“应然”研究具有重要启示意义。

第二节　研究方法、研究工具和研究过程

基于研究问题、研究内容和研究思路的考虑，本书主要以对幼儿的临

---

① 鲁洁：《实然与应然两重性：教育学的人性假设》，《华东师范大学学报》（教育科学版）1998年第4期。

床访谈法及对家长和教师的问卷调查法为主，辅以实地观察、文本分析，以及随机访谈教师和家长。

一　临床访谈法

（一）对临床访谈法的讨论

在皮亚杰看来，自然观察法不能有效地研究儿童的思想和信念，他在著作《儿童关于世界的概念》中详细地阐述了临床访谈法，认为临床访谈法很适合研究幼儿的自发概念，并且亲自使用临床访谈法研究了幼儿的时间概念、空间概念、数概念、守恒概念、影子概念、力与运动的概念和"活的"概念。"在儿童心理实验中，临床访谈法通过提问的方式为儿童创造一种特别设计的实验环境来测定儿童的思维。"[①] 临床访谈法存在主观性偏强的弱点，可能会影响到结果的可靠性，尽管如此，临床访谈法在幼儿心理研究中还是比较普遍的。儿童心理学家认为，依据研究问题和真实生活情境对临床访谈法适当调整和改进，或者结合其他研究方法，临床访谈法在儿童思维发展研究领域是非常有效的。[②]

要保证临床访谈的效度和信度，最重要的是提问的质量和艺术。在临床访谈中，儿童的回答可以是随机的、虚构的、受暗示的，也可以是自由的和自动的。如果想获得较高质量的访谈信息，让幼儿自由地表达前科学概念，就需要高质量的提问方式和倾听方式，否则不仅不能引出儿童的思想，反而可能误导儿童。最为重要的是，研究者要基于儿童的立场，以儿童的方式提问，倾听儿童的话语，追问儿童的本土概念。以儿童的方式提问，可以激发儿童丰富的内隐知识，激发儿童参与对话的欲望，在研究者与儿童之间营造一种"游戏感"和"我们感"。倾听可以鼓舞儿童，让他们感受到被关注和被重视，在自信感中更为自由地展示自我的朴素理论。而追问则可以防止成人的先见强加于儿童，防止"似是而非"的误解，有利于加深对儿童的理解。

在沃斯尼亚多（S. Vosniadou）看来，提问方式可以分为两种——事实性提问和产生式提问。事实性问题侧重于日常生活的词汇和事实，儿童对事实

---

① 王振宇：《儿童心理发展理论》，华东师范大学出版社 2000 年版，第 220 页。

② 鄢超云：《朴素物理理论与儿童科学教育》，江苏教育出版社 2007 年版，第 95—105 页。

性问题的回答更多地反映了儿童对生活现象的记忆和表层感受。产生式问题则将问题处于熟悉和陌生之间的张力之中，既与儿童的日常生活有联系，又不是儿童耳熟能详的，既在儿童能够理解的范围内，又需要儿童的深入思考和推理。产生式问题更有可能揭示儿童的前科学概念和认知潜能。①

在临床访谈中，幼儿语言能力是影响研究结论的重要因素。从幼儿总体的发展水平而言，4—6 岁幼儿的口头语言表达能力有了长足发展，为临床访谈法提供了很大可能性。尽管如此，个别差异还是存在的，有些幼儿语言表达能力有限，特别年龄偏小的中班幼儿；有些幼儿胆量偏小，不敢在陌生人面前畅所欲言，仅仅依据“口头报告”，可能低估幼儿的概念认知水平；还有些幼儿，只是记住了社会认同的信息，在访谈中只是报告他们记住的“名词”，但未必真正理解，“口头报告”有可能高估儿童的概念认知水平。对此，有研究者主张用儿童作品研究儿童的认知，例如绘画和手工，但作品分析法也有可能受动手能力的局限，同时儿童作品本身也难以准确解读，儿童作品可能反映的是儿童的所见所闻，但儿童并不理解。②

与年长儿童不同，对幼儿前科学概念的研究颇具挑战性，因为前科学概念特别内隐，儿童的书面表达能力和语言理解能力比较有限，儿童与成人之间的差异可能使研究者与幼儿之间的交流和理解存在相对较大的困难。正因如此，科学教育研究者对中学生前科学概念的研究成果较为丰富，对幼儿前科学概念的研究成果相对较少，中学生前科学概念研究中使用的测验法也不能用于对幼儿的研究。尽管如此，在当代社会背景下 4—6 岁儿童的口头表达能力有了长足的发展，为运用临床访谈法研究幼儿前科学概念提供了很大的可能性。

其实，任何一种研究方法都不是完美的，研究者只能尽力地接近真实和解释真实。尽管临床访谈法有不足之处，但对于研究 4—6 岁幼儿的前科学概念而言，还是一种比较适宜的实用的方法。在使用临床访谈的研究过程中，研究者并不是被动的，研究者要努力提高自身的研究素质，通过精细设计和提问策略提高临床访谈的信度和效度：借助图片创设生活化问题情境、产生式提问、以儿童的方式提问、倾听和追问幼儿的本土概念、

① 鄢超云：《朴素物理理论与儿童科学教育》，江苏教育出版社 2007 年版，第 98 页。

② 同上书，第 98—104 页。

建立研究者与幼儿的熟悉感和亲密感，鼓励幼儿自由表达。研究者在临床访谈中用录音笔记录访谈过程，同时用书面形式简明扼要地记录儿童的本土概念，及时追问幼儿使用的一些本土概念和次级概念。例如，幼儿在解释中用到“营养”“细胞”“遗传”“细菌”“光合作用”“bian”[①]，研究者都进行了追问。

同时，研究者可以通过问卷调查、活动观察、文本分析等多种方法印证临床访谈信息。研究者及时整理临床访谈资料，转录成文字，细心解读幼儿的语言表达，对关键语言如果感觉有理解不到位之处，在接下来的几天内应注意观察幼儿，及时访谈教师和家长。对教师和家长的访谈，集中于四个问题：①儿童关于遗传的相关经验与讨论；②儿童关于生长的相关经验与讨论；③儿童关于生病的相关经验与讨论；④儿童关于死亡的相关经验与讨论。同时，收集和分析幼儿教师用书、教育教学计划和教案，从中也可以得到一些佐证信息。

（二）编制临床访谈提纲和临床访谈记录表[②]

通过文献分析，借鉴前人研究对临床访谈的设计方法，结合研究问题和研究内容的实际需要，编制幼儿前科学概念临床访谈提纲。本书从 3 类生命体（动物、植物、人体[③]）、4 个核心概念（遗传、生长、疾病、死亡），采用（4×3）的形式，共设计了 12 个临床访谈问题。具体访谈项目为动物遗传、动物生长、动物生病、动物死亡，植物遗传、植物生长、植物生病、植物死亡，人体遗传、人体生长、人体生病、人体死亡。访谈问题尽量生活化，用图片和实物引入问题情境，以儿童的方式提问。采用半结构化访谈，研究者的提问设计是结构化的，儿童的回答是开放式的，儿童可以自由谈话。从判断、解释和获得方式三个角度提问和记录儿童对生命现象的概念认知。

---

① 农村幼儿基本能够用普通话表达和交流，但有时夹杂着方言，由于选择的农村是研究者的家乡，研究者在当地生活了十多年，熟悉当地方言，因此和幼儿的交流基本不存在障碍，但还是有些地方需要进一步追问。例如，幼儿的话语“bian”，经过进一步追问，指的是“污染”“接触了脏东西”。

② 临床访谈提纲见附录 1，临床访谈记录表见附录 2。

③ 人体也属于动物，但人体是高级动物，与其他动物相比，人体有很大的特殊之处。一般而言，常将动物、植物和人体并列，在《小学科学课程标准》中，对“生命世界”领域的表述，也是动物、植物、人体三类生命体并列。

请教学前教育专家、儿童心理学专家，以及专家型幼儿教师，对初步设计的访谈提纲进行讨论和修改。选择农村中班幼儿 5 名、农村大班幼儿 5 名、城市中班幼儿 5 名、城市大班幼儿 5 名进行试测，试测后调整题目和指导语，然后正式访谈。

（三）被试的抽样

选择中部地区 G 市三所城市幼儿园，分别为省级示范幼儿园 A 园、市级示范幼儿园 B 园、民办普通幼儿园 C 园。在 G 市 X 县下属三个乡村选择三所农村幼儿园，分别为农村民办普通幼儿园 D 园和 F 园，农村民办市级示范幼儿园 E 园。在每所幼儿园中班随机抽取 4—5 岁幼儿 13 名左右，大班 5—6 岁幼儿 13 名左右。城市幼儿园 4—5 岁幼儿 40 名，平均年龄 52.05 个月；5—6 岁幼儿 39 名，平均年龄 64.56 个月。农村幼儿园 4—5 岁幼儿 40 名，平均年龄 53.95 个月；5—6 岁幼儿 40 名，平均年龄 65.9 个月。城市和农村 4—5 岁幼儿共 80 名，平均年龄 53 个月；城市和农村 5—6 岁幼儿共 79 名，平均年龄 65.24 个月。从性别来看，男孩和女孩大致平衡，男孩 80 名，女孩 79 名（见表 3—1）。

表 3—1　　　　临床访谈幼儿被试的取样

幼儿园	A 园 城市公办 省级示范		B 园 城市公办 市级示范		C 园 城市民办 普通		D 园 农村民办 普通		E 园 农村民办 市级示范		F 园 农村民办 普通	
年龄段（岁）	4—5	5—6	4—5	5—6	4—5	5—6	4—5	5—6	4—5	5—6	4—5	5—6
N	13	14	14	13	13	12	13	13	13	13	14	14

（四）材料与程序

选取高清彩色打印的图片，人体图片有亲生父母、养父母、婴儿、老人、青年运动员；动物图片有小鸡、鸡妈妈、鸭妈妈、小狗、小蝌蚪、蜜蜂；植物图片有小树、花、青菜、小草。实物材料：花生和大豆。另外准备作为奖励的卡通小贴片。

在正式访谈前三天参与幼儿的一日生活，参与游戏和教学活动，在幼儿建立安全感和熟悉感的基础上才开始访谈。选择幼儿卧室进行访谈，这个地方相对安静，幼儿有熟悉感和安全感，访谈中进行录音，同时简短记录关键词。注意鼓励幼儿开放的自由的谈话，紧贴幼儿的解释进行追问。紧贴幼儿的本土语言进行追问，对比较模糊的语言进行追问，例如：幼儿在解释时常用到“本来”“就是”，对此情况，要变换方式进行追问，为什么“本来”“就是”，“你能说得更多一些吗”，“我不太明白，你能说得更清楚一些吗”。对于获得方式，也需要追问：你是从哪里知道的？你是什么时候知道的？你是用什么方法知道的？对每个幼儿的访谈分两个时间段进行，每次15—20分钟，访谈当晚及时将录音材料转化成语言文本，并及时写好访谈总结和反思日记，同时利用各种机会访谈教师和家长。

（五）解释水平的评估标准①

测评儿童对生命现象的概念认知，从判断、解释和获得方式三个角度探查儿童的前科学概念，将在临床访谈中儿童表达的丰富材料转录为书面语言之后，进行量化分析和质性分析。质的分析是分析访谈材料的内容，揭示幼儿前科学概念的内容特征，考察背后的文化背景和获得机制。量的分析是制定科学的评价标准，将幼儿对生命现象的概念认知分判断、解释、获得方式三个方面编码和赋分。在判断水平方面，判断正确为1分，判断错误为0分。在解释水平方面，通过咨询专家和参考前人研究②，根据幼儿对生命现象的认知理解程度和正确性，对幼儿的解释划分为五个水平，由低到高依次赋予0—4分。

水平1（0分）：无法解释或不能以生物本身为依据，而是从人的主

① 幼儿关于生命现象前科学概念解释水平的评估标准见附录3。

② 本书将幼儿对生命现象的解释水平划分为五个水平，主要受到郑洁、丁祖荫和白利峰等人的前期研究成果的启示。郑洁在研究幼儿对繁殖的概念认知时，根据幼儿对繁殖现象的认知理解程度和正确性，将幼儿的解释水平划分为五个水平。（郑洁：《4－6岁儿童对人的繁殖概念认知的实证研究》，《教育评论》2011年第2期。）与此类似的是，白利峰采用南京师范大学丁祖荫教授关于儿童概念掌握的八种形式（不能理解、原词造句、具体举例、直观特性、重要属性、实际功用、种属关系、正确定义）作为分类依据，将这八种形式划分为四种水平，分别为：水平1、不能理解，包括第一种和第二种形式；水平2、具体形象的掌握，包括第三种和第四种形式；水平3、对概念内在属性或者关系的掌握，包括第五、第六和第七这三种形式；水平4、正确定义，即第八种形式。（白利峰：《幼儿对有关疾病概念的认知研究》，硕士学位论文，南京师范大学，2005年，第21页。）郑洁和白利峰对幼儿的概念认知水平的划分异曲同工，只是表述上略有不同，对于白利峰所划分的水平3，郑洁进一步分为两个水平，即水平3（从事物的内在因素来认识与解释，对内在因素的认识模糊或不正确）和水平4（从事物的内在因素来认识与解释，对内在因素的认识比较正确或较接近本质。）

观意图、情感或错误经验来解释。

水平2（1分）：从生物的表面特征来认识与解释，认识表浅。

水平3（2分）：从生物的内在因素认识与解释，对内在因素的认识模糊或不正确。

水平4（3分）：从生物的内在因素来认识与解释，对内在因素的认识比较正确或较接近本质。

水平5（4分）：从生物的内在本质特征来认识和解释事物。

确立解释水平的总体评估标准后，针对遗传、生长、生病和死亡四个概念，基于幼儿临床访谈资料的整理和分析，将评估标准具体化，确定概念的每一个水平的范例。

数据编码之后，采用SPSS17.0管理和分析数据，主要采用描述统计、T检验、方差分析、相关分析等统计方法。

（六）评分者一致性信度

选择54位幼儿（中班4—5岁幼儿27名，大班5—6岁幼儿27名；城市幼儿27名，农村幼儿27名），根据解释水平的评估标准，研究者和一位教育专业的博士生分别独立评价。用SPSS17.0计算两者的皮尔逊相关系数，相关系数显著，结果表明，解释水平总分和各个维度分数的评分者一致性信度都较高（见表3—2）。

表3—2　幼儿对生命现象解释水平总分和各个维度分数的评分者一致性信度

总信度	遗传	生长	生病
0.944**	0.980**	0.895**	0.852**
死亡	动物	植物	人体
0.915**	0.874**	0.936**	0.939**

注：**表明相关系数在0.01水平上是显著的。

二　对教师和家长的问卷调查①

“问卷调查法是调查者将调查内容编成表格或问题，以书面形式发放

① 《幼儿生命科学教育教师自评问卷》见附录4，《幼儿生命科学教育家长自评问卷》见附录5。

或邮寄给被调查对象，调查对象按照要求填写后，再由调查者进行统计分析的一种调查方法。”①

（一）问卷的编制

幼儿生命科学教育问卷分两个版本，针对教师的自评问卷《幼儿生命科学教育教师自评问卷》和针对家长的自评问卷《幼儿生命科学教育家长自评问卷》，两份问卷的主体部分大致相同，只是在语言表达和基本信息等方面设置的问题不同（具体问卷参见附录）。两个版本问卷的编制、发放、回收、信度、效度分析基本类似。问卷编制过程如下。

1. 分析幼儿科学教育方面的相关文献

研读有关幼儿科学教育的专著和论文，《幼儿园教育指导纲要》以及《3—6岁儿童学习与发展指南》（以下简称《指南》），主要根据《指南》编制生命科学教育问卷。专家组对《指南》进行了内容效度检验和年龄效度检验，依据检验结果多次进行修改完善，然后又再次检验效度，如此多次的反复的改进和完善使最后定稿的《指南》有充分的科学性。总体而言，《指南》的内容效度表现在八个方面：价值取向合理、领域覆盖全面、目标内容均衡、发展深度适宜、目标内涵准确、逻辑层次清晰、文化包容性强、一致性高。②《指南》提出了一系列科学、明确、具体的目标和教育建议，反映了对儿童发展方向和教育质量要求的合理期望和引导。

具体就幼儿科学教育领域而言，《指南》具有以下特点。

（1）凸显“科学探究”的核心理念。以科学探究为核心，整合科学知识与概念、科学方法与过程、科学态度与精神。科学知识与概念、科学方法与过程、科学态度与精神是不可分割的。科学态度与精神是探究的心理品质，是驱动探究过程的动力机制；科学过程与方法是探究能力的核心要素，科学知识要基于探究过程、运用探究方法而获得；科学态度与精神在探究过程与方法中得以体现。科学知识是探究过程的自然结果，必要的科学知识也是探究能力的基础。“儿童的发展是一个整体，要注重领域之

① 马云鹏：《教育研究方法概论》，东北师范大学出版社2000年版，第98页。

② 李季湄：《深入解读〈3—6岁儿童学习与发展指南〉》（http://gbjc.bnup.com/news.php?id=22318）。

间、目标之间的相互渗透和整合。"①

（2）强调自然教育和生命教育。科学教育领域的第一个目标"亲近自然，喜欢自然"鲜明地体现了这个特点，在第二个目标和第三个目标中，这种取向也体现得非常明显。例如，"认识常见的动植物，注意并发现周围的动植物是多种多样的"；"感知和发现动植物的生长变化及其基本条件"；"感知和发现不同季节的特点，体验季节对动植物和人的影响"；"了解人们的生活与自然环境的密切关系，知道尊重和珍惜生命，保护环境"。

（3）关注典型发展水平与个别差异的复杂性。幼儿具有连续性的发展过程，同时由于不连续性成分的存在和积累，阶段性特点也可能并存。不同幼儿都有着相似的发展顺序和发展进程，但发展的速度不同，相同年龄的幼儿可能处于不同的发展水平，呈现出个别差异，某年龄段的表现也可能出现在其他年龄段。正因如此，《指南》着眼于具体年龄阶段幼儿的典型发展水平和关键表现，同时也注意到典型表现不是必然表现，要尊重幼儿的丰富性和多样性，要考虑文化差异和个性差异。

正是由于《指南》的内容效度及其指导意义，本书将其作为制定《幼儿生命科学教育调查问卷》的重要指南。

2. 进行田野观察与访谈

《指南》为《幼儿生命科学教育自评问卷》的编制提供了理论框架、目标维度和指标构想，但不是唯一的依据。在依据文献分析的指导作用时，我们还要从实际出发。研究者在城市幼儿园和农村幼儿园分别进行了两个月的田野观察，在田野现场对幼儿教师和幼儿家长进行了随机开放式访谈，并利用幼儿教师培训的时机进行了关于幼儿科学教育的团体讨论，整个田野观察与访谈定位于幼儿科学教育领域，聚焦于幼儿生命科学教育。

3. 形成问卷的维度和项目

在文献分析与田野探究的基础上基本形成《幼儿生命科学教育自评问卷》，分教师版和家长版，两份问卷的主体部分大致相同，只是在语言表达和基本信息等方面设置的问题不同。问卷分三个维度：科学知识教育维度、科学方法教育维度、科学态度教育维度，每个维度7项题目，共

① 中华人民共和国教育部：《3—6岁儿童学习与发展指南》（http：//www. moe. edu. cn/publicfiles/business/html files/moe/s3327/201210/xxgk_143254. html）。

21 项题目。由调查对象根据幼儿生命科学教育的实际情况自评，采用十分制。通过问卷指导语和发放问卷时的当面指导，强调问卷将为幼儿生命科学教育提供参考信息，仅供研究之用，请如实评估自己对幼儿科学教育的实际情况与这些陈述的符合程度。

4. 听取专家意见和试测

分别请教东北师范大学 Y 教授、M 教授、W 教授、G 教授、L 副教授、W 博士、Z 博士、D 博士、M 博士，福建师范大学 D 教授，华中师范大学 Z 博士，赣南师范大学 Z 教授、D 副教授、W 副教授，赣州市保育院 Z 院长、章贡区保育院 W 院长、赣州市信丰县小星星乡镇中心幼儿园 C 园长。感谢他们对本问卷提出宝贵意见。

问卷初步编制完成后，为了探查被调查者是否能够正确的理解问卷，避免出现错误填写的情况，及时发现问卷的内容和形式方面的不足，选择 5 位农村家长、5 位城市家长、3 位农村幼儿教师和 3 位城市幼儿教师，对问卷进行试测。在试测中，研究者不给试测对象任何提示，试测对象在填答问卷时有任何问题和困难可以随时咨询研究者，填答完成后，研究者及时检查问卷，与试测对象共同讨论对问卷的理解和改进，例如指导语是否明确、问题是否明晰、回答问题方面是否有障碍，对题目的理解是否有分歧。讨论结束后，修改问卷，再次提交给专家审查，在专家认为问卷总体合理后，正式发放问卷。

（二）问卷的发放与回收

以随机选择的参与临床访谈的幼儿为依据，配对选择他们的父母作为问卷调查对象，在幼儿教师的支持下当面向幼儿父母发放问卷，在调查过程中努力取得调查对象的合作，通过调查问卷的指导语和发放问卷时的当面指导，争取家长认真如实填答问卷。问卷回收后及时检查核对，如果发现无效问卷，根据问卷编码线索，向家长追加问卷，指导家长重新认真如实填写问卷。由于是在教师的支持下发放问卷，对无效问卷再一次追踪发放，问卷的回收率为 100%，问卷有效率为 94.97%（发放家长问卷 159 份，回收 159 份，其中有 8 份问卷只填写了家庭背景基本信息，问卷测量项目填写有较大缺失，虽然这部分问卷为无效问卷，但家庭背景基本信息部分还有利用价值）。

在参与研究的 6 所幼儿园中对所有幼儿教师发放问卷，同时在赣南师范大学对参加国培项目的幼儿教师发放问卷，共发放问卷158份，回收136份。其中，向农村教师发放问卷71份，回收有效问卷61份，回收率为85.92%；向城市教师发放问卷87份，回收有效问卷75份，回收率为86.21%。

（三）问卷的内容效度与信度

1. 问卷的内容效度

问卷的内容效度主要是指问卷的贴切性和代表性，即问卷内容能否反应所要调查的特质，能否实现调查目的，能否较好地代表期望调查的内容，产生预期反应的程度。内容效度根据题目分布的合理性进行判断，基于对命题的逻辑分析。研究者对调查问卷进行了逻辑分析，主要考虑三个方面的问题：其一，问卷调查的内容是否属于应该调查的领域；其二，调查项目是否覆盖应该调查的领域；其三，调查项目的构成比例恰当与否？对照《指南》以及幼儿科学教育等文献，经过研究者对调查问卷的多次逻辑分析，使调查问卷的内容效度达到较为理想的状态。

请9位专家（4位学前教育专家、3位生命科学教育专家、2位教育测量与评价专家）评判所选题项是否符合调查的目的和要求，对问卷的内容、结构、语言表达等进行逻辑分析和效度检验，根据专家意见对问卷进行修改和整理。问卷修改完成后，由专家对问卷内容效度的总体情况进行等级评价，分为“合理、较合理、一般、不太合理、不合理”5种评定等级，有6位专家认为合理，3位专家认为较合理。

2. 问卷的内容信度

根据评定结果，幼儿生命科学教育教师自评问卷和家长自评问卷两个版本的问卷都具有较高的信度，具体见表3—3。

表3—3　生命科学教育自评问卷的信度（Cronbach's Alpha系数）

问卷版本	问卷的总信度	科学知识教育维度的信度	科学方法教育维度的信度	科学态度教育维度的信度
家长自评问卷	0.947	0.890	0.909	0.853
教师自评问卷	0.937	0.851	0.881	0.826

三 研究过程

研究过程主要分为四个阶段，第一阶段为研究设计阶段（2014 年 3—9 月），从论文选题到现场研究之间的时间段是本书的设计阶段，这个阶段不仅要确定研究问题、研究目标和研究内容等问题，还需要探究研究的可行性和展开性，要初步规划研究的步骤、程序、方法和工具。这个阶段的重要目的是设计研究过程和开发研究工具，这个阶段的研究任务主要是编制探究幼儿前科学概念的临床访谈提纲，编制幼儿生命科学教育教师自评问卷以及幼儿生命科学教育家长自评问卷。在这个阶段，充分做好文献分析、专家咨询和研究试测对于完善研究设计具有重要意义。

第二阶段为现场研究阶段（2014 年 10 月—2015 年 1 月），在这个阶段，研究者根据研究问题和研究内容选取研究对象，进入研究现场，采用研究工具，开展实地研究，主要采用访谈提纲，结合图片和实物，临床访谈了 159 名 4—6 岁城乡幼儿，探究他们对动物、植物、人体三类生命体，以及遗传、生长、生病和死亡等四个生命概念的认知。对访谈过程进行录音，同时简明扼要地记录儿童的本土概念，访谈结束后在当天对访谈结果进行文字转录，从判断、解释和获得方式三个方面填写临床访谈记录表，反思当天的研究过程和研究结果。根据访谈结果的反馈，利用随机时间现场观察幼儿园教育活动，访谈教师和家长。在幼儿园园长和幼儿教师的帮助下，向幼儿教师和幼儿家长发放问卷，当面指导幼儿教师和幼儿家长填写问卷。

第三阶段为资料整理阶段（2015 年 2—5 月），这个阶段主要是对实证研究中所获得的资料进行质的分析和量化分析。对临床访谈中幼儿对生命现象的解释进行整理分类，根据幼儿对生命现象的认知理解程度和正确性，把幼儿的解释划分为 5 个水平，由低到高依次赋予 0—4 分。确立解释水平的总体评估标准后，针对遗传、生长、生病和死亡 4 个概念，基于临床访谈资料的整理和分析，将评估标准具体化，确定概念的每一个水平的范例，对幼儿的各个前科学概念的水平进行赋分。用 SPSS17. 0 统计软件管理临床访谈和问卷调查中所获得的数据。同时，对幼儿的前科学概念进行质的分析，归纳幼儿前科学概念的特征。

第四阶段为论文撰写阶段（2015 年 6 月—2016 年 3 月），主要是基于文献分析，运用理论基础，依据实证研究的结果，撰写博士论文。

第四章

4—6岁城乡幼儿前科学概念的发展水平

最近发展区理论、前科学概念的发展性，以及新近的认知发展理论，表明幼儿前科学概念必然具有水平性，特定儿童的前科学概念很可能处于某个水平中，幼儿前科学概念的研究在突破“有”或“无”的争论之后，更应该研究具体的发展水平，将对儿童认知发展和幼儿科学教育具有重要意义。

本书将从判断水平和解释水平两个方面探索幼儿前科学概念的发展水平，从城乡差异、年龄段差异①、子概念的认知差异、生命体类型差异等方面分析其发展水平。在判断水平方面，判断正确为1分，判断错误为0分。相对解释而言，判断更为简单，更多地体现了个体的直观经验和主观推理，解释则要求探究背后的生物机制，需要更为复杂的科学认知和思维加工，更能反映个体认知的潜在水平。

在解释水平方面，通过咨询专家和参考前人研究，根据幼儿对生命现象的认知理解程度和正确性，把幼儿的解释划分为五个水平，由低到高依次赋予0—4分。确立解释水平的总体评估标准后，针对遗传、生长、生病和死亡四个概念，基于幼儿临床访谈资料的整理和分析，将评估标准具体化，确定具体概念的每一个水平的范例。具体评

① 年龄段的划分主要依据《3—6岁儿童学习与发展指南》。《3—6岁儿童学习与发展指南》将幼儿教育划分为3—4岁、4—5岁、5—6岁三个年龄段，分别对应幼儿园小班、中班和大班，本书从中班选择4—5岁幼儿被试、从大班选择5—6岁幼儿被试，因此在检验幼儿前科学概念发展水平的年龄段差异时，将年龄段划分为4—5岁、5—6岁两个年龄段。根据已有研究，4—6岁可能是幼儿在生命科学领域前科学概念发展关键期，同时也可能是幼儿朴素生物理论形成的关键期，所以本书选择4—6岁幼儿为研究被试。张丽锦、方富熹、杨小冬：《学前儿童朴素生物学理论及其获得机制》，《心理科学进展》2004年第3期。

估标准与范例参见附录3①，对照附录中的具体评估标准与范例，对临床访谈中的12个解释任务的回答内容确定水平和进行赋值。数据编码之后，采用SPSS17.0管理和分析数据，主要采用描述统计、卡方检验、T检验、方差分析等统计方法。

第一节 幼儿关于生命体遗传的前科学概念水平

繁殖使生命得以延续，遗传是繁殖的基本机制，生物的遗传是由基因决定的，生物的某些性状会发生变异，没有可遗传的变异，生物就不可能进化。尽管幼儿对遗传学的内容是不明白的，遗传的生物过程也无法直接观察，但是，国外研究认为，儿童对遗传并不是一无所知，基于现实中的遗传现象，儿童可能形成一定的前科学概念。辨识自我、兄弟姐妹、父母与外祖父母等的外形，比较熟悉的动物，儿童可能意识到生物繁殖的是自己的同类，牛生出的是牛，狗生出的是狗，牛绝对不会生出小狗②。我国幼儿关于遗传现象的前科学概念水平究竟是怎样的呢？

一 幼儿关于生命体遗传的判断水平

1. 幼儿对动物遗传的判断通过率

对动物遗传的判断任务（见表4—1），城市幼儿的判断通过率为73.4%，农村幼儿的判断通过率为78.8%，卡方检验表明城乡差异不显著（$\chi^2=0.621$，$df=1$，$P>0.05$）；4—5岁幼儿的判断通过率（76.3%）与5—6岁幼儿的判断通过率（75.9%）差异很小，年龄段差异不显著（$\chi^2=0.002$，$df=1$，$P>0.05$）。虽然不同年龄段儿童判断水平差异不显著，但是解释水平差异显著（$T=3.305$，$df=157$，$P<0.001$），表明判断与解释的不同步。这可能是因为认知难度不同，判断更多的是一种直接经验和具体现象的感知，解释需要认识生物的内在机制和更为深入的认知推理。相对于中班幼儿，大班幼儿拥有更丰富的间接经验，抽象思维有所

① 附录3幼儿关于生命现象前科学概念的解释水平的评估标准。

② 美国科学促进协会：《科学素养的基准》，中国科学技术协会译，科学普及出版社2001年版，第80页。

发展，更能够从生命体内在因素解释生命遗传现象。

对于动物遗传判断错误的幼儿，他们的解释主要处于水平 1 和水平 2，要么无法解释，要么从养父母的照顾或者从个人情感的角度，预测小鸡长大后将变成鸭妈妈，典型的解释有“小鸡不喜欢鸭妈妈，小鸡不想鸡妈妈了”；“与鸭妈妈一起生活，受到鸭妈妈的照顾”。有部分幼儿缺乏小动物的直接经验，或者观察不仔细，从小鸡的表面特征出发，做出了错误的判断，例如“小鸡的脚和鸭妈妈的脚是一样的”，“小鸡没有鸡冠，小鸡的头和鸭妈妈的头是一样的”，“小鸡的羽毛和鸭妈妈的羽毛是一样的”，“小鸡的嘴巴和鸭妈妈的嘴巴是一样的”。

表 4—1　　　　幼儿对动物遗传判断的通过人数及百分比

动物遗传判断		城市	农村	合计
错误	4—5 岁	11（27.5%）	8（20.0%）	19（23.8%）
	5—6 岁	10（25.6%）	9（22.5%）	19（24.1%）
	合计	21（26.6%）	17（21.3%）	38（23.9%）
正确	4—5 岁	29（72.5%）	32（80.0%）	61（76.3%）
	5—6 岁	29（74.4%）	31（77.5%）	60（75.9%）
	合计	58（73.4%）	63（78.8%）	121（76.1%）

2. 幼儿对植物遗传的判断通过率

对植物遗传的判断任务（见表 4—2），城市幼儿的判断通过率为 67.1%，农村幼儿的判断通过率为 71.3%，卡方检验表明城乡差异不显著（$\chi^2=0.323$，$df=1$，$P>0.05$）；4—5 岁幼儿的判断通过率为 60.0%，5—6 岁幼儿的判断通过率为 78.5%，在判断水平上年龄段差异显著（$\chi^2=6.368$，$df=1$，$P<0.05$），5—6 岁幼儿的判断通过率明显高于 4—5 岁幼儿。研究表明，对于 4—5 岁幼儿而言，植物遗传判断的难度比较大，5—6 岁幼儿的科学经验和认知能力有了很大的发展，对植物遗传现象较为容易理解。

对比幼儿在不同类型生命体的遗传、生长、生病、死亡等生命现象的判断通过率，可以发现，植物遗传判断通过率较低（69.2%），仅高于对动物生病和植物生病的判断通过率。与此相应，在不同类型生命体生命现象的解释水平上，幼儿对植物遗传解释的水平也是很低的，均值为0.975，仅高于对植物生病的解释。

对访谈者呈现的实物——花生和豆子，幼儿能够区分，知道花生更大，豆子更多，花生果实的外皮是红色的，豆子外皮是黄色的。但是，面对访谈者提出的预测性问题——“花生和大豆种子都种在了同一块土壤上，这颗花生种子发芽长大后，长出来的是花生还是大豆?”159名幼儿中有49名幼儿（30.8%）判断错误，认为花生长大后会变成豆子，或者认为花生可以长出豆子。幼儿缺乏种植农作物的直接经验是主要原因，他们不知道花生和豆子是怎么来的，有很多幼儿认为“花生是长在树上的”，“花生里面是豆子，花生是从豆子里长出来的”。判断错误的幼儿，在植物遗传解释任务上大多处于水平1和水平2，处于水平1的儿童认为，“喜欢长出什么就长出什么”，“花生和豆子一起种，花生可以长出花生和豆子”，“一开始长出花生，慢慢地长出豆子，花生和豆子是同一个壳”，处于水平2的幼儿认为，“豆子很多，花生只有一个”。

表4—2　　幼儿对植物遗传判断的通过人数及百分比

植物遗传判断		城市	农村	合计
错误	4—5岁	16（40.0%）	16（40.0%）	32（40.0%）
	5—6岁	10（25.6%）	7（17.5%）	17（21.5%）
	合计	26（32.9%）	23（28.8%）	49（30.8%）
正确	4—5岁	24（60.0%）	24（60.0%）	48（60.0%）
	5—6岁	29（74.4%）	33（82.5%）	62（78.5%）
	合计	53（67.1%）	57（71.3%）	110（69.2%）

3. 幼儿对人体遗传的判断通过率

表4—3的数据表明，75.9%的城市幼儿能够正确预判人体遗传，76.3%的农村幼儿能够正确预判人体遗传，卡方检验表明城乡差异不显著（$\chi^2=0.002$，$P>0.05$，$df=1$）。77.5%的4—5岁幼儿判断正确，74.7%的5—6岁幼儿判断正确，年龄段差异不显著（$\chi^2=0.173$，$P>0.05$，$df=1$）。

表 4—3　　　幼儿对人体遗传判断的通过人数及百分比

人体遗传判断		城市	农村	合计
错误	4—5 岁	11（27.5%）	7（17.5%）	18（22.5%）
	5—6 岁	8（20.5%）	12（30.0%）	20（25.3%）
	合计	19（24.1%）	19（23.8%）	38（23.9%）
正确	4—5 岁	29（72.5%）	33（82.5%）	62（77.5%）
	5—6 岁	31（79.5%）	28（70.0%）	59（74.7%）
	合计	60（75.9%）	61（76.3%）	121（76.1%）

判断错误的幼儿，大多从个人主观偏好和后天抚养环境出发进行解释，处于水平1的幼儿认为，“养父母很漂亮，亲生父母很丑，被领养的婴儿长大后长相会和养父母相似”；“亲生父母抛弃了小宝宝，小宝宝长大后不爱亲生父母，所以小宝宝长大后长相像养父母”。处于水平2的幼儿认为，后天生活环境和共同生活的人决定了婴儿未来的长相，“和谁在一起生活，长相就会像谁；妈妈说我长相像妈妈，奶奶说我长相像奶奶”。也有较多幼儿从外表特征做出解释，在两者之间折中，“耳朵像养父母，眼睛和脸型像亲生父母”，“妈妈是长头发、养母是短头发、小宝宝是光头，所以小宝宝以后会像养母”。有很多幼儿将性别和遗传问题混合在一起，以性别为判断遗传的标准：“爸爸生男的，男的像爸爸；妈妈生女的，女的像妈妈”，“像养父或生父，因为是男孩”。

4. 幼儿关于生命体遗传的判断水平

在判断水平方面，判断正确为1分，判断错误为0分。研究者将动物遗传判断、植物遗传判断和人体遗传判断的得分相加，作为幼儿关于生命体遗传判断的总体水平，全体被试的遗传判断水平均值为2.214分，最高分为3分，最低分为0分。以儿童对生命体遗传判断的得分为指标，多元方差分析表明，年龄段主效应不显著，$F(1, 155) = 1.381$，$P > 0.05$；城乡主效应不显著 $F(1, 155) = 0.545$，$P > 0.05$；两者的交互效应不显著，$F(1, 155) = 0.361$，$P > 0.05$。

二 幼儿关于生命体遗传的解释水平

(一) 幼儿关于生命体遗传的解释水平分布

其一，关于动物遗传的解释水平分布。如表 4—4 所示，在水平 1 上，4—5 岁年龄段儿童有 47.5%，5—6 岁年龄段儿童有 29.1%，处于水平 1 的幼儿无法解释或不能以动物本身为依据，而是从人的主观意图、情感或错误经验来解释。例如，“小鸡不喜欢鸭妈妈，小鸡不想鸡妈妈了”。在水平 2 上，4—5 岁年龄段儿童有 25.0%，5—6 岁年龄段儿童有 15.2%，处于水平 2 的幼儿从遗传的表面特征来认识与解释，认识表浅。例如，“小鸡和鸡妈妈的羽毛一样，都是白色。小鸡的嘴巴像鸡妈妈，有鸡爪、鸡冠”。在水平 3 上，4—5 岁年龄段儿童有 26.3%，5—6 岁年龄段儿童有 54.4%。处于水平 3 的幼儿从遗传的内在因素来认识与解释，涉及生殖、精子等次级概念，但认识模糊或不正确。例如，“鸡妈妈生的就是鸡宝宝，鸭妈妈生的就是鸭宝宝”。在水平 4 上，4—5 岁和 5—6 岁两个年龄段中各有一个幼儿，从遗传的内在因素来认识与解释，对内在因素的认识比较正确，或较接近本质。例如，“谁生的长相就会像谁，要是不像就不是父母亲生的”。

表 4—4 不同年龄段儿童在动物、植物、人体的遗传解释任务上的水平分布

单位：人，%

年龄段	水平	动物遗传解释		植物遗传解释		人体遗传解释	
		人数	百分比	人数	百分比	人数	百分比
4—5 岁	1（0 分）	38	47.5	52	65.0	42	52.5
	2（1 分）	20	25.0	14	17.5	10	12.5
	3（2 分）	21	26.3	11	13.8	27	33.8
	4（3 分）	1	1.3	3	3.8	1	1.3
	5（4 分）	0	0	0	0	0	0
5—6 岁	1（0 分）	23	29.1	22	27.8	27	34.2
	2（1 分）	12	15.2	10	12.7	9	11.4
	3（2 分）	43	54.4	41	51.9	36	45.6
	4（3 分）	1	1.3	6	7.6	4	5.1
	5（4 分）	0	0	0	0	3	3.8

其二，关于植物遗传的解释水平分布。在水平 1 上，4—5 岁年龄段儿童有 65.0%，5—6 岁年龄段儿童有 27.8%，处于水平 1 的幼儿无法解释或不能以植物本身为依据，而是从人的主观意图、情感或错误经验来解释。例如，“我喜欢花生所以能长出花生，土壤不欢迎豆子”，“花生听话就长出豆子，不听话就长出花生”。在水平 2 上，4—5 岁年龄段儿童有 17.5%，5—6 岁年龄段儿童有 12.7%，处于水平 2 的幼儿从遗传的表面特征来认识与解释，认识表浅。例如，“花生和豆子形状不一样”。在水平 3 上，4—5 岁年龄段儿童有 13.8%，5—6 岁年龄段儿童有 51.9%。处于水平 3 的幼儿从植物遗传的内在因素来认识与解释，涉及种子等次级概念，但认识模糊或不正确。例如，“花生种子长出花生，豆子种子长出豆子”。在水平 4 上，3.8% 的 4—5 岁和 7.6% 的 5—6 岁幼儿从植物的内在因素来认识与解释植物遗传，对内在因素的认识比较正确，或较接近本质。例如，“种子是什么，就长出什么”。

其三，关于人体遗传的解释水平分布。在水平 1 上，4—5 岁年龄段儿童有 52.5%，5—6 岁年龄段儿童有 34.2%，他们的解释主要为“父母不见了，和养父母一起生活，吃了养父母的奶”，或者“爸爸妈妈希望我们和他们长相一样”。在水平 2 上，4—5 岁年龄段儿童有 12.5%，5—6 岁年龄段儿童有 11.4%，处于水平 2 的幼儿从表面特征来解释。例如，“小宝宝的头型和爸爸妈妈的头型是圆的，养父母的头型是瓜子型的”，“皮肤像妈妈，眼睛像妈妈”。在水平 3 上，4—5 岁年龄段儿童有 33.8%，5—6 岁年龄段儿童有 45.6%。处于水平 3 的幼儿从人体遗传的内在因素来解释，认识模糊或不正确。例如，“爸爸精子跑到妈妈肚子里，男孩只像爸爸，女孩只像妈妈”，“妈妈肚子里生出来的，吸收了妈妈的营养”。在水平 4 上，1.3% 的 4—5 岁幼儿和 5.1% 的 5—6 岁幼儿从遗传概念来解释，较接近本质。例如，“遗传妈妈的大脑、遗传爸爸的眼睛”。在水平 5 上，3 名 5—6 岁幼儿（3.8%）用细胞概念来认识和解释，已经深入遗传的本质特征。“遗传，在肚子里就遗传了爸爸妈妈，细胞能够遗传，肉眼看不到细胞，细胞是红红的，能够检测，可以用显微镜看到”。

总体而言，4—5 岁幼儿对生命体遗传的解释水平主要分布在水平 1，其次是水平 3 和水平 2；5—6 岁幼儿对生命体遗传的解释水平主要分布在水平 3，其次是水平 1 和水平 2。由此可见，4—5 岁年龄段对遗传概念的理解水平很低，5—6 岁儿童对遗传概念的理解水平已经快速发展，这个年龄段是儿童遗传概念发展的一个关键阶段。

Williams 和 Affleck 的研究也证明了这一点，他们对 4 岁儿童和 7 岁儿童进行了遗传概念干预研究，对两个年龄段的儿童进行了胎儿期出生和成长的基本事实性知识的教育，但是两个年龄段的儿童在教育干预后遗传认知成绩增长并不显著。研究者分析到，因为 4 岁儿童的遗传概念理解能力很低，而 7 岁儿童关于胎儿期出生和成长的基本知识已经处于较高水平，干预效果自然就不太明显。[①] 5—6 岁儿童比较适合进行遗传概念干预。

（二）幼儿关于生命体遗传的解释水平比较

1. 幼儿关于动物遗传的解释水平的比较

以儿童对动物遗传的解释得分为因变量，以年龄段和城乡为自变量，进行多元方差分析表明，城乡主效应不显著，$F(1,\ 155)=0.416$，$P>0.05$。城乡与年龄段的交互效应不显著，$F(1,\ 155)=0.056$，$P>0.05$。年龄段主效应显著，$F(1,\ 155)=10.832$，$P<0.01$，$M_{4-5}=0.813$，$M_{5-6}=1.279$，5—6 岁幼儿解释动物遗传的水平显著高于 4—5 岁幼儿。

2. 幼儿关于植物遗传的解释水平的比较

以儿童对植物遗传的解释得分为因变量，以年龄段和城乡为自变量，进行多元方差分析表明，城乡主效应不显著，$F(1,\ 155)=1.780$，$P>0.05$。城乡与年龄段的交互效应不显著，$F(1,\ 155)=0.781$，$P>0.05$。年龄段主效应显著，$F(1,\ 155)=32.033$，$P<0.01$，$M_{4-5}=0.563$，$M_{5-6}=1.392$，5—6 岁幼儿对植物遗传的解释水平显著高于 4—5 岁幼儿。

3. 幼儿关于人体遗传的解释水平的比较

以儿童对人体遗传的解释得分为因变量，以年龄段和城乡为自变量，进行多元方差分析表明，城乡主效应不显著，$F(1,\ 155)=2.288$，$P>0.05$。年龄段主效应显著，$F(1,\ 155)=9.330$，$P<0.01$，$M_{4-5}=$

---

① Williams J. M., Affleck G., "The effects of an age-appropriate intervention on young Children's understanding of inheritance", *Educational Psychology*, Vol. 19, No. 3, 1999.

0.838，$M_{5-6}=1.333$，5—6岁幼儿对人体遗传的解释水平显著高于4—5岁幼儿。城乡与年龄段的交互效应显著，$F(1, 155) = 3.901$，$P<0.05$，表明城乡因素和年龄段因素有交互作用，在4—5岁年龄段，幼儿对人体遗传的解释水平城乡差异不显著，但到了5—6岁年龄段，城市儿童对人体遗传的理解显著好于农村儿童，$M_{农村}=1.050$，$M_{城市}=1.615$。以5—6岁幼儿对人体遗传现象的解释水平为因变量，以城乡为自变量，T检验结果进一步证实了这种结论（$T=2.309$，$P<0.05$，$df=77$）。这种差异可能来自城市儿童所接受的后天环境和教育的影响，城市幼儿所处的环境和教育更有利于幼儿对人体遗传概念认知的深入发展，这种影响到5岁以后愈发明显。

4. 幼儿关于生命体遗传解释的总体水平的比较

将动物、植物和人体三类生命体遗传的解释得分相加，得到幼儿关于生命体遗传解释的总体水平，以总体水平为因变量，以年龄段和城乡为自变量，进行多元方差分析。城乡主效应不显著，$F(1, 155)=0.130$，$P>0.05$。城乡与年龄段的交互效应不显著，$F(1, 155) = 1.884$，$P>0.05$。年龄段主效应显著，$F(1, 155)=31.948$，$P<0.01$，$M_{4-5}=2.188$，$M_{5-6}=4.004$，5—6岁幼儿解释遗传现象的总体水平显著高于4—5岁幼儿。

综上所述，从幼儿对生命体遗传的总体判断水平来看，城乡差异不显著，年龄段差异不显著，但是从幼儿对生命体遗传的总体解释水平来看，城乡差异不显著，年龄段差异非常显著。这表明判断与解释的不完全一致，判断水平的意义主要在于表明幼儿具有遗传的前科学概念，解释水平更能反映幼儿对遗传概念认知理解的程度。5—6岁幼儿对生命体遗传的解释水平明显高于4—5岁幼儿，研究结论表明，5—6岁幼儿的遗传概念认知显著高于4—5岁幼儿。

第二节 幼儿关于生命体生长的前科学概念水平

生长是生物最基本的生命现象和生命过程，是生物学的基本的核心概念，一方面生长具有很明显的外部特征，另一方面生长又具有很值得深入研究的纵深空间。从科学本质而言，沃尔珀特（Wolpert）等认为，生长是组织或器官的大小和其中所包含的成分的增加，它来自组织或者器官中细胞数目的增多、细胞的长大以及细胞间质的积累。① 生物体通过新陈代谢的作用而不断地生长、发育，遗传因素在其中起决定性作用，外界环境因素也有很大影响。

一 幼儿关于生命体生长的判断水平

1. 幼儿对动物生长的判断通过率

对于动物生长判断任务（见表4—5），城市幼儿中94.9%判断正确，农村幼儿中93.8%能够正确判断，城乡差异不显著（$\chi^2=0.105$，$df=1$，$P>0.05$）。4—5岁幼儿的判断通过率为92.5%，5—6岁幼儿的判断通过率为96.2%，年龄段差异不显著（$\chi^2=1.020$，$df=1$，$P>0.05$）。这可能是因为动物生长很直观，4岁以上的幼儿和不同文化背景的幼儿都比较容易感知到动物的生长，也比较容易从人的生长类推到动物生长。

表4—5 幼儿对动物生长判断的通过人数及占比

动物生长判断		城市	农村	合计
错误	4—5岁	3（7.5%）	3（7.5%）	6（7.5%）
	5—6岁	1（2.6%）	2（5.0%）	3（3.8%）
	合计	4（5.1%）	5（6.3%）	9（5.7%）
正确	4—5岁	37（92.5%）	37（92.5%）	74（92.5%）
	5—6岁	38（97.4%）	38（95.0%）	76（96.2%）
	合计	75（94.9%）	75（93.8%）	150（94.3%）

幼儿对动物生长的判断通过率很高，159名幼儿中，只有9名幼儿判断错误，150名幼儿判断正确，通过率为94.3%。尽管有如此高的判断通过率，但在访谈中，很多幼儿对小蝌蚪依然是很陌生的，把小蝌蚪认成蚯蚓、泥鳅、苍蝇、鱼、老鼠、虫子、鸭子，认为小蝌蚪没有嘴巴，表明幼儿在生活中接触的小动物并不多，并且很少仔细观察，在他们的经验里更多的是动物园的大型动物（如老虎、长颈鹿、狼、斑马）。

① 樊启昶、白书农：《发育生物学原理》，高等教育出版社2012年版，第153页。

2. 幼儿对植物生长的判断通过率

幼儿在植物生长的判断水平上（见表 4—6），城乡差异不显著（$\chi^2=2.000$，$df=1$，$P>0.05$），年龄段差异不显著（$\chi^2=2.051$，$df=1$，$P>0.05$）。城市幼儿的判断通过率为 100%，农村幼儿的判断通过率为 97.5%，4—5 岁幼儿的判断通过率为 100%，5—6 岁幼儿的判断通过率为 97.5%，农村有两个 5—6 岁的幼儿认为植物不可能长大，因为“没浇水、没晒太阳”。

表 4—6　　幼儿对植物生长判断的通过人数及占比

植物生长判断		城市	农村	合计
错误	4—5 岁	0（0.0%）	0（0.0%）	0（0.0%）
	5—6 岁	0（0.0%）	2（5.0%）	2（0.25%）
	合计	0（0.0%）	2（0.25%）	2（1.3%）
正确	4—5 岁	40（100%）	40（100%）	80（100%）
	5—6 岁	39（100%）	38（95.0%）	77（97.5%）
	合计	79（100%）	78（97.5%）	157（98.7%）

对比幼儿在不同类型生命体的遗传、生长、生病、死亡等生命现象的判断通过率，可以发现，植物生长判断通过率很高（98.7%），仅次于幼儿对人体生长的判断通过率（99.4%）。与此相应，在不同类型生命体的遗传、生长、生病、死亡等生命现象的解释上，幼儿对植物生长解释的水平也是很高的，均值为 1.742，仅次于对人体生长的解释水平（M=1.881）。虽然植物没有动物生动活泼，也没有嘴巴和筋骨，不会说话和走路，但常见植物随着季节生长变化的特征是非常明显的，播种、发芽、抽叶、散枝、开花、结果等生命过程是很容易感知到的，而且幼儿园的环境布置（如自然角）和主题课程常涉及植物的生长，因此幼儿对植物生长的判断和解释水平都是较高的。

3. 幼儿对人体生长的判断通过率

对于人体生长的判断任务（见表4—7），只有一个4—5岁的农村幼儿错误判断，“婴儿太小，不可能长大”。158名幼儿（99.4%）都能正确判断小宝宝将逐渐长大，城乡差异不显著（$\chi^2=0.994$，$df=1$，$P>0.05$），年龄段差异不显著（$\chi^2=0.994$，$df=1$，$P>0.05$），这可能是因为，人体生长最为直观，幼儿体验最为深刻，即使低年龄段的学前幼儿和不同文化背景的幼儿都可以有比较深刻的认知。

表4—7　幼儿对人体生长判断的通过人数及百分比

人体生长判断		城市	农村	合计
错误	4—5岁	0（0.0%）	1（2.5%）	1（1.3%）
	5—6岁	0（0.0%）	0（0.0%）	0（0.0%）
	合计	0（0.0%）	1（1.3%）	1（0.6%）
正确	4—5岁	40（100%）	39（97.5%）	79（98.8%）
	5—6岁	39（100%）	40（100%）	79（100%）
	合计	79（100%）	79（98.8%）	158（99.4%）

对比幼儿在不同类型生命体的遗传、生长、生病、死亡等生命现象的判断通过率，可以发现，人体生长判断通过率最高（99.4%），在159名幼儿中，只有一个幼儿判断错误。与此相应，在不同类型生命体的遗传、生长、生病、死亡等生命现象的解释任务上，幼儿对人体生长的解释水平也是最高的，均值为1.881，表明幼儿对人体生长的前科学概念水平是最高的。这可能是因为幼儿自身就是处于身体成长的快速期，在幼儿自身的生长过程中，幼儿体验到非常明显的生理变化、任务变化和能力变化，通过消费食物和吸收营养，人的身高、体重和运动能力都在增长，认知和学习任务也在发生变化，通过分享家人的成长轨迹，他们逐步预期未来的人生，很多幼儿能够认识到“人都是要长大的，要经过婴儿、小孩、成年、结婚、父母、老人的变化过程”。

4. 幼儿关于生命体生长的判断水平

将动物生长判断、植物生长判断和人体生长判断的得分相加，作为幼儿关于生命体生长判断的总体水平，全体被试的生长判断水平均值为2.925分，最高分为3分，最低分为1分。以儿童对生命体生长判断的总体水平为因变量，以年龄段和城乡为自变量，多元方差分析结果表明，年龄段主效应不显著，$F(1, 155)=0.251$，$P>0.05$；城乡主效应不显著$F(1, 155)=1.017$，$P>0.05$；两者的交互效应不显著，$F(1, 155)=0.251$，$P>0.05$。全体幼儿对生物的生长判断水平都很高，在不同文化背景下的低年龄学前儿童也可以做出正确判断。

二 幼儿关于生命体生长的解释水平

（一）幼儿关于生命体生长的解释水平分布

其一，关于动物生长的解释水平分布。如表4—8所示，在水平1上，4—5岁年龄段儿童有13.8%，5—6岁年龄段儿童有5.1%，处于水平1的幼儿无法解释或不能以动物本身为依据，而是从人的主观意图、情感或错误经验来解释。例如，“很多小蝌蚪聚在一起，就能长大”，“小蝌蚪想爸爸所以能长大，长成大蝌蚪”。在水平2上，4—5岁年龄段儿童有35.0%，5—6岁年龄段儿童有51.9%，处于水平2的幼儿从生长的表面

表4—8　　不同年龄段儿童在动物、植物、人体的生长解释任务上的水平分布

单位：人，%

年龄段	水平	动物生长解释		植物生长解释		人体生长解释	
		人数	百分比	人数	百分比	人数	百分比
4—5岁	1（0分）	11	13.8	10	12.5	7	8.8
	2（1分）	28	35.0	3	3.8	4	5.0
	3（2分）	40	50.0	66	82.5	68	85.0
	4（3分）	1	1.3	1	1.3	1	1.3
	5（4分）	0	0	0	0	0	0
5—6岁	1（0分）	4	5.1	9	11.4	1	1.3
	2（1分）	41	51.9	2	2.5	8	10.1
	3（2分）	31	39.2	67	84.8	62	78.5
	4（3分）	3	3.8	1	1.3	8	10.1
	5（4分）	0	0	0	0	0	0

特征来认识与解释，认识表浅。例如，“小蝌蚪不需要吃东西，只要喝水就能长大，体形由小到大”，“生活在水里，水可以帮助小蝌蚪长大，长成大青蛙”。在水平3上，4—5岁组儿童有50.0%，5—6岁年龄段儿童有39.2%。处于水平3的幼儿从动物生长的内在因素来认识与解释，认识到动物的生长需要食物和能量，但认识模糊或不正确。例如，“动物吃食物，食物有营养，面包没有营养，水果蔬菜有营养”，“动物都有生命，是动物妈妈生的，所以能长大”。在水平4上，1名4—5岁幼儿（1.3%）和3名5—6岁幼儿（3.8%），从动物生长的内在因素来认识与解释，对内在因素的认识比较正确，或较接近本质。例如，“动物有消化器官（胃）”，“蛋白质、维生素等营养要素”。

其二，关于植物生长的解释水平分布。在水平1上，4—5岁年龄段儿童有12.5%，5—6岁年龄段儿童有11.4%，处于水平1的幼儿无法解释或不能以植物本身为依据，而是从人的主观意图、情感或错误经验来解释。例如，“没有人动它，没有人烦它，它是最友好的，所以能长大”，“植物妈妈需要它长大，长大后帮妈妈洗衣服”。在水平2上，4—5岁年龄段儿童有3.8%，5—6岁年龄段儿童有2.5%，处于水平2的幼儿从生长的表面特征来认识与解释，认识表浅。例如，“播种、发芽、长出叶子、开花、结果，体形由小到大”。在水平3上，4—5岁年龄段儿童有82.5%，5—6岁年龄段儿童有84.8%。处于水平3的幼儿从植物的内在因素来解释生长，涉及生命、种子、生长条件等次级概念，但认识模糊或不正确。例如，“植物有生命，和人一样能长大；生物能长大，玩具不长大”，“能长大，因为有根，叶子、土壤、浇水、施肥、太阳”。在水平4上，4—5岁和5—6岁两个年龄段中各有一个幼儿（1.3%），从植物生长的内在因素来认识与解释，对内在因素的认识较接近本质。例如，“植物进行光合作用，植物有一种本领，利用太阳光，将水成为植物身体的一部分”。

其三，关于人体生长的解释水平分布。在水平1上，4—5岁年龄段儿童有8.8%，5—6岁年龄段儿童有1.3%，他们的解释主要为“小宝宝又帅又可爱，所以能长大”，“爸爸妈妈希望他快点长大”。在水平2上，4—5岁年龄段儿童有5.0%，5—6岁年龄段儿童有10.1%，处于水平2的幼儿从表面特征来解释。例如，“小宝宝将由小到大、由大到老；将经过婴儿、小孩、成年、结婚、做父母、变成老人的过程”，“由幼儿园到小学、由小学到中学、由中学到大学”。在水平 3 上，4—5 岁年龄段儿童有 85.0%，5—6 岁年龄段儿童有 78.5%。处于水平 3 的幼儿从人体的内在因素来解释生长，但比较模糊，例如，“人都能长大，人有生命，人工制品不能长大”，“人身体里面有可以长大的东西”。在水平 4 上，1.3% 的 4—5 岁幼儿和 10.1% 的 5—6 岁幼儿从营养概念和消化器官来解释，较接近本质。例如，“营养有促进人生长的功能，营养要均衡，人体有消化器官”，“在妈妈肚子里，妈妈通过脐带把营养传给宝宝”。

总体而言，幼儿对生长的认知水平是很高的，无论是在 4—5 岁年龄段，还是在 5—6 岁年龄段，幼儿对生长的解释水平主要处于水平 3，其次是水平 2 和水平 1。另外，在人体生长的解释中，5—6 岁年龄段儿童中有 10.1% 处于水平 4，达到对人体生长的近本质性认知。

（二）幼儿关于生命体生长的解释水平比较

1. 幼儿关于动物生长的解释水平的比较

以儿童对动物生长的解释得分为因变量，以年龄段和城乡为自变量，多元方差分析表明，城乡主效应不显著，$F(1, 155)=0.03$，$P>0.05$。城乡与年龄段的交互效应不显著，$F(1, 155)=0.910$，$P>0.05$。年龄段主效应不显著，$F(1, 155)=0.077$，$P>0.05$。研究表明，年龄和城乡因素对幼儿的动物生长认知水平影响较小，幼儿的动物生长认知在 4—5 岁就已经达到较高的水平，全体幼儿对动物生长的认知水平均值为 M = 1.403。

2. 幼儿关于植物生长的解释水平的比较

以儿童对植物生长的解释得分为因变量，以年龄段和城乡为自变量，多元方差分析表明，城乡主效应不显著，$F(1, 155)=3.090$，$P>0.05$。城乡与年龄段的交互效应不显著，$F(1, 155)=3.090$，$P>0.05$。年龄段主效应不显著，$F(1, 155)=0.120$，$P>0.05$。研究表明，年龄和城乡因素对幼儿的植物生长认知水平影响较小，幼儿的植物生长认知在 4—5 岁年龄段已经达到较高的水平，全体幼儿对植物生长的认知均值为 M = 1.742.

与植物相比，动物更为生动活泼，动物与人体间有更多的相似性，在遗传、死亡、生病等概念中，幼儿对动物的认知水平更高，但是在生长概念认知方面，幼儿对动物生长的判断通过率和解释水平都低于对植物生长的认知。幼儿对植物生长的判断通过率为98.7%（见表4—6），高于对动物生长的判断通过率（94.3%），对植物生长的解释水平（M = 1.742）高于对动物生长的解释水平（M = 1.403）。

3. 幼儿关于人体生长的解释水平的比较

以儿童对人体生长的解释得分为因变量，以年龄段和城乡为自变量，多元方差分析表明，城乡主效应不显著，$F(1, 155) = 0.022$，$P > 0.05$。城乡与年龄段的交互效应不显著，$F(1, 155) = 0.182$，$P > 0.05$。年龄段主效应显著，$F(1, 155) = 4.366$，$P < 0.05$。研究结论表明，5—6岁幼儿的人体生长解释水平显著高于4—5岁幼儿的人体生长解释水平（$M_{4-5} = 1.788$，$M_{5-6} = 1.974$），在5—6岁年龄段，多数幼儿已经能够从生物机制解释人体的生长。

4. 幼儿关于生命体生长解释的总体水平的比较

将动物、植物和人体三类生命体生长认知的解释得分相加，得到幼儿关于生命体生长解释的总体水平，以总体水平为因变量，以年龄段和城乡为自变量，进行多元方差分析。城乡主效应不显著，$F(1, 155) = 0.405$，$P > 0.05$。城乡与年龄段的交互效应不显著，$F(1, 155) = 1.886$，$P > 0.05$。年龄段主效应不显著，$F(1, 155) = 1.886$，$P > 0.05$。全体幼儿对生长概念认知的均值M = 5.013。

综上所述，4—6岁幼儿对生命体生长认知的总体水平较高，从幼儿对生命体生长的总体判断水平来看，城乡差异不显著，年龄段差异不显著。与此相似，从幼儿对生命体生长的总体解释水平来看，城乡差异不显著，年龄段差异不显著。

第三节 幼儿关于生命体生病的前科学概念水平

生病的实质是生命体稳态的失调。稳态是指机体在一定的时空范围内，通过有序协调的功能活动，使机体的各种频率、节律、浓度和水平，在相对狭窄的范围内保持稳定状态。广义上说，稳态不仅是机体某些参数的稳定，而且包括稳定状态建立和维持的协调的生理过程。机体健康状态的维持，有赖于稳态的维持与调控。一旦内外环境的扰动因素过于强烈，超过了机体整合调控能力的“阈值”，就会导致机体持续严重的失稳态，进入病理状态，甚至可危及生命。病毒感染、精神欲望、环境污染、季节变化、饮食行为、滥用药物、外伤都可能是导致疾病的原因。[①] 幼儿对生病的本质特征可能难以理解，但是关于生病现象的科学经验以及幼儿健康教育的开展，使幼儿对生病具有一定的前科学概念。幼儿对生病的认知有利于理解肌体的健康，正如了解肌体的正常功能有助于理解疾病的发生一样。

一 幼儿关于生命体生病的判断水平

1. 幼儿对动物生病的判断通过率

根据研究数据（见表4—9），对于动物生病的判断任务，农村幼儿有70.0%的通过率，略高于城市幼儿67.1%的通过率，但城乡差异并没有达到统计学意义上的显著性（$\chi^2=0.156$，$df=1$，$P>0.05$）。5—6岁幼儿72.2%的通过率，高于4—5岁幼儿65.0%的通过率，也没有达到统计学意义上的显著性（$\chi^2=0.943$，$df=1$，$P>0.05$）。

表4—9　　幼儿对动物生病判断的通过人数及百分比

动物生病判断		城市	农村	合计
错误	4—5岁	18（45.0%）	10（25.0%）	28（35.0%）
	5—6岁	8（20.5%）	14（35.0%）	22（27.8%）
	合计	26（32.9%）	24（30.0%）	50（31.4%）
正确	4—5岁	22（55.0%）	30（75.0%）	52（65.0%）
	5—6岁	31（79.5%）	26（65.0%）	57（72.2%）
	合计	53（67.1%）	56（70.0%）	109（68.6%）

对比幼儿在不同类型生命体的遗传、生长、生病、死亡等生命现象的判断通过率，可以发现，全体幼儿的动物生病判断通过率很低（68.6%），仅高于对植物生病的判断通过率（52.2%）。与此相应，在不同类型生命体的遗传、生长、生病、死亡等生命现象的解释任务上，幼儿对动物生病解

① 李国彰：《中医稳态观与稳态学说》，《北京中医药大学学报》1994年第6期。

释的水平也是很低的，均值为 1.019，仅高于对植物生病（M = 0.969）和植物遗传（M = 0.975）的解释。在 159 名幼儿中，有 50 名幼儿（31.4%）认为动物不可能生病，主要是动物生病相对难以直观，幼儿缺乏饲养和接触小动物的经验，他们认为动物可能死亡，但不可能生病，因为“动物不是人，动物不会感冒和流鼻涕，没有见过动物打针和吃药”。

2. 幼儿对植物生病的判断通过率

研究结果统计（见表 4—10），4—5 岁幼儿对植物生病的判断通过率为 55.0%，5—6 岁幼儿对植物生病的判断通过率为 49.4%，没有达到统计学意义上的显著性，年龄段差异不显著（$\chi^2 = 0.505$，$df = 1$，$P > 0.05$）。城市幼儿对植物生病的判断正确率为 60.8%，农村幼儿的判断正确率为 43.8%，卡方检验表明城乡差异显著（$\chi^2 = 4.609$，$df = 1$，$P < 0.05$）。与此一致，在检验城乡幼儿对植物生病的解释水平时，城乡差异也是显著的（$T = 2.711$，$df = 157$，$P < 0.01$）。

表 4—10　　幼儿对植物生病判断的通过人数及百分比

植物生病判断		城市	农村	合计
错误	4—5 岁	16（40.0%）	20（50.0%）	36（45.0%）
	5—6 岁	15（38.5%）	25（62.5%）	40（50.6%）
	合计	31（39.2%）	45（56.3%）	76（47.8%）
正确	4—5 岁	24（60.0%）	20（50.0%）	44（55.0%）
	5—6 岁	24（61.5%）	15（37.5%）	39（49.4%）
	合计	48（60.8%）	35（43.8%）	83（52.2%）

对比幼儿在不同类型生命体的遗传、生长、生病、死亡等生命现象的判断通过率，可以发现，全体幼儿对植物生病的判断通过率最低（52.2%），与此相应，对比不同类型生命体的生命现象的解释水平，幼儿对植物生病的解释水平也是最低的，均值为 0.969。在 159 名幼儿中，有 76 名幼儿（47.8%）判断错误，认为植物不可能生病，其中城市幼儿 31 名（39.2%），农村幼儿 45 名（56.3%）。主要因为植物生病相对难以直观，幼儿缺乏种植植物的经验，他们认为植物可能死亡，但不可能生病，因为“植物不是人，没有见过植物打针和吃药”；“要是植物生病了，

人就不能吃植物了，植物就是给人吃的，所以植物不可能生病”。

农村幼儿接触大自然和植物的机会更多一些，判断水平和解释水平怎么会显著低于城市幼儿呢？主要原因可能在于植物生病难以直观，倘若没有仔细观察和间接经验的帮助，即使经常接触也难以理解。城市幼儿虽然也较少走进大自然和种植植物，但是幼儿园、家庭和城市社区相对更多地注意生命健康教育和环境保护教育，在生活中经常将植物视为与人类一样具有生命感受和存在状态，例如“不要踩踏草地，小草会痛；不要折枝，树妈妈会伤心”。城市社会对植物保护的拟人化教育方式促使幼儿将人的特性迁移到植物，城市幼儿虽然没有直观植物的生病，但他们能够推理出“植物和人一样，也会传染细菌，也会生病”。而农村幼儿的认识则不一样，他们更多注意到“植物本来就是为人的消费而存在的”，所以认为“植物的生命和人的生命不一样，植物只可能死亡，不可能生病，要是生病了，植物就不能吃了”。

3. 幼儿对人体生病的判断通过率

对于人体生病的判断任务，研究数据显示（见表 4—11），92.5% 的幼儿判断正确，7.5% 的幼儿判断不正确。城市幼儿中 92.4% 判断正确，农村幼儿中 92.5% 判断正确，卡方检验表明城乡差异不显著（$\chi^2=0.001$，$df=1$，$P>0.05$）。4—5 岁幼儿 93.8% 判断正确，5—6 岁幼儿 91.1% 判断正确，年龄段差异不显著（$\chi^2=0.388$，$df=1$，$P>0.05$）。

表 4—11　　幼儿对人体生病判断的通过人数及百分比

人体生病判断		城市	农村	合计
错误	4—5 岁	2（5.0%）	3（7.5%）	5（6.3%）
	5—6 岁	4（10.3%）	3（7.5%）	7（8.9%）
	合计	6（7.6%）	6（7.5%）	12（7.5%）
正确	4—5 岁	38（95.0%）	37（92.5%）	75（93.8%）
	5—6 岁	35（89.7%）	37（92.5%）	72（91.1%）
	合计	73（92.4%）	74（92.5%）	147（92.5%）

在判断错误的幼儿中，多数幼儿的解释处于水平 1 和水平 2，处于水平 1 的幼儿不能理解生病的含义，“感冒咳嗽不是生病”。有少数幼儿的

逻辑不清楚，"感冒、咳嗽是生病，人会感冒、咳嗽，但人不可能生病"。还有幼儿不能认识到生病的普遍性，认为"外国人不可能生病"，"参加比赛的人、勇敢的人、好人不生病"。判断水平和解释水平不完全一致，也有判断错误，但解释水平较高的幼儿，有些幼儿认为，"因为很强壮，人有自己的抵抗力，所以不会生病"。

4. 幼儿关于生命体生病的判断水平

将动物生病判断、植物生病判断和人体生病判断的得分相加，作为幼儿关于生命体生病判断的总体水平，全体被试的生病判断均值为 2.132 分，最高分为 3 分，最低分为 0 分。以儿童对生命体生病判断的总分为因变量，以年龄段和城乡为自变量，多元方差分析表明，年龄段主效应不显著，$F(1, 155) = 0.004$，$P > 0.05$；城乡主效应不显著，$F(1, 155) = 1.012$，$P > 0.05$；两者的交互效应不显著，$F(1, 155) = 2.327$，$P > 0.05$。

二 幼儿关于生命体生病的解释水平

（一）幼儿关于生命体生病的解释水平分布

其一，关于动物生病的解释水平分布。如表 4—12 所示，在水平 1 上，4—5 岁年龄段儿童有 46.3%，5—6 岁年龄段儿童有 31.6%，处于水平 1 的幼儿无法解释或不能以动物本身为依据，而是从人的主观意图、情感或错误经验来解释。例如，"动物不生病，因为听话、不打架、不会害怕"，"动物不是人，所以不生病"。在水平 2 上，4—5 岁年龄段儿童有 26.3%，5—6 岁年龄段儿童有 24.1%，处于水平 2 的幼儿从生病的表面特征来认识与解释，认识表浅。例如，"动物不咳嗽、不发烧，所以不生病"，"动物有毛，毛很暖和，可以保护身体，所以不生病"。在水平 3 上，4—5 岁年龄段儿童有 25.0%，5—6 岁年龄段儿童有 36.7%。处于水平 3 的幼儿从生病的内在因素来认识与解释，涉及营养、卫生、细菌、传染等次级概念，但认识模糊或不正确。例如，"细菌传染疾病，细菌是肉眼看不到的虫子，传染是细菌的物理转移，传染者的病将康复，被传染者将染病"，"细菌还小时，肉眼看不到；细菌长大后，肉眼能看到"。在水平 4 上，4—5 岁儿童有 2.5%，5—6 岁儿童有 7.6%，处于水平 4 的幼儿从动物的内在因素来认识与解释，对内在因素的认识比较正确，或较接近本质，例如，"皮肤可以杀死传染的细菌""遗传病"。

由此可见，4—5岁年龄段儿童对动物生病的解释水平主要处于水平1，其次是水平2和水平3，表明4—5岁年龄段对生病概念的理解水平较低。5—6岁儿童主要处于水平3，其次是水平1和水平2，表明儿童对生病概念的理解水平有所发展，但仍然有较大比例的儿童对动物生病的概念认知处于较低水平。

表4—12 不同年龄段儿童在动物、植物、人体的生病解释任务上的水平分布

单位：人，%

年龄段	水平	动物生病解释		植物生病解释		人体生病解释	
		人数	百分比	人数	百分比	人数	百分比
4—5岁	1（0分）	37	46.3	34	42.5	14	17.5
	2（1分）	21	26.3	14	17.5	26	32.5
	3（2分）	20	25.0	32	40.0	38	47.5
	4（3分）	2	2.5	0	0	2	2.5
	5（4分）	0	0	0	0	0	0
5—6岁	1（0分）	25	31.6	35	44.3	5	6.3
	2（1分）	19	24.1	13	16.5	25	31.6
	3（2分）	29	36.7	30	38.0	42	53.2
	4（3分）	6	7.6	1	1.3	7	8.9
	5（4分）	0	0	0	0	0	0

其二，关于植物生病的解释水平分布。在水平1上，4—5岁年龄段儿童有42.5%，5—6岁年龄段儿童有44.3%，处于水平1的幼儿无法解释或不能以植物本身为依据，而是从人的主观意图、情感或错误经验来解释。例如，“没见过植物打针、吃药，所以不生病”，“植物是给人吃的，所以不生病”。在水平2上，4—5岁年龄段儿童有17.5%，5—6岁年龄段儿童有16.5%，处于水平2的幼儿从生病的表面特征来认识与解释。例如，“黄了、枯萎、叶子掉落、腐烂，被虫子咬了，要打农药”。在水平3上，4—5岁年龄段儿童有40.0%，5—6岁年龄段儿童有38.0%。处于水平3的幼儿从植物生病的内在因素来解释，涉及生命、营养、细菌、病毒、生长条件等次级概念，但认识模糊或不正确。例如，“植物有营

养，所以不生病”，“植物缺水生病，水被污染会生病，气温太低会生病”，“植物也有生命，也可能生病”。在水平 4 上，1.3% 的 5—6 岁幼儿从植物生病的内在因素来认识与解释，对内在因素的认识比较正确，或较接近本质。例如，“植物能进行光合作用”。

由此可见，幼儿对植物生病的解释水平主要处于水平 1，其次是水平 3 和水平 2，儿童对植物生病的概念理解水平较低，即使到了 6 周岁，仍然有较大比例的儿童对植物生病的概念认知处于水平 1。这可能是因为，幼儿缺乏种植和照顾植物的直接经验，植物生病现象难以直观，关于植物生病方面的间接经验也较少，很多幼儿认为植物不是人，所以不会生病。也就是说，在生病这个维度上，很多幼儿对生命的认知不具有内部一致性，他们认为植物的生命和动物的生命不一样，植物只会死亡，不会生病。

其三，关于人体生病的解释水平分布。在水平 1 上，4—5 岁年龄段儿童有 17.5%，5—6 岁年龄段儿童有 6.3%，他们的解释主要为“勇敢的人、好人、听话的人不生病”。在水平 2 上，4—5 岁年龄段儿童有 32.5%，5—6 岁年龄段儿童有 31.6%，处于水平 2 的幼儿从表面特征来解释。例如，“人会生病，受伤、流血、感冒、咳嗽，发炎、发烧、打针、抽血、皮试、吃药，等等”。在水平 3 上，4—5 岁年龄段儿童有 47.5%，5—6 岁年龄段儿童有 53.2%。处于水平 3 的幼儿从人体的内在因素来解释，认识模糊或不正确。例如，“常运动的人，身体结实，不会生病”。在水平 4 上，2.5% 的 4—5 岁幼儿和 8.9% 的 5—6 岁幼儿从细菌概念来认识与解释，较接近本质。例如，“传染细菌，对着别人咳嗽会传染，残疾不会传染”。幼儿对人体生病的解释水平主要分布在水平 3，其次是水平 2 和水平 1。

总而言之，尽管幼儿对人体生病的概念理解水平很高，对动植物的生病现象却较难理解。这可能是因为，无论是家庭教育还是幼儿园，都较为注重幼儿健康教育，较为关注幼儿自身的生病现象及其解释。但是对于动植物的健康状态，甚至生存状态，并不为大家所重视，虽然幼儿科学教育目标中会提到要爱护动植物，更多指向的是不要伤害动植物，并没有落实到照顾动植物的生存状态上。

（二）幼儿关于生命体生病的解释水平比较

1. 幼儿关于动物生病的解释水平的比较

以儿童对动物生病的解释得分为因变量，以年龄段和城乡为自变量，多元方差分析表明，城乡主效应显著，$F(1, 155)=4.722$，$P<0.05$，$M_{城市}=1.181$，$M_{农村}=0.863$。城乡与年龄段的交互效应不显著，$F(1, 155)=1.741$，$P>0.05$。年龄段主效应显著，$F(1, 155)=6.322$，$P<0.05$，$M_{4-5}=0.838$，$M_{5-6}=1.206$。研究结论表明，年龄和城乡因素都影响幼儿的动物生病认知水平，城市幼儿对动物生病的解释水平高于农村幼儿，5—6岁年龄段幼儿对动物生病的解释水平高于4—5岁年龄段幼儿。

2. 幼儿关于植物生病的解释水平的比较

以儿童对植物生病的解释得分为因变量，以年龄段和城乡为自变量，多元方差分析表明，城乡主效应非常显著，$F(1, 155)=6.057$，$P<0.01$，$M_{城市}=1.165$，$M_{农村}=0.775$。城乡与年龄段的交互效应不显著，$F(1, 155)=1.741$，$P>0.05$。年龄段主效应不显著，$F(1, 155)=0.948$，$P>0.05$，$M_{4-5}=0.975$，$M_{5-6}=0.965$。研究结论表明，城乡因素影响幼儿的植物生病认知水平，城市幼儿对植物生病的解释水平高于农村幼儿。这可能因为植物生病现象比较内隐，幼儿在生活中的科学经验并不多，因此，5—6岁幼儿并不具有年龄上的优势。虽然城市幼儿和农村幼儿都缺乏植物生病的直接经验，但是城市幼儿接受到更为充分的人体健康教育，以及关于植物保护方面的拟人化教育，使城市幼儿更倾向于用人体的生病机制推演植物的生病解释，而幼儿对于人体生病的解释水平是比较高的，这可能是影响植物生病解释的城乡差异的原因。

3. 幼儿关于人体生病的解释水平的比较

以儿童对人体生病的解释得分为因变量，以年龄段和城乡为自变量，多元方差分析表明，城乡主效应不显著，$F(1, 155)=0.139$，$P>0.05$。城乡与年龄段的交互效应不显著，$F(1, 155)=0.199$，$P>0.05$。年龄段主效应显著，$F(1, 155)=5.843$，$P<0.05$。研究结论表明，5—6岁幼儿的人体生病认知水平显著高于4—5岁幼儿的人体生病认知水平（$M_{4-5}=1.350$，$M_{5-6}=1.646$），在5—6岁年龄段，多数幼儿已经能够从生命体内在因素解释人体的生病，但是解释模糊，具

有迷思性特征。

4. 幼儿关于生命体生病解释的总体水平的比较

将动物、植物和人体三类生命体生病认知的解释得分相加，得到幼儿关于生命体生病解释的总体水平，以总体水平为因变量，以年龄段和城乡为自变量，进行多元方差分析。城乡主效应显著，$F(1, 155) = 6.539$，$P < 0.05$，$M_{城市} = 3.842$，$M_{农村} = 3.113$，城市幼儿的生病概念认知水平显著高于农村幼儿，这可能要归因于城市更为注重幼儿健康教育，城市社区为幼儿提供的健康服务更为周到，城市父母在对幼儿进行健康教育时更有意识地提供关于疾病的科学解释。城乡与年龄段的交互效应不显著，$F(1, 155) = 1.886$，$P > 0.05$。年龄段主效应显著，$F(1, 155) = 5.673$，$P < 0.05$，$M_{4-5} = 3.138$，$M_{5-6} = 3.817$，5—6岁幼儿的生病概念认知水平显著高于4—5岁幼儿。这可能是因为随着年龄的发展，5—6岁幼儿的一般认知发展水平更高，5—6岁幼儿能够从生命的基本特征出发进行内在一致的概括性推理。

综上所述，在最高分为12分的标准之下，全体幼儿对生病认知的平均分为3.4717，幼儿对生病的总体认知水平偏低，主要原因可能在于幼儿对动植物的生病现象缺乏直接经验，学前教育培养幼儿亲近自然主要还停留在理念层面，在实践层面并不深入，更多的是要求幼儿不要伤害动植物，而不是把重点放在关怀动植物的生存状态上。未来的环境保护教育和幼儿科学教育需要为幼儿提供更为充分的亲近自然的机会，让幼儿在照料动植物的过程中仔细观察动植物，同时学习一些维护动植物健康的知识。

第四节　幼儿关于生命体死亡的前科学概念水平

死亡是生命最终要遭遇的过程，是幼儿害怕深入思考但又常常想探究，或者有时突然要面对的现象。探究幼儿的死亡概念认知常常成为生命教育和死亡教育的一个必要基础。从日常生活和直观感受而言，死亡是很直观和让人情绪难以平静的生命事件，从科学本质而言，死亡又是一个有很大纵深研究空间的概念。在医学中，一般认为，死亡就意味着心跳、呼吸和脉搏的停止。然而，高效复活技术和人工呼吸机可以使心跳、呼吸停止数小时的病人重新苏醒，再加上人工营养维持，能使许多病人“起死回生”。[①] 心肺功能的丧失在医学上具有可逆性，心肺功能丧失并不代表大脑、肾脏和人体其他主要器官功能的停止，心跳和呼吸的停止作为过程的一个层次，并不预示人作为一个整体死亡的必然发生。因此，医学上就以脑死亡为标准来确定人的死亡。[②]

一　幼儿关于生命体死亡的判断水平

1. 幼儿对动物死亡的判断通过率

84.9%的幼儿能够认识到动物死亡的最终必然性（见表 4—13）。在生活中，人们以动物为食物的行为，以及电视媒体中动物与自然的频道常常涉及动物被天敌捕杀的情节，使向来很少亲历死亡事件的幼儿对动物死亡概念并不陌生。城市幼儿对动物死亡的判断通过率为 83.5%，农村幼儿的判断通过率为 86.3%，城乡差异不显著（$\chi^2 = 0.227$，$df = 1$，$P > 0.05$）。4—5 岁组幼儿的判断通过率为 81.3%，5—6 岁组幼儿的判断通过率为 88.6%，年龄段差异不显著（$\chi^2 = 1.679$，$df = 1$，$P > 0.05$）。研究结果表明，不同年龄段和城乡不同文化背景的儿童都能认识到动物死亡的最终必然性。

表 4—13　　幼儿对动物死亡判断的通过人数及占比

动物死亡判断		城市	农村	合计
错误	4—5 岁	8（20.0%）	7（17.5%）	15（18.8%）
	5—6 岁	5（12.8%）	4（10.0%）	9（11.4%）
	合计	13（16.5%）	11（13.8%）	24（15.1%）
正确	4—5 岁	32（80.0%）	33（82.5%）	65（81.3%）
	5—6 岁	34（87.2%）	36（90.0%）	70（88.6%）
	合计	66（83.5%）	69（86.3%）	135（84.9%）

① 郭自力：《论器官移植的法律问题》，《中外法学》1998 年第 5 期。

② 郭自力：《死亡标准的法律与伦理问题》，《政法论坛》2001 年第 3 期。

2. 幼儿对植物死亡的判断通过率

研究结论表明（见表 4—14），城市幼儿有 79.7% 能正确判断植物死亡的必然性，农村幼儿有 81.3% 能正确判断植物死亡的必然性，卡方检验表明，城乡差异不显著（$\chi^2=0.057$，$df=1$，$P>0.05$）。4—5 岁幼儿的判断通过率为 72.5%，5—6 岁幼儿的判断通过率为 88.6%，年龄段差异显著（$\chi^2=6.571$，$df=1$，$P<0.01$）。植物死亡现象并不明显，很多植物的自然寿命是很长的，在冬天枯黄的树木到了春天又发出新叶，这种特征使幼儿认为，如果没有人为破坏，植物是不会死的。4—5 岁幼儿更容易被这种表面现象所诱导，27.5% 的 4—5 岁幼儿认为植物不会死亡；有些 5—6 岁组的幼儿从生命有限性的角度理解植物死亡的必然性，经过很长很长的时间以后植物也可能死亡。

表 4—14　　幼儿对植物死亡判断的通过人数及占比

植物死亡判断		城市	农村	合计
错误	4—5 岁	12（30.0%）	10（25.0%）	22（27.5%）
	5—6 岁	4（10.3%）	5（12.5%）	9（11.4%）
	合计	16（20.3%）	15（18.8%）	31（19.5%）
正确	4—5 岁	28（70.0%）	30（75.0%）	58（72.5%）
	5—6 岁	35（89.7%）	35（87.5%）	70（88.6%）
	合计	63（79.7%）	65（81.3%）	128（80.5%）

总体而言，对于植物死亡，幼儿更多归之于非正常死亡，如人类以植物为食物的消费行为，或者动物对植物的破坏行为，很少有幼儿注意到植物的自然死亡，他们不能意识到植物的寿命也是有限的。少部分幼儿认为，植物不可能死亡，因为“植物不会老”“植物不是人”“植物死亡了还能活过来”。

3. 幼儿对人体死亡的判断通过率

虽然幼儿很少亲历死亡，但在电视媒体中，幼儿还是较多地获得了关于死亡的间接经验，另外家庭成员也在生活中偶尔会谈起死亡的话题，在清明节或者意外事件中也会有死亡相关的谈话情境。因此，幼儿对死亡并不陌生，91.8% 的幼儿能够认知到人体死亡的必然性（见表 4—15）。城市幼儿的判断通过率为 92.4%，农村幼儿的判断通过率为 91.3%，城乡差异不显著（$\chi^2=0.071$，$df=1$，$P>0.05$）。4—5 岁幼儿的判断通过率为 86.3%，5—6 岁幼儿的判断通过率为 97.5%，年龄段差异非常显著（$\chi^2=6.663$，$df=1$，$P<0.01$），这可能说明 4—5 岁幼儿已经开始思考死亡的生命现象，5—6 岁幼儿对死亡事件有较好的认知，儿童的死亡认知随年龄而上升。

在传统社会中，人们视死亡为禁忌，认为不适合对年幼儿童进行死亡教育。本书结论表明，5—6 岁幼儿基本能够认知到死亡的必然性，对死亡探究已经具备心理准备，幼儿生命教育应该纳入死亡教育的内容，使幼儿不至于恐惧死亡，更好地珍惜生命和保护生命，对于亲人的突然丧失能够更坦然地接受。

表 4—15　　幼儿对人体死亡判断的通过人数及占比

人体死亡判断		城市	农村	合计
错误	4—5 岁	5（12.5%）	6（15.0%）	11（13.8%）
	5—6 岁	1（2.6%）	1（2.5%）	2（2.5%）
	合计	6（7.6%）	7（8.8%）	13（8.2%）
正确	4—5 岁	35（87.5%）	34（85.0%）	69（86.3%）
	5—6 岁	38（97.4%）	39（97.5%）	77（97.5%）
	合计	73（92.4%）	73（91.3%）	146（91.8%）

4. 幼儿关于生命体死亡的判断水平

将动物死亡判断、植物死亡判断和人体死亡判断的分值相加，作为生命体死亡判断的总体水平，以生命体死亡判断的总分为因变量，以年龄段和城乡为自变量，进行多元方差分析。全体被试的死亡判断水平均值为 2.5723 分，最高分为 3 分，最低分为 0 分。研究数据表明，城乡主效应不显著，$F(1, 155)=0.051$，$P>0.05$。年龄段主效应显著，5—6 岁幼儿对死亡概念的判断水平明显高于 4—5 岁年龄段，$F(1, 155)=7.711$，$P<0.01$。两者交互效应不显著，$F(1, 155)=0.030$，$P>0.05$。

5. 幼儿对遗传、生长、生病和死亡的判断水平的比较

方差分析结果表明（表4—16），幼儿对生命体遗传、生长、生病和死亡的判断水平差异非常显著，$F(3, 632) = 38.281$，$P < 0.01$。LSD事后检验得知，遗传与生病的判断水平差异不显著，遗传、死亡、生长的判断水平两两之间差异非常显著，生病、死亡、生长的判断水平两两之间差异非常显著。生病、遗传、死亡、生长的判断水平依次上升。研究结论表明，即使同属于生命科学领域，同一个幼儿对不同生命现象的判断水平也是有很大差异的，这表明领域特殊性的作用确实存在。

表4—16　　幼儿对遗传、生长、生病、死亡的判断水平差异

	生病判断水平 均值 M = 2.2138	生长判断水平 均值 M = 2.2138	死亡判断水平 均值 M = 2.5723
遗传判断水平均值 M = 2.2138	0.0817	−0.7107***	−0.3585***
生病判断水平均值 M = 2.2138		−0.7924***	−0.4402***
生长判断水平均值 M = 2.2138			0.3522***

注：表中数字为行减列的均值差。* 表示 P<0.05，** 表示 P<0.01，*** 表示 P<0.001。

二　幼儿关于生命体死亡的解释水平

（一）幼儿关于生命体死亡的解释水平分布

其一，关于动物死亡的解释水平分布。如表4—17所见，在水平1上，4—5岁年龄段儿童有15.0%，5—6岁年龄段儿童有6.3%，处于水平1的幼儿无法解释或不能以动物本身为依据，而是从人的主观意图、情感或错误经验来解释。例如，"动物不是人，没见过动物死亡，所以不会死"。在水平2上，4—5岁年龄段儿童有30.0%，5—6岁年龄段儿童有13.9%，处于水平2的幼儿从死亡的表面特征来认识与解释。例如，"不能呼吸就可能死亡，死亡后还能复活"，"闭上眼睛死了，流血死亡，输血后能重生"。在水平3上，4—5岁年龄段儿童有55.0%，5—6岁年龄段儿童有78.5%。处于水平3的幼儿从动物死亡的内在因素来解释，涉及生命、疾病、内部器官功能病变、生态循环等次级概念，能够认识到死亡无功能性和不可逆性，但认识模糊或不正确。例如，"老死，如果老了不死，地球上容不下那么多动物，死后无功能，不重生"，"生命体都有

可能死亡，有生就有死，被捕杀、疾病、离开适合的环境、突发性灾害都可能导致死亡”，“生命只有一次，有可能死亡，但猫有 8 条命，猫死后能重生”。在水平 4 上，有 1.3% 的 5—6 岁儿童，从动物死亡的内在因素来认识与解释，对内在因素的认识比较正确，或较接近本质。例如，“生命只有一次，不能复活、死亡后无功能”。由此可见，儿童对动物死亡的解释水平主要处于水平 3，其次是水平 2 和水平 1，5—6 岁儿童在水平 3 和水平 4 上的分布高于 4—5 岁儿童，表明儿童对死亡概念的理解水平有所发展。

表 4—17　　不同年龄段儿童在动物、植物、人体的死亡解释任务上的水平分布

单位：人，%

年龄段	水平	动物死亡解释		植物死亡解释		人体死亡解释	
		人数	百分比	人数	百分比	人数	百分比
4—5 岁	1（0 分）	12	15.0	19	23.8	9	11.3
	2（1 分）	24	30.0	30	37.5	24	30.0
	3（2 分）	44	55.0	31	38.8	46	57.5
	4（3 分）	0	0	0	0	1	1.3
	5（4 分）	0	0	0	0	0	0
5—6 岁	1（0 分）	5	6.3	2	2.5	3	3.8
	2（1 分）	11	13.9	18	22.8	9	11.4
	3（2 分）	62	78.5	58	73.4	63	79.7
	4（3 分）	1	1.3	1	1.3	4	5.1
	5（4 分）	0	0	0	0	0	0

其二，关于植物死亡的解释水平分布。在水平 1 上，4—5 岁年龄段儿童有 23.8%，5—6 岁年龄段儿童有 2.5%，处于水平 1 的幼儿无法解释或不能以植物本身为依据，而是从人的主观意图、情感或错误经验来解释。例如，“植物不是人，没见过植物死亡，所以不会死”，“植物是人种的，如果死了，人就吃不到植物，所以不会死”。在水平 2 上，4—5 岁年龄段儿童有 37.5%，5—6 岁年龄段儿童有 22.8%，处于水平 2 的幼儿从死亡的表面特征来认识与解释，认识表浅。例如，“植物被太阳晒死后，

浇水可以重生"。在水平 3 上，4—5 岁年龄段儿童有 38.8%，5—6 岁年龄段儿童有 73.4%。处于水平 3 的幼儿从植物的内在因素来解释，涉及生命、生存条件等次级概念，但认识模糊或不正确。例如，"植物有抵抗力不会死，体内有抵抗管"，"植物缺水死亡，水太多会被淹死，气温太低会死亡"。在水平 4 上，1.3% 的 5—6 岁幼儿从植物死亡的内在因素来认识，对内在因素的认识比较正确，或较接近本质。例如，"生物的寿命是有限的"。

其三，关于人体死亡的解释水平分布。在水平 1 上，4—5 岁年龄段儿童有 11.3%，5—6 岁年龄段儿童有 3.8%，他们认为"被日本人杀死的中国人可以复活"，"不想死，有功能，能重生；咒语、幽灵、魔法导致死亡"。在水平 2 上，4—5 岁年龄段儿童有 30.0%，5—6 岁年龄段儿童有 11.4%，处于水平 2 的幼儿从表面特征来解释。例如，"老人可能死亡，年轻人不可能死亡"。在水平 3 上，4—5 岁年龄段儿童有 57.5%，5—6 岁年龄段儿童有 79.7%。处于水平 3 的幼儿从人体的内在因素来认识与解释，认识模糊或不正确。例如，"被小偷杀死后，如果没有流血，去医院治疗可以活过来，但如果剪刀剪断脖子，就不能重生"。在水平 4 上，1.3% 的 4—5 岁幼儿和 5.1% 的 5—6 岁幼儿从生命的有限性或者致命性器官衰竭来解释，较接近本质。例如，"生命就是灵魂，人类没有手能够活，没有脚能够活，没有头就不能活"。幼儿对人体死亡的解释水平主要分布在水平 3，其次是水平 2 和水平 1。

总而言之，幼儿对死亡的概念理解水平较高，大多数幼儿能够认识到生命体都有可能死亡，能够理解死亡的必然性和普遍性，有部分幼儿认为有些生物死亡后在某种条件下能够重生，这种"重生"观念主要来自电视媒体的影响。

（二）幼儿关于生命体死亡的解释水平比较

1. 幼儿关于动物死亡的解释水平的比较

以儿童对动物死亡的解释得分为因变量，以年龄段和城乡为自变量，多元方差分析表明，城乡主效应不显著，$F(1,\ 155)=0.833$，$P>0.05$。城乡与年龄段的交互效应不显著，$F(1,\ 155)=2.110$，$P>0.05$。年龄段主效应非常显著，$F(1,\ 155)=10.746$，$P<0.01$，$M_{4-5}=1.400$，

$M_{5-6}=1.746$。研究结论表明，年龄因素对幼儿的动物死亡认知影响显著，5—6 岁年龄段幼儿对动物死亡的解释水平高于 4—5 岁年龄段幼儿。

2. 幼儿关于植物死亡的解释水平的比较

以儿童对植物死亡的解释得分为因变量，以年龄段和城乡为自变量，多元方差分析表明，城乡主效应不显著，$F(1,\ 155)=0.008$，$P>0.05$。城乡与年龄段的交互效应不显著，$F(1,\ 155)=0.008$，$P>0.05$。年龄段主效应非常显著，$F(1,\ 155)=30.214$，$P<0.01$，$M_{4-5}=1.150$，$M_{5-6}=1.734$。研究结论表明，年龄因素对幼儿的植物死亡认知影响显著，5—6 岁年龄段幼儿对植物死亡的解释水平高于 4—5 岁年龄段幼儿，城乡因素的影响不显著。

3. 幼儿关于人体死亡的解释水平的比较

以儿童对人体死亡的解释得分为因变量，以年龄段和城乡为自变量，多元方差分析表明，城乡主效应不显著，$F(1,\ 155)=0.949$，$P>0.05$。城乡与年龄段的交互效应不显著，$F(1,\ 155)=0.575$，$P>0.05$。年龄段主效应非常显著，$F(1,\ 155)=13.670$，$P<0.01$，$M_{4-5}=1.488$，$M_{5-6}=1.861$。研究结论表明，年龄因素对幼儿的人体死亡认知影响显著，5—6 岁年龄段幼儿对人体死亡的解释水平高于 4—5 岁年龄段幼儿，城乡因素的影响不显著。

4. 幼儿关于生命体死亡解释的总体水平的比较

将动物、植物和人体三类生命体死亡认知的解释得分相加，得到幼儿关于生命体死亡解释的总体水平，以总体水平为因变量，以年龄段和城乡为自变量，进行多元方差分析。城乡主效应不显著，$F(1,\ 155)=0.795$，$P>0.05$。城乡与年龄段的交互效应不显著，$F(1,\ 155)=0.930$，$P>0.05$。年龄段主效应非常显著，$F(1,\ 155)=32.436$，$P<0.01$，$M_{4-5}=4.038$，$M_{5-6}=5.342$。数据表明，年龄因素对幼儿的死亡认知影响显著，5—6 岁年龄段幼儿对死亡的解释水平高于 4—5 岁年龄段幼儿，城乡因素的影响不显著。

5. 幼儿对遗传、生长、生病和死亡的解释水平的比较

方差分析结果表明，幼儿对生命体遗传、生长、生病和死亡的解释水平差异非常显著，$F(3,\ 632)=43.924$，$P<0.01$。LSD 事后检验得知（见表 4—18），生长与死亡的解释水平差异不显著，遗传与生病的认知差

异为弱显著性（P = 0.053），其余生命现象的解释水平两两之间差异极其显著。遗传、生病、死亡、生长的解释水平依次上升。

表 4—18　　幼儿对遗传、生长、生病、死亡的解释水平差异

	生病解释水平 均值 M = 3.472	生长解释水平 均值 M = 5.013	死亡解释水平 均值 M = 4.686
遗传解释水平均值 M = 3.088	-0.384	-1.925***	-1.598***
生病解释水平均值 M = 3.472		-1.541***	-1.214***
生长解释水平均值 M = 5.013			0.327

注：表中数字为行减列的均值差。* 表示 P < 0.05，** 表示 P < 0.01，*** 表示 P < 0.001。

这可能是因为遗传概念认知难度较大，要求幼儿广泛接触并仔细观察生物的多样性，在不同物种之间进行比较，注意生物后代、亲代以及同代之间的相似性。动植物的生病现象比较内隐，难以直观，与人体相比，植物生病的外在表现很不一样，因此幼儿对遗传和生病的概念认知水平相对较低。生长和死亡更为直观，动植物的生长有较多一致之处，都是由小到大；动植物的死亡是生命活动的停止和生命功能的丧失，因此生长和死亡的认知难度相对较小，幼儿对生长和死亡有更多的直接经验和间接经验。研究结论表明，即使同属于生命科学领域，同一个幼儿对不同生命现象的解释水平也是有很大差异的，这表明领域特殊性的作用确实存在。这个结论与中科院朱莉琪教授的研究有相似之处。“儿童的生命现象认知表现出不同步性，对生长的认知成绩最好，死亡次之，之后是衰老和疾病。”①

尽管儿童对生命体的遗传、生长、生病、死亡的解释水平差异显著，但它们并不是完全割裂的，都是生命体必经的过程，其间存在密切的联系。儿童对它们的认知也能够建立一定的联系，常常用一种生命现象解释另一种生命现象，对大多数儿童而言，他们的解释具有内在一致性。例如，用遗传解释生病，用生病解释死亡，等等。

对于遗传、生长和死亡，城乡儿童的认知差异不显著。但是，具体到生病的概念认知，城乡差异显著，城市儿童比农村儿童显示出明显的认知

① 朱莉琪：《儿童科学概念的认知发展》，《心理科学进展》2006 年第 4 期。

优势，这可能是不同的教育条件和文化背景在起作用。动植物的生病更内隐，凭直观经验难以发现和解释，更需要来自间接经验的支持和科学理论的推理，城市幼儿接受到更为充分的健康教育，城市人更为重视环境保护教育，环境保护中的拟人化教育方式使幼儿将人体的生命特征及其解释机制推演到对动植物的认知中。

朱莉琪[①]研究了 3—6 岁儿童对生物的生长、衰老、生病和死亡的因果解释，认为幼儿很少用心理意图解释生命现象，没有表现出皮亚杰所说的“万物有灵论”和“人为主义”。本书发现了相似之处，但也有差异，5—6 岁儿童很少用心理意图解释生命现象，对于难以解释的生命现象，4—5 岁幼儿有时候会用心理情感愿望解释生命现象。

第五节　幼儿对不同类型生命体生命现象认知水平的比较

虽然动物、植物、人体都属于生物，都具有生老病死等生命现象，但是不同类型的生命体毕竟有不同的形状、结构、功能与活动方式，三种类型生命体的遗传、生长、生病、死亡等生命现象的外表特征和生物内在机制也有不同，幼儿对动物、植物和人体的生命现象在认知难度和解释水平上可能有不同的发展特点。

一　对动物生命现象认知的解释水平与比较

以儿童对动物遗传、动物生长、动物生病、动物死亡的解释得分相加，得到儿童对动物生命现象认知的总分，以儿童对动物生命现象认知的总分为因变量，以年龄段和城乡为自变量，多元方差分析表明，城乡主效应不显著，$F(1,\ 155)=2.296$，$P>0.05$。城乡与年龄段的交互效应不显著，$F(1,\ 155)=0.202$，$P>0.05$。年龄段主效应非常显著，$F(1,\ 155)=16.469$，$P<0.01$，$M_{4-5}=4.413$，$M_{5-6}=5.649$。研究结论表明，年龄因素对幼儿的动物生命现象认知水平影响显著，5—6 岁年龄段幼儿对动物的生命现象认知水平高于 4—5 岁年龄段幼儿，城乡因素的影响不显著。

---

① 朱莉琪：《儿童科学概念的认知发展》，《心理科学进展》2006 年第 4 期。

二 对植物生命现象认知的解释水平与比较

以儿童对植物遗传、植物生长、植物生病、植物死亡的解释得分相加，得到儿童对植物生命现象认知的总分，以儿童对植物生命现象认知的总分为因变量，以年龄段和城乡为自变量，多元方差分析表明，城乡主效应不显著，$F(1, 155)=1.393$，$P>0.05$。城乡与年龄段的交互效应不显著，$F(1, 155)=2.508$，$P>0.05$。年龄段主效应非常显著，$F(1, 155)=22.352$，$P<0.01$，$M_{4-5}=4.388$，$M_{5-6}=5.854$。研究结论表明，年龄因素对幼儿的植物生命现象认知水平影响显著，5—6岁年龄段幼儿对植物的生命现象认知水平高于4—5岁年龄段幼儿，城乡因素的影响不显著。

三 对人体生命现象认知的解释水平与比较

以儿童对人体遗传、人体生长、人体生病、人体死亡的解释得分相加，得到儿童对人体生命现象认知的总分，以儿童对人体生命现象认知的总分为因变量，以年龄段和城乡为自变量，多元方差分析表明，城乡主效应不显著，$F(1, 155)=1.543$，$P>0.05$。城乡与年龄段的交互效应不显著，$F(1, 155)=0.388$，$P>0.05$。年龄段主效应非常显著，$F(1, 155)=23.719$，$P<0.01$，$M_{4-5}=5.438$，$M_{5-6}=6.813$。研究结论表明，年龄因素对幼儿的人体生命现象认知水平影响显著，5—6岁年龄段幼儿对人体的生命现象认知水平高于4—5岁年龄段幼儿，城乡因素的影响不显著。

四 幼儿对动物、植物、人体的生命现象认知水平的比较

方差分析结果表明，$F(2, 474)=14.612$，$P<0.01$，幼儿对动物、植物、人体的生命现象认知水平差异非常显著。LSD事后检验得知（见表4—19），动物生命现象认知水平和植物生命现象认知水平的差异不显著，动物生命现象认知水平与人体生命现象认知水平的差异非常显著，植物生命现象认知水平与人体生命现象认知水平的差异非常显著，幼儿对人体生命现象认知最好，其次是植物生命现象认知和动物生命现象认知。

表4—19　　幼儿对动物、植物、人体的生命现象认知水平差异

生命现象解释水平（均值M）	生命现象解释水平	显著性水平
动物生命现象认知（M = 5.025）	植物生命现象认知	0.696
	人体生命现象认知	0.000***
植物生命现象认知（M = 5.113）	动物生命现象认知	0.696
	人体生命现象认知	0.000***
人体生命现象认知（M = 6.120）	动物生命现象认知	0.000***
	植物生命现象认知	0.000***

注：* 表示 $P<0.05$，** 表示 $P<0.01$，*** 表示 $P<0.001$。

稻垣[①]认为，幼儿对生物遗传的认识水平依次是人类、动物、植物，儿童关于动物遗传的知识少于人类遗传的知识，遗传概念发展过程是儿童将关于人体的生物知识逐步扩展到动物的过程。婴儿最初对不同人的脸型、肤色、声音等感兴趣并且能够识别，逐步发展到对各种各样的动物感兴趣并且进行识别。动物形象生动、与人一样能活动和发声，有五官、四肢、骨骼和肌肉，幼儿较容易将关于人体的认知延伸至动物。对于在结构、形态、功能和存在方式上与人类相距较远的植物，幼儿最晚产生兴趣并且常常不容易注意到。

本书发现，在遗传、生病和死亡的生命现象认知上，人体、动物和植物的生命现象认知水平由高到低的顺序确实存在；但对于生长概念认知而言，对植物生长的认知好于对动物生长的认知，对植物生长的解释水平均值为1.742，对动物生长的解释水平均值为1.403。这个结论与中科院心理研究所朱莉琪教授的研究结果是相似的。朱莉琪[②]对学前儿童的科学概念发展进行研究之后发现，学前儿童能够明确只有生物才有生老病死，非生物不具有生老病死等生命特征；对动物的生命现象认知随年龄增长而发展；对植物的生命现象认知相对最差，只有“生长”认知例外，对植物

① Inagaki K., Hatano G., “Young children's recognition of commonalities between animals and plants”, *Child Development*, Vol. 67, No. 6, 1996.

② 朱莉琪：《儿童科学概念的认知发展》，《心理科学进展》2006年第4期。

的生长认知成绩最好。如果综合考虑遗传、生长、生病和死亡的生物现象，对动物的生命现象认知水平和对植物的生命现象认知水平两者之间差异并不显著，对植物生命现象认知的均值（M = 5.113）略高于对动物生命现象认知的均值（M = 5.025）。

根据研究者的观察和访谈，一个可能的原因是无论在幼儿教师还是家长看来，种植植物比饲养动物显得更为美观、健康、卫生，约束条件更少，环保教育也特别强调植物的生态功能，所以教师和家长都倾向于种植自然角和盆栽，幼儿有更多地接触和探究植物的机会。相比而言，饲养动物被认为容易污染环境、传染疾病，威胁安全，成本更高，家长和教师都更少饲养动物，幼儿园较少开展动物主题的科学教育，幼儿在生活中观察和探究动物的机会也很少。

五　幼儿关于生命体生命现象认知的总体水平的比较

以儿童对动物、植物、人体在遗传、生病、生长、死亡等生命现象的解释得分相加，即临床访谈中 12 项解释任务的总分，得到儿童对生命体生命现象认知的总体水平，以儿童对生命体生命现象认知的总分为因变量，以年龄段和城乡为自变量，多元方差分析表明，城乡主效应不显著，$F(1, 155) = 2.804$，$P > 0.05$。城乡与年龄段的交互效应不显著，$F(1, 155) = 1.304$，$P > 0.05$。年龄段主效应非常显著，$F(1, 155) = 33.574$，$P < 0.01$，$M_{4-5} = 14.238$，$M_{5-6} = 18.316$。研究结论表明，年龄因素对幼儿的生命体生命现象认知影响显著，5—6 岁年龄段幼儿对生命体生命现象的认知水平高于 4—5 岁年龄段幼儿，实际上反映了年龄对儿童一般认知发展水平不断提高的影响作用，是一般性认知发展在特殊领域中的体现。4—5 岁儿童更多依据具体特征和直观经验进行解释，对不能解释的生物现象更可能转向心理因果机制，因为这个时期的幼儿思维特点以直觉性思维为主，容易被事物的表面形象和个人主观经验所诱导，很少有意识地基于事物内在因素和一般性推理。而相对年长一些的 5—6 岁儿童，因抽象思维的发展，事实性知识更为丰富，抽象水平和概括能力初步发展，更可能超越表面特征和局限性经验，从生命现象的概括水平和内在特性上解释，如“动植物和人类都是生物，生命体都有生老病死，子代和亲代总是有很大的相似”。这个结论与朱莉琪教授的研

究较为一致。[①]

依据标准，在总分为48分的最高值之下，全体幼儿的生命体认知水平均值为16.26分，其中城市幼儿的平均水平为16.84分，农村儿童为15.69分。5—6岁幼儿解释水平主要处于水平3，即从生物内部因素进行解释，但解释比较模糊，正确认知和错误认知混合在一起。其次是水平2，从生物表面特征进行解释。部分幼儿能够达到水平4，即从生物内部机制进行解释，解释比较正确，或达到近本质性认知。也有少部分幼儿完全不能解释，处于水平1。极个别幼儿能够达到水平5。4—5岁幼儿多数处于水平2，其次是水平3和水平1，4—5岁幼儿主要是从具体表面特征解释生命现象，极个别儿童能够达到水平4，对生命现象的认知达到近本质性。

① 张丽锦、方富熹：《4—7岁儿童关于动物繁殖的朴素生物学理论的发展》，《心理学报》2005年第5期。

第五章

4—6 岁城乡幼儿前科学概念的共同特征与差异

第四章对幼儿前科学概念的水平研究是从量化分析的视角研究幼儿前科学概念在判断水平、解释水平两个维度上的发展水平，主要揭示了幼儿前科学概念在年龄段和城乡两个因素上的发展水平差异。本章将主要从质性分析的角度，结合量化分析中的证据，对儿童在访谈中的回答内容从总体特征和具体案例上深入分析，归纳与比较 4—6 岁城乡幼儿前科学概念的共同特征与差异，是对幼儿前科学概念发展特点的一种深描。其中，第一节、第二节和第三节归纳 4—6 岁城乡幼儿前科学概念的共同特征，第四节比较 4—6 岁城乡幼儿前科学概念的差异。

第一节　领域特殊性和领域普遍性共同制约前科学概念

一　领域特殊性理论对领域普遍性理论的批判性继承

皮亚杰认知发展阶段论强调成熟机制对幼儿认知发展的决定作用，个体的认知发展依次经过四个阶段：感知动作阶段、前运算阶段、具体运算阶段和形式运算阶段。四个发展阶段的思维结构是不同的，不是知识经验在数量上的简单增加，而是思维逻辑的质的差异。儿童认知发展阶段是领域普遍性的，阶段性的思维结构广泛地有力地制约了儿童对所有领域的认知水平和认知特点，处于前运算阶段的学龄前幼儿的思维结构是自我中心的，既无演绎推理，也无归纳推理，对事物的认知不是从事物本身的特点以及事物内部关系出发，而是表现出“人为主义”的泛灵论倾向，从人的需要、愿望、动机出发，束缚于自己关于世界的观点中。①

近 20 年来，儿童概念发展研究不再迷恋认知发展一般阶段理论，而是越来越重视领域特殊性制约。在儿童概念发展的领域特殊观中，“领域”指的是能被一个共同的核心理论解释的一系列知识组织，这个知识组织能够解释具有共同特征的一类事物和现象，从而成为一个独特的领域。领域特殊性制约是天赋的，或者在儿童早期就获得的，是一种学习潜能，可以有效缓解学习的困难，对于引导学习进程必不可少。

在领域特殊理论看来，认知发展不能单纯等同于逻辑数理经验。不同领域的知识组织成不同领域的朴素理论，是具有独特因果解释机制的内在一致性的知识结构。概念发展是认知发展的核心，与具体领域事实性知识的学习和积累是分不开的，既包括具有丰富知识的专家学习，也包括日常经验。生物领域特殊性制约是通过生物经验获得的，尤其是预测和解释这个领域中典型行为和典型生物的经验。例如，希（Chi）（1989）发现，对恐龙颇有研究的幼儿“专家”能够基于类属关系将某些难以直观知觉的特征类推至陌生的恐龙，例如，“他们很危险，因为他们是肉食动物”；“这些恐龙是草食动物，他们不具有威胁性。”与稻垣的结论类似，希②的研究也证明，如果幼儿有丰富的结构、良好的知识，他们将能够进行更高级的演绎推理。

领域特殊性理论对皮亚杰认知发展理论中的领域普遍性和阶段性提出了质疑，认为特定领域的知识经验对幼儿在特定领域的认知水平和认知特点有重要影响，幼儿在不同领域具有不同的知识经验，不同领域内的知识经验形成不同的知识组织。成人和幼儿的运算结构没有质的区别，如果幼儿在某个特殊领域拥有丰富的知识经验，幼儿可以与成人一样表现出一般性逻辑推理。研究者认为，幼儿在心理现象、物理现象和生物现象等领域具有较丰富的知识经验，逐渐形成一个类似“理论”的知识体系，虽然不是真正的科学理论，但具有理论的性质和功能，用于解释和预测特定领

---

① 王振宇：《学前儿童发展心理学》，人民教育出版社 2004 年版，第 85—86 页。

② Chi M. T. H, Hutchinson J. E., Robin A. F., “How inferences about novel domain-related concepts can be constrained by structured knowledge”, *Merrill-Palmer Quarterly*, Vol. 35, No. 1, 1989.

域中的现象。这种“非正式”的理论，能够将某种现象做出本体论的区分，将之归于某个特定的领域，在特定领域内选择相应的具有内部一致性的因果解释机制。基于特定领域的本体论区分，幼儿解释心理现象、生物现象和物理现象的“非正式”的理论被研究者称为朴素心理学、朴素生物学和朴素物理学。具有朴素生物学的幼儿对生命现象的判断和解释能够从生物特征本身出发，而不是依据人的心理特征。朴素生物理论的形成来自幼儿在生物领域知识经验的不断丰富和体系化，朴素生物理论进一步促进幼儿在生命科学领域前科学概念的丰富和发展。

领域特殊性理论批判继承了皮亚杰的建构主义思想内核，认为知识是通过解释和建构获得的，知识获得的过程也是经验重组和概念转变的过程。和成人一样，幼儿在具有丰富经验和结构良好的知识领域具有高水平的胜任特征。由于领域特殊性制约，对幼儿而言，某些领域的知识相对容易获得，某些领域的知识获得则显得很难。心理领域、物理领域和生物领域的知识经验获得相对容易，数理逻辑领域的知识经验获得相对较难。幼儿最迟在 3 岁时就具备朴素心理学和朴素物理学，虽然 3 岁幼儿是否具有朴素生物学尚处于争论之中，但可以肯定，儿童在小学入学之前已经具备朴素生物学。①

二 领域普遍性与领域特殊性共同制约幼儿的前科学概念

(一) 领域普遍性制约幼儿在生命科学领域的前科学概念

1. 前科学概念的年龄发展趋势显著，反映认知发展的领域普遍性

通过第四章关于幼儿前科学概念水平的统计分析可以发现，幼儿在遗传、生病、死亡等生命现象的概念认知水平年龄段差异显著（$P<0.05$），5—6 岁幼儿的生命概念认知水平显著高于 4—5 岁幼儿，反映了随着年龄的增长，认知发展一般机制更为成熟。

4—5 岁幼儿主要依赖生物外形、物理环境和行为表现解释生物现象，解释水平主要处于水平 2。当遇到难以直观的生命现象，或者科学经验极

---

① Wellman, H. M., Gelman, S. A., “Knowledge acquisition in foundational domains”, D. Kuhn & R. S. Siegler, eds., *Handbook of child psychology*: Vol. 2. Cognition, perception, and language, New York: Wiley. 1998, pp. 523 – 573.

为缺乏时，例如动植物的生病现象，幼儿的解释往往处于水平 1，要么无法解释，要么转向心理意图和魔法幽灵。主要原因在于 4—5 岁幼儿直觉性思维的特点，容易局限于事物的直观性特征，根据表面现象感知和推理，思维集中于特别突出的外部形象，还难以认识到生命现象背后的生物机制。

5—6 岁幼儿对生命现象的解释主要处于水平 3，部分幼儿能够达到水平 4。因抽象水平和概括能力的发展，该年龄段幼儿已经不再局限于从生物的外形特征解释生物的生命现象，而是用概念式的思维进行科学推理，"动植物都是生命，生命都可能生病和死亡"，"因为是父母生的宝宝，长的就像父母，如果不像，就不是亲生的"。

2. 朴素生物学理论尚未完全脱离心理学标准，反映认知发展阶段的领域普遍性

如何评价儿童对生物现象的解释，目前存在三种观点。凯里①认为儿童对生物现象的解释在最初阶段使用的是心理学标准，年幼儿童对生物现象的推理、预测和解释是以人的目的和愿望等心理意图为依据的，他们的生物概念还没有将植物纳入，年长儿童则能够将动植物归类于生物，按照生物学标准解释生物现象，具备动植物分类的解释模式，因此凯里主张儿童的生物概念是从"心理学领域"到"生物学领域"的根本的概念转变。

凯尔和格尔曼②等则持相反的观点，他们认为年幼儿童从一开始就持有独立自主的朴素生物理论，能区分生物与非生物，对生物现象的解释是按照生物因果机制而不是心理学标准，并且对生物现象的解释具有内部一致性。儿童朴素生物理论的不足之处只是暂时不包含植物在内，尚在发展之中，随着儿童经验的扩展，植物将逐渐被纳入朴素生物理论框架，因此儿童的生物概念转变是渐进的，而不是根本的革命性的。

第三种观点较为折中，波多野和稻垣③认为，儿童在早期就有生物学

---

① Carey S., *Conceptual change in childhood*, Cambridge, MA: MITPress, 1985, pp. 2 - 11.

② Keil F. C. Concepts, *Kinds and Cognitive Development*, Cambridge, Mass: MITPress, 1989. 转引自张丽锦、方富熹《4—7 岁儿童关于动物繁殖的朴素生物学理论的发展》，《心理学报》2005 年第 5 期。

③ Hatano G., Inagaki K., "Young children's naive theory of biology", *Cognition*, Vol. 50, No. 1, 1994.

理论，对生命现象的因果解释框架在逐渐形成和完善，但由于儿童的生物学知识十分有限，他们的朴素生物理论还难以独立自主，当遇到难以解释的生物关系和生命特征时，他们往往受心理学框架的制约，儿童生物学理论的独立形成要晚于朴素物理学理论和朴素心理学理论。我国学者张丽锦和方富熹较为支持第三种观点。①

本书发现，5—6 岁幼儿对生命现象的解释主要处于水平 3，很少用心理意图解释生命现象。4—5 岁幼儿对生命现象的解释主要处于水平 2，有时候会用心理情感愿望解释生命现象。当遇到特别难以直观的生命现象，相关的直接经验极为缺乏时，例如动植物生病现象，4—5 岁幼儿常常会借助心理意图进行解释。还有一种情况是，研究者深入追问幼儿，本意是激发幼儿展现出前科学概念的潜在最高水平，但是在幼儿难以对生命现象进一步解释时，他们有时会在追问中从高一级水平的回答倒退回低水平的回答，转向心理信息进行解释。由于认知发展阶段的制约，幼儿的朴素生物理论正在发展之中，还不能完全摆脱心理学因果推理的制约，在生物学知识经验极为缺乏的情况下，幼儿关于生命现象的前科学概念还带有"人为主义"的自我中心思维。

（二）领域特殊性制约幼儿在生命科学领域的前科学概念

1. 前科学概念解释水平和判断水平的不同步

本书从判断任务和解释任务两种形式研究儿童的前科学概念水平，一般而言，如果幼儿对生命现象的判断错误，他的解释水平相对也是较低的。但研究发现，儿童在两种任务形式中的水平不完全一致。就具体儿童而言，判断与解释的不完全同步性，可能有三种情况：其一，判断正确并且解释水平较高；其二，判断正确但解释水平较低。其三，判断错误但解释水平较高。例如，有些幼儿认为，"因为很强壮，人有自己的抵抗力，所以不会生病"，"皮肤可以杀死入侵的细菌，所以人不可能生病"。尽管尚未达到统计学意义上的显著性，从判断水平来看，幼儿对遗传现象的判断水平（$M = 2.2138$）高于生病现象的判断水平（$M = 2.1321$），但是从解释水平来看，幼儿对遗传现象的解释水平（M =

① 张丽锦、方富熹：《4—7 岁儿童关于动物繁殖的朴素生物学理论的发展》，《心理学报》2005 年第 5 期。

3.088）低于生病现象的解释水平（M＝3.472），表明判断水平与解释水平不是同步的。

2. 遗传、生长、生病、死亡的认知水平不同步

尽管同属于生命科学领域，遗传、生长、生病、死亡的概念认知难度是不一样的，生命现象本身的直观性程度，幼儿对生命现象的直接经验，生命现象所蕴含的知识等因素影响幼儿对生命现象的解释难度。

方差分析结果表明，幼儿对生命体遗传、生长、生病和死亡的解释水平差异非常显著，$F(3, 632) = 43.924$，$P < 0.01$。LSD事后检验得知（见表4—18），生长现象和死亡现象的解释水平差异不显著，对死亡现象的解释水平显著高于对生病现象的解释水平，对生病现象的解释水平显著高于对遗传现象的解释水平。遗传、生病、死亡、生长的解释水平依次上升。生长现象是比较容易感知的，幼儿对此有着切身的体验，生长在外部形态上的改变也是极其直观的，为了让生命茁壮成长，父母长辈采用了多种保教行为，直接和间接地增进了幼儿关于生长的知识。幼儿虽然较少亲历死亡，但父母长辈在缅怀亲人时也会同幼儿讨论死亡话题，电子媒体也常常展示死亡的相关主题，尤其是动物世界和自然传奇等科教频道，使幼儿积累了较多的关于生物死亡的知识。虽然幼儿对人体生病有较多的直接经验，但他们极其缺少关于动植物生病的直接经验，动植物生病现象比较内隐，因此，生物的生病概念认知难度较大，幼儿对细菌的理解存在较多迷思之处。认知难度最大的是遗传现象，需要幼儿比较生物之间的相似与不同，成人和电子媒体也较少引导幼儿学习关于遗传的生物学知识。

3. 动物、植物、人体的认知水平不同步

凯里重复了皮亚杰的研究，当学前儿童被问及某个东西“是否活的”时，他们的生物外延要么太宽，要么太窄，一些儿童赋予非生物以生物特征，他们难以理解动物和植物怎么会归于一类。[①] 理查兹（Richards）和西格勒（Siegler）的研究印证了类似的结论，学前儿童不能把动物和植物

① Carey S., *Conceptual change in childhood*, Cambridge, MA: MIT Press, 1985, pp. 2－11. 转引自朱莉琪《学前儿童朴素生物学理论的研究》,《心理学动态》1999年第3期。

归于一类。在报告生物特征时，幼儿只认识到动物具有的特征，没有报告植物也具有类似生命特征[①]。本书的发现有类似之处，但也有不同之处。幼儿在解释生物体的生长和死亡时，能将人体和动植物归为一类，多数幼儿认为，植物也有生命，也会生长和死亡。他们对植物生长的解释水平甚至高于对动物生长的解释水平。

在判断和解释生物的生病特征时，很多幼儿认为植物不会生病，人才会生病，不能将植物和人体归为一类，不能认识到他们都属于生物。例如，很多幼儿认为，“病从口入，植物没有血液，没有嘴巴，不会生病，植物的生命和人的生命不一样”。

在解释人体的遗传特征时，很多幼儿能够不受环境的干扰，预测到人类子代和亲代的相似，这种生理相似性更多地受到遗传的影响，能够区分遗传和环境的不同作用，甚至能够从种子、精子、亲子鉴定等子概念做出较高水平的解释，例如，有一个幼儿对人体的遗传现象解释道：“遗传，在肚子里就遗传了爸妈的脸型，因为细胞能够遗传，肉眼看不到细胞，细胞是红红的、能够检测，可以用显微镜看到。”但这个幼儿对植物的遗传解释却相对很低，“如果花生和豆子混杂着种在同一块土壤里的话，花生将长出豆子，因为花生里面是豆子、花生更少，豆子更多”。

方差分析结果表明，对于不同类型的生命体，幼儿的概念认知水平是不同步的，$F(2, 474) = 14.612$，$P < 0.01$，幼儿对动物、植物、人体的生命现象认知水平差异非常显著。LSD 事后检验得知（见表 4—19），差异主要来自对动物生命现象与人体生命现象的认知差异，以及对植物生命现象与人体生命现象的认知差异。这可能是由于儿童在生活中接触最多的生命体就是人类，人的体形、动作、声音和表情都极大地吸引幼儿的注意力，与周围人群的共同生活为幼儿认知人类的生命现象提供了充足的机会。在对动植物缺乏直接经验的情况下，幼儿对动植物生命现象的认知常常是借助对人体的认知。然而，幼儿能够意识到，人体的生命现象可以延伸到动植物，但不能延伸到非生物。在区分生物和非生物的同时，幼儿对不同类型生命体的认知水平是有差异的，表明领域普遍性和领域特殊性是

① Richards D. D. Siegler R. S.，“Children's understandings of the attributes of life”，*Journal of experimental child psychology*，No. 4，1984.

整合的。

4. 某些特殊生活背景下的儿童对生命现象具有丰富的知识经验

研究发现，生活经验和生活背景影响幼儿前科学概念的内容和水平。并不是5—6 岁全体幼儿的生命认知水平都高于4—5 岁全体幼儿的生命认知水平，部分4—5 岁幼儿的生命认知水平高于5—6 岁幼儿。尤其是医生或者生物学教师的孩子对生命现象有较好的认知，有过长期饲养、种植经历的幼儿前科学概念水平明显偏高，反映了特殊领域知识的影响。例如，医生和生物学教师的小孩，对生命现象有较深的认识，生命科学概念发展水平比较高，他们对生物的内部器官结构和功能有所了解，对遗传、生长、生病和死亡等生命过程的内在生理机制有模糊的理解，甚至能从生物分子结构的角度（细胞）来解释宏观生命体的结构与功能，当然他们对细胞的认识还是很模糊的。有过长期饲养和种植经历的幼儿对动植物的生长、繁殖、抵御和适应环境的方式有很好的了解，例如，他们知道植物的生长需要合适的温度、水分和阳光，植物生长具有向光性、向水性和向肥性，动植物的某些外形特征和行为方式有利于该动物在特定环境中的适应。幼儿能够将熟悉动植物的认知迁移到不熟悉的动植物，例如一个小孩说："先有鸡还是先有蛋，先有种子还是先有植物，这两个问题其实是一样的问题。"

5. 儿童的前科学概念具有一定程度的内部一致性

尽管遗传、生长、生病和死亡的认知难度不一，生命现象的表现特征各异，儿童对它们的认知水平也有差异，但它们之间并不是完全割裂的，都是动植物必经的生命过程，内部存在密切的联系。生命现象的内部联系，以及儿童认知生命现象的朴素理论，使儿童对遗传、生长、生病和死亡的解释具有内部一致性。他们常常用一种生命现象解释另一种生命现象，或者用一个上位的生命概念解释不同的生命现象。例如，用生殖解释遗传，用遗传解释生病，用生病解释死亡；或者从某一种生命体迁移至另一种生命体，如用人体的遗传认知解释动植物的遗传。

6. 幼儿与年长儿童之间的认知差异并没有传统研究认为的那么大

皮亚杰认知发展阶段理论认为，认知发展处于不同阶段的儿童，他们对生命的认知差异是很大的，学前儿童对生命的认知受限于知觉相似性和自我中心思维。后皮亚杰主义的研究对此则提出质疑，成人常常并不是皮亚杰所说的那样具有理性，儿童则比皮亚杰所认为的更为理性。在具有丰富知识经验的领域，幼儿能够不受知觉相似性的制约，既能够基于因果关系进行推理，也能够在熟悉情境和陌生情境之间进行类比推理。“学前儿童也形成概念，将世界组织成有意义的范畴，儿童早期的概念不单单依赖于知觉外表，而且常常反映了某个范畴的成员间比较深层的不那么明显的关系”,[①] 儿童的早期概念有助于在面临外表不同的事物时，抽象出基本的相似之处，利用熟悉的实例预测不熟悉的事物。

学前儿童对遗传、生长、生病和死亡具有初始的概念，尽管这种早期概念仍然需要进一步发展，但它们已经能够忽略表面属性而基于生物内在的因素，对于5—6岁幼儿尤其如此，他们开始尝试对隐蔽的难以观测的生命现象做出更多的推理。例如，儿童更多的是用细菌或者卫生行为解释生病，较少用心理意图和道德惩罚作为生病的原因。

年幼儿童和年长儿童之间的认知差异并没有我们想象的那么大。年幼儿童对生命现象的解释可以达到很高的水平，年长儿童与年幼儿童一样也存在迷思概念，成人特别是门外汉，有时也会被表面的知觉属性所迷惑。例如，年长儿童和有些成人也认为植物是从外部环境直接吸取食物，不能认识到植物唯一的“食物”来源是利用水和二氧化碳合成的糖，水和水中溶解的矿物质不是动植物的能量源泉。再如，年幼儿童也对遗传具有初始观念，将生物的相似性以及亲代的种子等内容与遗传相关联，尚未学过生物学科的初一学生一样也分不清楚生命体的哪些特征是遗传来的，哪些是后天获致的。很多年长儿童和年幼儿童一样，将性别与遗传信息的多少相混淆，认为男孩长相会更多遗传父亲的信息，女孩长相会更多遗传母亲的信息。[②]

第二节 前科学概念中的迷思概念

一 前科学概念与迷思概念

前科学概念与迷思概念的不同之处在于前科学概念更为强调从儿

---

① J. H. 弗拉维尔、P. H. 米勒、S. A. 米勒：《认知发展》，邓赐平译，华东师范大学出版社2002年版，第158页。

② 张颖之、刘恩山：《中学生对遗传学重要概念的理解》，《生物学通报》2013年第3期。

童的视角研究儿童对事物的解释、推理和预测，其中既有与科学概念一致的成分，也有相异或相悖的成分；迷思概念更为强调依据科学概念的标准研究儿童的前科学概念与科学概念之间的相异或者冲突。尽管儿童的视角是教育研究者应该持有的基本立场，但从科学概念的视角研究儿童的前科学概念与科学概念之间的相异或者冲突，也是有重要启示价值的。儿童对生命现象的认识常常是正确与错误的混合体，其中既有与科学概念相一致的成分，也有与科学概念相异但是不冲突的成分，还有与科学概念相悖的成分。正因如此，有研究者将儿童的前科学概念称为迷思概念。迷思概念是儿童前科学概念的重要特征，在鼓励儿童自主建构知识的同时，我们也要适当引导幼儿转变前科学概念。

迷思概念也表明儿童的前科学概念具有朴素性，是儿童对生命世界的一种朴素理论。人们在使用“朴素理论”时可能有四种层面的含义：其一，儿童与成人的科学认知很相似，在某种程度上把握了概念的本质；其二，儿童是科学认知的主体，儿童对自然世界的解释是“非正式的”理论，具有解释和预测的功能；其三，儿童科学认知的独特性，重点关注儿童与成人的认知差异；其四，朴素理论的迷思性，着力点在于如何转变儿童的迷思概念。①

迷思概念往往是儿童在生活世界中潜移默化习得的，儿童对自然现象的自发推理似乎合理并且能够为经验世界所证实。其中的迷思之处，可能是因为幼儿经验狭窄和认识表浅，当幼儿的经验随着时间的进程逐步扩展时，认识抽象性得到提升，迷思性自然会转变和消失。有些迷思概念，具有顽固性和隐蔽性，深深扎根于儿童的生活世界，需要教师在科学教育中采用有效地教学策略转变儿童的迷思概念，以利于科学概念的发展。② 比如，很多儿童依然认为“地球是平的”“蝙蝠是鸟类”“鲸鱼是鱼类”，这些迷思概念与儿童的日常经验非常契合，儿童很容易被其表面特征所迷惑。

---

① 鄢超云：《朴素物理理论与儿童科学教育》，江苏教育出版社2007年版，第54—55页。

② 李雁冰、刁彭成：《科学教育中“迷思概念”初探》，《全球教育展望》2006年第5期。

二 前科学概念中迷思概念的表现

（一）对动物认知的迷思概念

幼儿对动物认知的迷思概念主要有以下几条：①两条腿的不是动物，四条腿的才是动物；②在动物园的才是动物，不在动物园的不是动物；③人养的是动物，野外的就不是动物；④陆上爬的是动物，天上飞的不是动物，水里游的不是动物；⑤对人类有益的是动物，对人类有害的不是动物；⑥昆虫不是动物，因为太小了。

关于动物的迷思概念主要源于幼儿的科学经验非常狭窄，他们接触的动物种类非常有限，只能根据自己所接触的动物推论到不熟悉的动物，以熟悉的动物为标准判断其他生物，是一种实例有限的归纳思维。

研究发现，幼儿对小蝌蚪很陌生，有些幼儿认为小蝌蚪不是动物，他们把小蝌蚪看成各种各样的其他动物，如泥鳅、苍蝇、虫子、蚯蚓、老鼠、蛇、鱼、鸟，甚至有幼儿把小蝌蚪认成花草。幼儿以熟悉的哺乳动物为原型（牛、狗），预测小蝌蚪是吃母乳长大的，长大后体形不会变，只是更大了，成熟后还有尾巴，没有腿。他们认为所有的动物都是常态生长，没有变态生长的概念。

（二）对植物认知的迷思概念

幼儿对植物认知的迷思概念主要有以下几条：①绿色的生物才是植物，其他颜色的不是植物；②树苗不是植物，果蔬是植物，可以吃的是植物，不可以吃的不是植物；③土豆、白菜、玉米是植物，树苗、水果、稻子不是植物，因为在网络上看过植物大战僵尸，里面有土豆、白菜和玉米，没有树苗、水果和稻子，植物有眼睛，植物非常厉害，所以不可能生病；④蔬菜是植物，水果不是植物，可以直接吃的不是植物，植物不可以生吃，要炒熟后才能吃。

植物千姿百态，种类多样，在形状、颜色、材质、功能、寿命等方面差异很大，植物的器官（根、茎、叶、花、果实、种子）很不同。正因为植物是如此的多种多样，幼儿所接触的植物非常有限，成人也没有意识到要让幼儿认识植物的多样性，以至于幼儿的植物概念内涵过大，外延过小。虽然儿童不能准确地判断什么是植物，但儿童能够区别植物和动物，更能够区分植物和非生物，儿童绝对不会把动物判断为植物，更不会把非生物判断为植物。

（三）对生命现象认知的迷思概念

关于遗传现象的解释，幼儿的迷思概念有以下几条：①在同样的环境里生活的不同生物，长大后会变得一样；由养父母抚养长大的宝宝长相会变得越来越像养父母；与很多豆子在同一块土壤里种植的花生成熟后能长出豆子；与鸭妈妈在一起生活的小鸡会长的像鸭妈妈；②有些判断正确的幼儿持目的论的解释："父母希望宝宝的长相和自己一样"；③把遗传信息的多少与性别相关，男孩遗传信息更多来自父亲，女孩遗传信息更多来自母亲，"男孩必然像爸爸、不会像妈妈，女孩必然像妈妈、不会像爸爸"；甚至还有些幼儿认为，"爸爸生男孩，男孩长相像爸爸；妈妈生女孩，女孩长相像妈妈"。

关于生长现象的解释，幼儿的迷思概念主要有以下几条。①把植物视同动物一样直接消费外部环境中的食物，把水和植物的关系类同于食物和动物的关系。他们不能认识到植物吸收阳光和水分，将环境中的二氧化碳合成糖，从而制造食物，水和水中的矿物质并不是植物的食物。很多幼儿认为植物是通过叶子吸收水分的。②认为小蝌蚪不用吃食物，只要喝水或者在水里游来游去就能长大。

关于生病现象的解释，幼儿的迷思概念有以下几条。①动物的血都是红色的，所有的细菌都是有害的，细菌是很小的虫子，传染是细菌在物理空间的转移过程。与朱莉琪的研究结论类似，儿童对疾病因果解释可能有四种模型：联系模型、物理关系模型、生物模型和有区别的生物模型。部分幼儿把生病看成细菌转移的物理过程。[①] ②把植物适应环境的季节性生长现象理解为生病，"到了冬天植物落叶就是生病，到了春天植物发芽就是病好了"。③较少意识到环境污染和过度开发对生物生病和死亡的影响，更多强调水、温度、土壤和食物的重要性，忽视空气、阳光的重要性。

关于死亡现象的解释，幼儿的迷思概念有以下几条：①植物不是动物，没有血、肉、骨骼，不会自然死亡，只在被人类消费和动物破坏后才会死亡；②对于人体而言，呼吸和心跳的停止就是死亡，某种

① 朱莉琪：《儿童对疾病的认知》，《心理科学》2003年第1期。

特殊情况下的死亡或者在某种特殊场合中的死亡能够复活，如渴死的人通过喝水能复活，没有流血的死亡在医院抢救能复活，死亡的人在天堂能够复活；③不能认识死亡的普遍性，“动物是有生命的，有可能会死亡，但猫不会死，因为猫有九条命”，“植物不可能死亡；但花会枯萎死亡”。

Nguyen 和 Rosengren① 问卷调查 270 名幼儿家长，探查了学前儿童关于生命、衰老、再生、疾病、死亡的生物概念认知。调查表明，幼儿对衰老、疾病、死亡有丰富的经验，幼儿常常问到死亡的话题，但很少提起衰老和疾病的生命过程，只有 48% 的父母报告幼儿有生物自愈的经验。关于衰老的迷思概念更多地与结果有关（64%），而不是原因（10%）。疾病的迷思概念大多与原因有关（82%），死亡的迷思概念大多与最终结果有关（74%），比较典型的是，幼儿认为死亡的生物最终能够重生。有 15 个迷思概念处于生物领域和心理领域的交界，例如，有幼儿认为，如果假装为婴儿，就会真的变为一个婴儿；死人只是暂时睡着了。有 21 个迷思概念处于生物和宗教的领域之间，例如，如果不向神灵祈祷，人就将得病。研究者基于数据认为，幼儿迷思概念非常普遍，并且提出未来要进一步研究家长是如何对待幼儿的迷思概念的。

本书发现，幼儿的迷思概念确实非常普遍，与 Nguyen 和 Rosengren 有相似之处，但也略有不同，本书中没有一个被试认为不向神灵祈祷的人将生病。这可能是文化差异的影响，在宗教文化背景中成长的幼儿更有可能持这种信念。

三 如何看待儿童前科学概念中的迷思概念

1. 辩证看待前科学概念中的迷思概念

幼儿的“迷思概念”可能体现了幼儿狭隘的经验和片面的思维，也可能闪耀着智慧的光芒。儿童和成人很可能有同样的“迷思概念”，但是其中体现出的意义和价值并不一样，对于儿童而言，恰恰反映出儿童的探究欲望和推理智慧。一个 4 岁的儿童认真地问道：“爸爸，电脑为什么会

① Nguyen, S. P., Rosengren, K. S., “Parental reports of children's biological knowledge and misconceptions”, *International Journal of Behavioral Development*, Vol. 28, No. 5, 2004.

有病毒呀？是不是打电脑的人没有洗手呀？”这个儿童把电脑病毒和身体病毒类同，推断出身体病毒接触电脑之后将传染给电脑，虽然儿童不能认识到两种病毒的不同，但这表明幼儿对身体病毒的传染有较正确的理解，知道洗手有利于防止传染病。[①]

我们成人常常用“两小儿辩日”的故事表示幼儿对事物的认知容易受到表面现象的困扰，但这恰恰表明幼儿的常识判断中蕴含着经验智慧。一天之中太阳什么时候离人们最近，两小孩争论激烈。认为太阳早晨离人们最近的小儿解释道，“远的看上去小，近的看上去大，早晨太阳刚出来时，大得像车上的篷盖，等到正午时就像盘子碗口那样小”；认为太阳正午离人们最近的另一个小儿则解释道，“近的觉得热，远的觉得凉，太阳刚出来时略带寒意，等到正午时特别热”。这两个小儿的争论连孔子都难断是非，虽然幼儿的认知受表面现象困扰，但这也表明幼儿善于观察，善于寻找证据，执着探究，独立思考和大胆质疑。

也许很多人都知道两小儿辩日的寓言故事，但事实上，这种思维方式在接受了良好高等教育的大学生身上还在重演，美国学者向哈佛大学毕业生提问：“地球在冬天离太阳较近，还是在夏天离太阳较近，为什么？”有不少毕业生解释到：“地球在夏天离太阳较近，在冬天离太阳较远，因为在夏天我们感觉到很热，在冬天感觉到很冷。”科学家研究的实际结论刚好相反，地球距离太阳最远的一天是7月4日左右，最近的一天是1月4日左右。[②] 由此可见，当人们缺乏科学领域的专业知识时，无论是幼儿还是成人，都容易被事物表面特征和个人感知觉所影响。但对于幼儿而言，同样的迷思概念，可能表明幼儿科学认知的重要意义。

不少幼儿将遗传概念理解为“性别”和“生殖”的交互作用，认为“男孩长相与父亲相似，女孩长相与母亲相似”或者“婴儿长大后长相像母亲多一些”，很难理解父亲在先天特征上的影响。这主要是因为在日常经验中，幼儿具有母亲“生殖”和胎儿“生长”的事实性知识，对幼儿而言，父亲在生殖中的作用并不明显。幼儿能够基于母亲“生殖”和胎

① 李雁冰、刁彭成：《科学教育中“迷思概念”初探》，《全球教育展望》2006年第5期。

② 陈华彬、梁玲：《小学科学教育概论》，高等教育出版社2003年版，第83—84页。

儿“生长”的事实性知识推论子代与亲代的遗传关系。

2. 合理转变前科学概念中的迷思概念

沃尼斯阿多（1994）认为，幼儿的前科学概念有三种模式：初始模式、混合模式、科学模式。[①] 幼儿的前科学概念往往是混合模式，其中既有日常生活中个人建构的错误概念，也混合着幼儿的真知灼见，反映了幼儿对世界的主动探究和认知潜能。幼儿的迷思概念并不能说明幼儿的思维方式比成人低级，恰恰展示了幼儿的巨大认知潜能。幼儿的迷思概念为教师激发幼儿探究欲望和设计探究活动提供了一个很好的着力点。

在尊重幼儿主体性的同时，教师也需要注意到，具有巨大认知潜能的幼儿对事物独特的洞察也常常包含着与科学概念的不一致。儿童主体性发展和认知建构性发展的理念并不排斥教师在儿童发展中的积极作用，更不应否定教师要促进儿童前科学概念向科学概念发展的科学教育目标。

教育者要科学研究迷思概念的发生机制。教师要通过临床访谈、概念图、作品分析、小组讨论、动手操作等方式研究幼儿前科学概念有哪些迷思之处、这些迷思概念是怎样发生的，从而为科学探究活动的设计和实施提供证据。日常生活的错觉、偶然事件的主观联系、日常经验的片面狭隘、表面特征的干扰、特定文化背景的影响、电视与网络媒体的误导、教学的失误、知识学习的阶段性等，一系列影响因素都可能促发迷思概念。多种获得方式和影响因素的混杂，容易使幼儿建构一个“四不像”的前科学概念。

教育者要对儿童的迷思概念进行分类，根据不同类型的迷思概念相应采用合理的概念转变策略。针对不同类型的迷思概念，概念转变的力度是不一样的，可以分为强重构和弱重构。在弱重构的概念转变中，这个“转变”是生长、修复、精细化和发展，不是非此即彼的完全替代；在强重构的概念转变中，提供科学知识不一定能够根除迷思概念，必须长时期反复的认知冲突，用可接受的、可理解的和能迁移的新理论代替旧理论，

---

① Vosniadou, S. & Brewer, W. F. , “Mental models of the day/night cycle”, *Cognitive Science*, No. 18, 1994.

才能彻底根除扎根于日常经验和文化生活中的错误信念。

第三节 幼儿对生命现象的解释方式是多元的

儿童不仅能够针对不同的领域采用不同的解释方式，即使在生命科学领域内，儿童也会采取多元解释方式[①]。在生命科学领域内，儿童对生命现象的解释方式主要有活力论、本质论、环境论、行为论和目的论，儿童会根据不同的生命现象、问题和情境选择以某种解释方式为主、以其他解释方式为补充。解释方式的划分是为了更好地描述多种解释方式的特征而言，它们之间的区别并不是绝对的，只是每一种解释方式各有其典型的特征。有些解释方式之间也存在一定的关联，就幼儿对某一种生命现象的认知而言，可能是以某种解释方式为主，同时以其他解释方式为补充。多元解释方式之间是互补的关系，而不是互相排斥的关系。

一 多元解释方式的内涵

（一）活力论

国外研究者认为，年幼儿童在解释生命现象时使用了一种专属于生命领域的解释模式，称之为“vitalistic causality”[②]，国内有专家将之翻译为活力因果机制。在解释生命现象时，儿童能够将身体现象与心理现象相区分，儿童倾向于用活力论解释生物现象，用目的论解释心理现象。所谓活力论，即指儿童在解释生命体为何会生长、生病和死亡等生命过程时，将之归因为身体器官通过消费食物、吸收能量和摄取营养，从而主动地努力地参与生命活动的一种生命力。“生命力是一种非特定的物质、能量或者信息”[③]，生命力的获得来自食物和水，主要用于解释人类和动物，也可能迁移到对植物的解释，幼儿可能将水与植物的

---

① Inagaki K., Hatano G., “Vitalistic causality in young children's naive biology”, *Trends in cognitive sciences*, Vol.8, No.8, 2004.

② Ibid..

③ 苗晶磊、胡清芬：《学前儿童朴素生物学研究新进展：活力因果机制及其应用》，《心理发展与教育》2012年第3期。

关系等同于食物与动物的关系。① 在儿童的活力论中，尚未包含生物化学知识在内，主动参与交换活动的身体器官所扮演的角色更像是身体的代理者，而不像是机器和机械。因此，活力论是介于目的因果解释和机制因果解释之间的一种生命认知方式，表明幼儿具有朴素生物学理论。

（二）本质论

本质论（essentialism）意味着幼儿能够意识到生命现象背后存在的本质，只要事物的本质没有发生变化，事物的种类也不会变化，视觉上看来不同但有共同内在本质的事物是同一类，视觉上看来相同但本质不同的事物不属于同类，决定事物种属关系的是事物的本质，而不是外表和环境。有研究发现，4岁以上的幼儿能够区分生物的内在特征和外在表象，能够认识到生物的内在特性决定生物的本质，在判断生物的种属关系时更多依据生物的内在特性。② 本质论倾向有助于领域特殊性知识的获得，生物领域知识的获得同时也有助于本质论的发展，因为知识可以影响幼儿的推理，随着知识的丰富，幼儿更有可能鉴别出事物的本质。

（三）环境论

持环境论的幼儿将生命体的遗传、生长、生病和死亡归因于外部环境的特征、变化及其影响，认为生物的生命过程和生命特征取决于环境。例如，“因为和养父母一起生活，婴儿长大后其生理特征会越来越像养父母”，“因为只有一颗花生和很多豆子同种一块土壤，花生会长出豆子”。有幼儿认为，只要提供生物体需要的生长条件，生物自然就能够生长，例如，“有了食物、阳光、土壤、水分和大人的照顾，动植物就能长大”。与此相应，动植物不能适应环境的突然变化或者剧烈变化，由此会产生疾病，也就不能正常生长。浇水太多、天气太冷、没有太阳、有虫子等往往会被幼儿用来解释动植物的生病现象。

（四）行为论

幼儿常用行为论解释生病现象和死亡现象，4—5岁年龄段的幼儿更

---

① Inagaki K., Hatano G., “Vitalistic causality in young children’s naive biology”, *Trends in cognitive sciences*, Vol. 8, No. 8, 2004.

② Gelman S. A., Wellman H. M., “Insides and essences: Early understandings of the non-obvious”, *Cognition*, Vol. 38, No. 3, 1991.

是如此。饮食行为、卫生行为、锻炼行为、睡眠行为、肢体冲突行为等，常常被用来解释人体和动物的生病现象，自杀、被杀和战争常常被用来解释人类的死亡现象，人类和动物的破坏行为往往被用来解释植物的死亡现象。

（五）目的论

当幼儿对生物的内在特征和器官的内在功能缺乏经验时，他们可能将人类的目的和功能相连接，采用拟人化的方式解释生命现象，赋予身体器官以目的和愿望，赋予动植物以人格特征，表现出“泛灵论”的思维。有时目的论和活力论会整合在一起，成为目的活力论。例如，“吃了食物，有了生命力，动植物是为了活下来才吃食物的”。

二　多元解释方式的表现

（一）幼儿对遗传现象的解释方式以本质论为主，以环境论为补充

研究发现，幼儿对遗传现象的解释方式以本质论为主，超过 60% 的幼儿持本质论的解释。持本质论的幼儿能够认知到不同生命体的内在特性是不同的，不同的内在特性使生物与其他生物相区别，也使同种类生物彼此间相似。虽然幼儿不能明确“生命体的内在特性究竟是什么，这种内在特性为什么具有如此功能”，但他们肯定这种内在特性的确是存在的，并且这种特性能够由亲代传递给子代，不受环境所改变。子代的本质特征来自亲代，亲代的性质和结构决定了子代的性质和结构，正如幼儿对遗传的解释，“是爸爸妈妈所生的宝宝，宝宝成熟后必然会像爸爸妈妈”。有的幼儿的解释更进一步，“宝宝身上的血液来自爸爸妈妈，宝宝长大后必然会像爸爸妈妈”。

4 岁以上的儿童对遗传现象的解释主要持本质论的解释，可能具有跨文化的普遍性。韦克斯曼（Waxman）、麦丁（Medin）、罗丝（Ross）[①] 研究了 4—10 岁儿童和成年人对“遗传与进化”的朴素生物学推理。被试来自 4 个社区：农村土著美国人、农村多数文化美国人、城市郊区美国

① Waxman S., Medin D., Ross N., “Folkbiological reasoning from a cross-cultural developmental perspective: early essentialist notions are shaped by cultural beliefs”, *Developmental Psychology*, Vol. 43, No. 2, 2007.

人、城市社区美国人。研究者设计“收养”案例，以探查被试对遗传现象和遗传机制的朴素理解。研究发现，来自4个社区的4岁以上儿童，大部分都能意识到遗传现象背后的生物成分，将生物的身体特征归因于亲生父母，而不是养父母。

当然，幼儿的本质论观念并不总是稳定一致的，有时幼儿也可能持环境论的解释方式，在解释人体遗传现象时持本质论的解释，但是在解释植物遗传现象时可能持环境论的解释，4—5岁年幼儿童出现这种情况的比例更多一些。这可能是因为，幼儿更难以发现和肯定植物的内在本质。比如，对于一颗花生和豆子种在同一块土壤里的问题情境，有些幼儿判断花生种子可能长出豆子，“因为花生里面是豆子”或者“因为花生和豆子种在了同一块土壤里”。年幼儿童容易被事物的表面特征所诱导，可能抛弃生物类属的本质论信念，这表明他们的本质论信念还是碎片化的、断断续续的，有待于进一步整合成一个系统化的知识体系。①

（二）幼儿对生长和死亡的解释以活力论为主，以环境论和目的论为补充

莫里斯（Morris）、塔普林（Taplin）、格尔曼②比较了日本幼儿和澳大利亚幼儿对生长、呼吸和运动等生命过程的理解，发现幼儿主要持活力论的解释，两个国家的幼儿都持活力论的解释方式，具有跨文化性。本书的研究结论是一致的，本书中的幼儿被试认为生物因为消费了食物，被吸收的食物在生物体内转化为能量和营养，从而具有生命力，正是通过消化食物获得的生命力使生物得以生长和活动。如果身体器官受到致命性损害，再也没有能力吸收食物，没有能力呼吸新鲜空气，生命力将不可逆地丧失，生物也就走向死亡了。幼儿的活力论也可以延伸到对植物的解释，水对植物而言，类似于食物对动物而言。

持活力论的幼儿能够认识到食物链的基本部分，植物生长需要阳光，水对于植物的生存极端重要，有些动物以植物为食物，还有一些动物既吃

① Farrar M. J., Boyer-Pennington M., “Developmental changes in children’s inductive inferences for biological concepts: implications for the development of essentialist beliefs”, *Infant and Child Development*, Vol. 20, No. 5, 2011.

② Morris S. C., Taplin J. E., Gelman S. A., “Vitalism in naive biological thinking”, *Developmental psychology*, Vol. 36, No. 5, 2000.

植物也吃动物。有的幼儿的“食物链”概念甚至很完整。“老鹰吃蛇、蛇吃青蛙、青蛙吃害虫、害虫会吃稻谷”，并依此认为青蛙是益虫。少部分幼儿能够意识到各种动物的食物都可以追溯到植物。

部分幼儿理解死亡的生物学意义是“老了就要死，如果不老死，地球上容不下那么多动物。如果动物太多的话，食物也就会不够了，最后动物也会饿死”。生命科学认为死亡并不是没有意义的，已经死亡的动植物残骸可能会被捕食者或者食腐动物吃掉。有机物可能进一步被腐生生物分解，然后回归环境中并被食物链重新利用，而不会因为物种的越积越多使地球空间变得越来越小。由此可见，幼儿对死亡的理解还是具有相当的深度和正确性的。幼儿能够用活力论解释生命活动，自然也更可能由此推论出死亡是生命活动不可逆的丧失，意味着不再需要吸收食物和能量，也没有功能摄取食物和能量，生命活动就此终结。①

活力论是幼儿关于生命体生长和死亡的主要解释方式，但同时以环境论和目的论为补充，例如，幼儿会同时注意到影响生命体生长和死亡的自然条件——温度、阳光、水分、土壤。幼儿也可能同时以人类的意图和目的作为补充性解释。例如，“长大后才有更大的本领，爸爸妈妈总会老死的，爸爸妈妈希望宝宝快快长大，长大后可以照顾爸爸妈妈”。

（三）幼儿对生病的解释以活力论和行为论为主，以环境论和细菌论为补充

在稻垣和波多野②的研究中，日本儿童对生病现象的因果解释方式主要持活力论，肌体通过摄取食物和能量获得生命力，从而抵御疾病、保持活力和维持健康。稻垣和波多野在研究中给被试呈现两张图片，其中一张图片中小孩的不良行为是偏食，另一张图片中小孩的不良行为是不听话和打架，让儿童在两张图片中选择哪一个小孩更可能生病，并要求解释做出选择的原因。研究表明，大部分儿童倾向于认为偏食的小孩更可能生病，其中近半数幼儿的解释是偏食会导致能量不足和营养不良，因此更可能

---

① Slaughter V., Jaakkola R., Carey S., “Constructing a coherent theory: Children's biological understanding of life and death”, *Cambridge University Press*, 1999, pp. 71 - 76.

② Inagaki K., Hatano G., “Children's understanding of mind-body relationships”, *Children's understanding of biology and health*, 1999, pp. 23 - 44.

生病。

稻垣和波多野[①]在另一个研究中，对5—6岁的日本儿童提出了6个有关生命现象的问题，要求儿童预测并且解释。这6个问题涉及进餐、吃和长寿的关系、疾病、伤口的愈合、呼吸、心脏跳动，问题背景是幼儿不太可能直接经历的新颖情境。研究发现，幼儿的解释方式以活力论为主，主要基于"食物""能量""营养"。当研究者要求幼儿对"营养"进一步解释时，幼儿的回答有"营养是促进生长的东西""营养使我们充满力量"。

与日本儿童不同，朱莉琪等学者[②]对中国儿童生病认知的研究结果很不一致，中国儿童较少用活力论解释生病，主要用卫生行为和疾病症状解释生病，常常基于"风寒"概念解释生病现象，这可能是因为不同国家的儿童对生病现象的解释存在文化差异。

本书发现，生病是多种因素综合作用的结果，幼儿在解释生病现象时，活力论、行为论和环境论都占相当的比例，也有幼儿持细菌论。在对植物生病的解释中，幼儿主要使用的是环境论，例如，"没有太阳""太阳太烈""天气太冷""有虫子""浇水太少"或者"浇水太多""没有施肥"。在对动物和人体生病的解释中，幼儿主要使用的是活力论和行为论，例如，"营养不良的人更容易生病""没有吃饱饭""吃了上火的东西""吃了变质的东西""吃了垃圾食品""不讲卫生""睡觉时没有盖好被子"，等等。同时，也有一部分幼儿采用细菌论，认为感染了细菌导致生病。甚至有些幼儿可能同时采用这几种解释方式，这几种解释方式并不是互相排斥的。例如，"心情不好，吃不下饭，营养不足，细菌更容易进入体内"。再如，"不讲卫生，在吃东西时把细菌也吃到肚子里去了"。

三 如何看待多元解释方式

（一）多元影响因素的作用可能促使幼儿多元解释方式的形成

儿童的概念认知不是"有或无"的问题，而是"由不明显到明显"

① Inagaki K., Hatano G., "Vitalistic causality in young children's Naive biology", *Trends in cognitive sciences*, Vol. 8, No. 8, 2004.

② Zhu L., Liu G., Tardif T., "Chinese children's explanations for illness", *International journal of behavioral development*, Vol. 33, No. 6, 2009.

的发展关系，依赖领域特殊性知识、一般认知发展、社会文化环境和认知任务要求等因素的交互作用。儿童认知发展的特征、日常生活经验、当地社会文化背景，以及电视、网络、媒体，等等，这些影响因素具有不同的特征，并且都有可能影响幼儿的前科学概念。影响因素的多元可能使儿童对生命现象的解释方式也是多元的，影响因素的交互作用也可能使儿童的多元解释方式之间发生关联性。

研究发现，对于多元解释方式，幼儿和年长儿童之间并不存在本质差异。在年长儿童和成人中也存在本质论、活力论、目的论、环境论、行为论等多元解释方式，当问及原因时，大部分被试表示，选择生物理论解释是为了符合学校所学到的生命科学知识，选择活力论、本质论、目的论、行为论和环境论等多元解释方式是因为这种解释更容易理解，也更加符合生活经验。[①]

（二）幼儿对不同的生命现象能够选择不同的主导解释方式

活力论、本质论、环境论、行为论、目的论等因果解释方式之间的关系是相互补充的，而不是相互排斥的，也不是简单混用的。儿童拥有多元解释方式，但儿童并不是盲目地运用这些解释方式于任何生命现象。“根据生物现象以及问题和背景的不同，儿童会选择不同的方式来解释和预测生物体的行为和特征。”[②] 研究结论表明，幼儿对遗传现象的解释方式主要是本质论，同时以环境论为补充；对生长和死亡的解释以活力论为主，以环境论和目的论为补充；对生病的解释以活力论和行为论为主，以环境论和细菌论为补充。由此可见，幼儿的生命概念认知不仅具有一定的多元性和深刻性，还具有一定的灵活性和针对性。

（三）多元解释方式有其积极意义，但有待于向科学概念发展

活力论有利于新陈代谢等科学概念的发展，推动幼儿探索动植物维持生命、进行物质代谢和能量代谢的过程。[③] 例如，食物的吸收和废物的排

---

① Hatano G., Inagaki K., "Young children's naive theory of biology", *Cognition*, Vol. 50, No. 1, 1994.

② 苗晶磊、胡清芬：《学前儿童朴素生物学研究新进展：活力因果机制及其应用》，《心理发展与教育》2012年第3期；Gelman S. A., Wellman H. M., "Insides and essences: Early understandings of the non-obvious", *Cognition*, Vol. 38, No. 3, 1991。

③ 美国科学促进协会：《科学素养的基准》，中国科学技术协会译，科学普及出版社2001年版，第81—82页。

泄，动植物的各种器官和组织在摄取食物过程中的作用和方法。了解宏观生物的需求是了解微观组织功能的起点，各种器官和组织的功能满足了细胞对食物、空气、水分以及排除废物的需求。[①] 因此，活力论有利于儿童从宏观到微观探索和理解生物概念。

本质论有利于激励幼儿努力探索生物的本质特征和相互关系，更好地理解生物的分类、遗传和进化。环境论、行为论和目的论可以促使幼儿更好地理解生物的需求和适应，关注生物与环境之间的关系，主动地和有意识地调节行为以更好地适应特定的环境，也可以通过保护和改善环境使生物体维持更好的适应状态。

活力论和本质论倾向于从生物的内在因素解释生命现象，环境论和行为论倾向于从生物的外部因素解释生命现象，目的论则用主观动机和心理愿望解释生命现象，对动植物的认知带有拟人化色彩。尽管活力论、本质论、环境论、行为论和目的论等多元解释方式有其积极意义，对幼儿认知发展有推动力量，但这些解释方式都有迷思性，处于认知发展的不同水平，有待于通过幼儿科学教育进一步转变和发展。

第四节　幼儿前科学概念的城乡差异

一　诠释前科学概念城乡差异的社会文化理论

文化历史心理学流派的代表人维果茨基认为，“儿童认知发展中的一切机能都是两次登台的，起初是社会方面，后来才是心理方面，起初是人们之间的属于心际的范畴，后来才是儿童内部的属于心内的范畴。这一原理无论是对随意注意、逻辑记忆、概念的形成还是意志的发展都是同样适用的”。[②]

社会文化学派提出情境认知理论[③]。我们的认知能力依赖于我们与之

① 美国科学促进协会：《科学素养的基准》，中国科学技术协会译，科学普及出版社 2001 年版，第 81—82 页。

② 维果茨基：《维果茨基儿童心理与教育论著选》，龚浩然译，杭州大学出版社 1999 年版，第 182 页。

③ Rogoff, B.,“Cognition as a collaborative process”, In D. Kuhn & R. S. Siegler, eds., *Handbook of child psychology*, Vol. 2. Cognition, perception, and language, 5th ed., New York: Wiley, 1998, pp. 679 - 744.

相互作用的社会文化制约，发展是参与社会文化活动的结果，个体从中学习如何适应社会。特定的社会文化中渗透了社区中多数人共享的人工制品，如物理工具、社会机构、知识系统、习俗信仰、行为模式和社会情境，这种社会文化制约和外在的任务制约是不同的。①

20 世纪 80 年代以来，儿童认知发展领域出现了三个理论研究取向，都是针对皮亚杰认知发展的不足而提出的。② 其一，强调儿童在特殊领域的认知能力；其二，强调儿童在知识经验丰富的特殊领域解决问题胜任力的个体内差异；其三，强调社会文化背景是儿童认知发展的重要认知支架。

儿童的前科学概念是先天潜能、后天经验和社会文化制约共同作用的结果。在儿童概念认知的早期阶段，先天潜能特别重要，同时也受到后天经验和社会文化的影响，因为人类心智的发展是通过吸收前人积累的文化达到的。社会文化对儿童概念发展的影响方式有三个方面：其一，提供儿童建构知识所需要的外部环境和操作材料；其二，为儿童的认知方式提供一种社会文化背景；其三，为儿童的认知过程提供支架。社会文化因素可以使特定领域的抽象概念和核心理论具体化、生活化。③

在社会文化背景下，儿童在日常生活中与他人之间的互动潜移默化地积累了大量的经验以及表征经验的知识，形成的朴素理论将对概念认知发展产生定向作用，对儿童的观察、预测与解释起到导向作用。不同社会文化背景下的儿童对生命体及其生命现象的认知有些精微的差异。例如，斯塔维（Stavy），瓦克斯（Wax）（1989）的研究表明，在以色列文化中，受圣经的影响，与人和动物的生命地位不同，植物只是生物的食物，是满足哺乳动物、鸟类和昆虫的附属品。与以色列比较，日本的文化信念恰好相反，日本人更多地将非生物看成有生命的，将生命特征赋予非生物，甚至认为非生物也具有心智。④

① Keil, F. C., "Constraints on constraints: Surveying the epigenetic landscape", *Cognitive Science*, 1990 (14): 135 - 168.

② Giyoo Hatano, Kayoko Inagaki, "Domain-specific constraints of conceptual development", *International Journal of Behavioral Development*, Vol. 24, No. 3, 2000.

③ Ibid..

④ Stavy, R. & Wax, N., "Children's conceptions of plants as living things", *Human Development*, No. 32, 1989.

二 前科学概念城乡差异的表现

文化是历史地凝结的生存方式[①]，文化包括物质文化、精神文化、制度文化和行为文化，城乡民众生存方式的不同，使得城乡之间有较大的文化差异。文化影响认知，幼儿的前科学概念自然也表现出一定的城乡差异。

（一）城乡生活环境差异对幼儿的前科学概念水平有影响

从幼儿对生命现象认知的总体水平而言，尽管城乡差异并不显著，城乡因素与年龄段的交互作用也不显著，但我们仍然能够看到城乡文化背景对幼儿生命科学认知水平的影响：其一，在对生病现象的概念认知水平上，城乡主效应显著，$F(1, 155) = 6.539$，$P < 0.05$，$M_{城市} = 3.842$，$M_{农村} = 3.113$，城市幼儿对生命体生病的认知水平明显高于农村幼儿；其二，从幼儿对生命现象认知总体水平的年龄段变化看，在4—5岁年龄段，城乡儿童的生命现象认知水平差异并不大，$M_{城市4-5} = 14.43$，$M_{农村4-5} = 14.05$，但是到了5—6岁年龄段，城乡儿童的生命现象认知水平差异在逐步拉大，$M_{城市5-6} = 19.31$，$M_{农村5-6} = 17.32$。

城乡幼儿前科学概念总体水平差异不显著，但具体到动植物生病的解释水平上，城乡差异显著，这可能是因为城乡文化差异和教育环境的不同，城市文化更倾向于将动植物视为与人一样是有生命的，在环境教育时更多采用拟人化方式，强调两者之间类似之处，强调动植物也有感知觉，也和人一样会受伤生病。这种文化信念使幼儿更有可能将人的生命特征和初级概念类推到动植物，不仅人会生病，动植物也会生病。即使城市幼儿缺乏关于动植物生病的事实性经验，他们也能将人体生病的前科学概念迁移至动植物。农村幼儿在生活中更经常地遇到成人砍伐植物的行为，农村文化倾向于将动植物视为人的食物，动植物和人的生命价值是不一样的，这种文化信念使幼儿更难以将人体生病的概念认知类推至动植物。一方面，动植物的生病现象比较内隐，难以引起农村幼儿的直觉注意；另一方面，与城市幼儿相比较而言，教育方式的差异和生活环境的差异使农村幼儿较少将人体的生病概念类推至动植物，他们认为“动植物也有生命，

① 衣俊卿：《文化哲学》，云南人民出版社 2001 年版，第 3 页。

但是动植物的生命和人体的生命是不一样的"，或者认为"病从口入，植物没有嘴巴，没有血液，所以植物不会生病，只会死亡"。

（二）城乡生活环境差异影响幼儿前科学概念的内容特征

关于生长现象的解释，城市幼儿更多谈到食物的合理搭配和营养均衡，而农村幼儿更多谈到要吃饱饭，这可能是由于城乡生活水平的不同而造成的。由于生活资源紧张，农村儿童的生活比较艰苦，部分家庭的主要食物是米饭和蔬菜，父母主要强调要吃饱饭和多吃青菜，相对城市儿童而言，更多的农村儿童认为米饭、蔬菜有营养，却比较矛盾地认为鸡腿和肉类没有营养。而相对农村儿童而言，城市儿童更多地提到营养均衡，既要丰富的蔬菜，也要鸡鸭鱼肉等，很多儿童提到要多喝牛奶。

关于生病现象的解释，相对城市幼儿而言，农村幼儿更多地用"听话""不玩水""不玩泥巴""盖好被子"等解释，可见农村家庭在教育幼儿的时候，更多地强调"听话"等行为层面，更少进行科学认知层面的健康教育，教育方式更多采用管制方式，从外在行为表面特征对幼儿进行健康教育。城市家庭则更多地从"细菌""病毒""传染""食物变质"等内在机制解释生病，是从健康科普的角度进行健康教育。这可能是因为一些农村家庭父母文化水平较低，科学素质较为落后，缺乏对幼儿进行科学教育的意识和能力。关于死亡原因的解释，农村幼儿更多注意到的是病死和老死，城市幼儿更多关注意外事件死亡，如车祸、自杀和被杀。

关于遗传现象的解释，更多的城市幼儿提到，"男孩子只像爸爸，女孩子只像妈妈"，相对城市幼儿，更多的农村幼儿能够意识到，"女孩子也有可能像爸爸，男孩子也有可能像妈妈"。这可能是因为，农村儿童独生子女较少，家中有兄弟姐妹可以使农村儿童有更多的机会体验到"女孩子也有可能像爸爸，男孩子也有可能像妈妈"。

韦克斯曼、麦丁、罗丝[①]研究发现，不同社区和 4 岁以上的美国儿童大多能认识到遗传现象背后的生物成分，子代的身体特征由亲生父母决

---

① Waxman S., Medin D., Ross N., "Folkbiological reasoning from a cross-cultural developmental perspective: early essentialist notions are shaped by cultural beliefs", *Developmental Psychology*, Vol. 43, No. 2, 2007.

定，而不是养父母。同时他们发现，美国儿童对遗传现象的朴素认知也存在文化差异，与同辈儿童相比，农村土著儿童更倾向于认为“血液”是生物遗传的本质，儿童对生物的本质论信念受到所在社区文化的影响。本书中较少被试将“血液”看作生物遗传的本质原因。

（三）城乡生活环境差异影响幼儿前科学概念的获得方式

城市幼儿的前科学概念更多来自间接经验，农村幼儿的前科学概念更多来自直接经验。城市幼儿的直接经验非常狭窄，缺乏接近自然的机会。虽然城市幼儿能够根据“朴素理论”对生命体的遗传、生长、生病和死亡做出较好的判断，但是这种狭窄的科学经验也在一定程度上影响幼儿的前科学概念，并产生一些不符合常识的观念。有12名城市幼儿竟然分不清花生和豆子，认为花生是豆子做的，花生里面是豆子，花生长在树上；还有不少城市幼儿把小蝌蚪误认为是泥鳅、苍蝇、蚯蚓、鱼、蛇、虫子、老鼠，认为小蝌蚪会长大成鱼、蛇、鸭子、老鼠、蚯蚓、泥鳅，更为有趣的是有些幼儿竟然认为小蝌蚪生活在树上；还有城市幼儿不能区分小鸡、小鸭和小鸟。农村幼儿虽然直接接触大自然的机会更多，但缺乏有意识的观察，加之幼儿科学教育的缺乏，幼儿的前科学概念显得肤浅和片面。很多农村幼儿表示“见过青蛙，也见过小蝌蚪”，但就是不能认识到小蝌蚪长大后会变成青蛙，依然认为小蝌蚪长大后有尾巴、没有腿。

与农村儿童相比，城市儿童对动植物的拟人化思维更为突出。这可能是由于城市儿童受到更多的拟人化教育方式的影响。城市人在日常生活中常把动植物视为与人一样的同等生命，把人所具有的生理属性和心理特征赋予动植物，常常把心爱的宠物和珍贵的花苗置于和家庭成员一样的地位，城市人在教育幼儿要爱护动植物时更为强调“如果不好好保护动植物，他们会伤心和生气”，“动植物是陪伴我们的好朋友”。这种拟人化教育方式可能助长了儿童的拟人化思维。农村儿童更强调动植物是供人消费的食物，他们能认识到动植物也属于生物，但是“动植物的生命和人的生命不一样，饲养和种植动植物就是供我们吃的”。当然，还有一个不可忽视的原因是，城市儿童很缺乏动植物的直接经验，他们能够接触的动植物局限于宠物和盆栽，或者偶尔上动植物公园参观一下。对于很少直接接触动植物的幼儿而言，拟人化作为启发式的认知方式是比较容易获得的解释方式，可以在较大程度上弥补儿童直接经验的不足。随着儿童年龄的增长和直接经验的增加，这种拟人化推理可能趋于减弱。

（四）城乡生活环境差异影响幼儿前科学概念的语言表达方式

语言表达是社会文化的反映，也是儿童认知思维的工具。虽然访谈的主题是确定的——探查幼儿关于遗传、生长、生病和死亡的前科学概念，但幼儿表达是自由的和开放的。研究发现，城市幼儿的语言表达更为丰富，城市幼儿的表达话语中广泛涉及国际关系和社会关系。有城市幼儿提到“吃了垃圾食品，美国坏蛋怕我们成老大，就做垃圾食品给我们吃，口香糖是洗衣粉做的，还让我们吃转基因产品”。访谈中我们还发现，当面对不知道如何解释的困难时，农村幼儿大多直接回答“不知道”，沉默不语，表情紧张焦虑，城市幼儿则善于使用各种人际交往策略，运用转移话题、缓和气氛、抛回问题等策略。

城市儿童使用的语言更为精致，更接近科学语言，农村儿童更多地使用局限语言和乡村习俗语言。城市儿童更多使用“细菌”“细胞”“传染”“抵抗力”“免疫”“皮试”等语言，而农村儿童更多使用乡间俚语。有些农村幼儿在解释生物体生病的原因时，会解释说“bian”到了其他动物的脏东西，进一步追问才弄清楚，在这里“bian”指的是“传染”，“脏东西”指的是细菌和病毒，但他们又常把细菌和病毒视为肉眼看不到的小虫子。虽然不同的语言表达没有高低之分，未必能区分城乡儿童的前科学概念水平，未必反映幼儿真正的理解科学概念，但是语言是思维的工具，科学语言对于前科学概念的发展会起到一定的作用，能够引导科学思维的发展，农村儿童的局限语言有可能不利于科学概念的发展。

三 学前教育实践要尊重和回应城乡差异

文化是人们在历史发展过程中为了更好地适应自然环境和社会环境而逐渐形成的生活方式，文化没有高低之分，文化是平等多元的。尊重幼儿，就要全面尊重活生生的具体的幼儿，要尊重幼儿的心理发展规律，也要尊重幼儿生活于其中的文化差异。幼儿保教的文化传统应当受到尊重，学前教育实践所依存的以及所蕴含的文化差异应当得到平等的尊重，而不应被视为某种缺陷，否则，就会表现出后殖民主义和文化霸权的倾向。[①]

学前教育尊重幼儿前科学概念的城乡差异，不是被动的尊重，而是积极的回应。回应幼儿的文化差异，就要根据幼儿的文化差异选择相适宜的学前教育方案，不能以“科学性”否定文化的多样性、地域性和差异性，否则，极有可能掉入“文化被动殖民”或“文化主动殖民”的陷阱。世界上不存在适合所有文化背景所有儿童的普适性幼儿教育理念和课程方案，只存在适合不同文化背景的当地幼儿的本土性教育理念和课程方案。[②]

当前流行的学前教育方案，往往是以发达国家和发达城市等主流文化背景下的儿童发展需求为标准提出的，简单移植到文化背景不一致的欠发达地区很可能水土不服。全美幼儿教育协会（NAEYC）曾经提出“发展适宜性”的概念，强调幼儿教育要适合幼儿的年龄发展模式，引起学前教育专家关于“文化适宜性”问题的质疑，该协会不得不改变原有的立场，也开始关注教学，并将幼儿教育的文化适宜性纳入其概念体系。[③]

具有“文化适宜性”的学前教育要尊重幼儿的文化差异，并不意味着要对多元文化体系中的所有要素全盘接受。每一种文化体系的内部要素都可能有其精华，也有其糟粕。对其精华，要吸收整合；对其差异，要互补共赢；对其糟粕，要批判性地改造。虽然城乡幼儿前科学概念的总体水平差异不显著，但城乡幼儿前科学概念的获得方式差异显著，相对而言，间接经验在城市幼儿的前科学概念获得方式中所占比例更大些。城市幼儿接触自然的直接经验较为缺失，农村幼儿接触自然的直接经验较多。

城乡学前教育方案要互补共赢，城市学前教育更需要亲近自然的“非正式科学教育”，农村学前教育可以适当加强“正式的科学教育”，当然，这种“正式的科学教育”也应该是适合幼儿学习特点和认知发展水平的，并且要求幼儿教师不断提高科学素养。研究发现，幼儿的生病认知

---

① 严仲连：《在传统与现代之间——后殖民视野下的学前教育政策研究》，华东师范大学出版社2014年版，第1—15页。

② 朱家雄：《学前教育为了什么——学前教育的文化适宜性问题》，《幼儿教育·教育教学》2015年第1期。

③ 朱家雄：《游戏与教学，孰轻孰重——玩与教的两难》，《幼儿教育·教育教学》2007年第3期。

水平城乡差异显著，城市幼儿更多从“细菌传染”“营养缺乏”和“食品变质”的角度解释生病现象，农村幼儿更多从“饮食上火”“听话行为”和“幽灵鬼怪”的角度解释生病，这表明我们需要改进农村幼儿健康教育的科学性。同时，国家需要加大支持力度，提高农村社区居民的科学素养水平。

第六章

4—6岁城乡幼儿前科学概念的影响因素

本章将分五节研究幼儿前科学概念的影响因素。第一节从前科学概念的获得方式探查幼儿前科学概念的影响因素，将幼儿报告的前科学概念获得方式编码为七类：日常感受、电视网络媒体、大人讲授、阅读书籍、同伴交流、猜测、不知道。其中，日常感受、电视网络和大人讲授是幼儿前科学概念的主要获得方式。第二节、第三节、第四节、第五节分别研究幼儿教师、幼儿家长、儿童自身和电视网络媒体四个主要因素对幼儿前科学概念的影响。

第一节　4—6岁城乡幼儿前科学概念的获得方式

近年来认知发展研究者逐渐重视探讨儿童的生物学认知、经验因素与社会文化之间的联系，已经确认儿童生物学概念认知的影响因素有儿童种植饲养的日常生活、文化环境、家庭组织结构、生活教育背景，等等。[①]李高峰、刘恩山认为，研究儿童前科学概念的来源是转变儿童前科学概念的前提。[②]

一　研究幼儿前科学概念获得方式的临床访谈法与幼儿元认知

本书通过临床访谈来研究幼儿前科学概念的获得方式。根据临床访谈

---

① Ross N., Medin D., Coley J. D., Atran S., "Cultural and experiential differences in the development of folkbiological induction", *Cognitive Development*, Vol. 18, No. 1, 2003.

② 李高峰、刘恩山：《初中生生物学前科学概念来源的研究》，《生物学通报》2010年第2期。

提纲，在临床访谈幼儿的过程中，在幼儿对每一种生命体的生命现象进行解释之后，紧接着问幼儿：你是怎么知道的？你是从哪里知道的？幼儿回答的获得方式分为七类编码：日常感受、电视网络媒体、大人讲授、阅读书籍、同伴交流、猜测、不知道。

本书认为，在临床访谈中幼儿口语报告前科学概念的获得方式总体上是可信的，研究过程和研究结论表明幼儿的报告是可信的。前人对幼儿元认知的研究从另一个角度为临床访谈法研究幼儿前科学概念的获得方式提供了理论支持。弗拉维尔（Flavell J. H.）于1970年在元记忆研究基础上正式提出元认知概念，他先后在1976年和1981年对元认知的概念下过两次定义。根据弗拉维尔（Flavell J. H.）的定义，元认知包括两个方面，其一为静态的知识体系，是个体对认知活动及其影响因素的认识，其二为动态的认知过程，是个体对认知过程的监控和调节。弗拉维尔等发展心理学家发现，幼儿在某些特殊领域拥有比较丰富的知识经验，知识经验的影响甚至超过了年龄因素的影响，使幼儿在该领域具有元认知和元记忆，生物领域就是这样的一个领域。①

王海英在《智慧的跷跷板——幼儿元认知研究》中将幼儿元认知的静态结构分为元认知知识、元认知体验和元认知调节，进一步将元认知知识分为个体元认知知识、任务元认知知识和策略元认知知识，将元认知调节分为过程元认知调节和情境元认知调节。幼儿元认知的动态结构主要包括自我计划、自我调节和自我评价。②

王海英的研究结论表明，4岁以上的幼儿已经具备相对完备的个体元认知知识。例如，幼儿比较了解自己的强项和弱项，解释理由也比较明确具体，对于研究者提出的问题“你是怎么知道你自己在这方面很能干，在那方面不能干的”，幼儿能够比较充分地阐述自我观察和自我觉知：“我自己看出来的”“妈妈告诉我的”“我感觉到了”“老师经常在这方面表扬我”。③王海英基于实证研究得出结论：幼儿元认知正处于发展连续

---

① J. H. 弗拉维尔、P. H. 米勒、S. A. 米勒：《认知发展》，邓赐平译，华东师范大学出版社2002年版。

② 王海英：《智慧的跷跷板——幼儿元认知研究》，江苏教育出版社2005年版。

③ 同上书，第120页。

体的某一个点上，是一个真实的存在。

由此可见，前人对幼儿元认知的研究为本书采用临床访谈法研究幼儿前科学概念的获得方式提供了理论基础和研究范例。同时，本书对幼儿前科学概念获得方式的研究也丰富了幼儿元认知的研究。

二 幼儿关于遗传的前科学概念获得方式

（一）幼儿关于动物遗传的前科学概念获得方式

由表 6—1 可知，从全体儿童来看，“日常感受”（46.5%）、“电视网络”（13.8%）和“大人讲授”（13.8%）是儿童获得动物遗传前科学概念的三种最主要方式，接下来依次为“猜测”“不知道”“阅读书籍”“同伴交流”。

从城市儿童来看，31.6% 的城市儿童主要通过“日常感受”获得动物遗传的前科学概念。处于第二位的是“电视网络”，占比为 21.5%。“大人讲授”和“猜测”两种获得方式并列第三位，分别占比 16.5%。处于第四位的是“阅读书籍”，占比 10.1%。

表 6—1　城乡幼儿关于动物遗传前科学概念获得方式的比较

		日常感受	阅读书籍	电视网络	大人讲授	同伴交流	猜测	不知道
城市	计数	25	8	17	13	0	13	3
	%	31.6	10.1	21.5	16.5	0	16.5	3.8
农村	计数	49	1	5	9	2	7	7
	%	61.3	1.3	6.3	11.3	2.5	8.8	8.8
合计	计数	74	9	22	22	2	20	10
	%	46.5	5.7	13.8	13.8	1.3	12.6	6.3

对于农村儿童而言，高居第一位的是“日常感受”，61.3% 的农村儿童主要通过“日常感受”获得动物遗传的前科学概念。其次是“大人讲授”，占比 11.3%。“猜测”和“不知道”并列第三位，分别占比 8.8%。处于第四位的是“电视网络”，占比 6.3%。

卡方检验表明，动物遗传的前科学概念获得方式城乡差异非常显著，$\chi^2=25.896$，$df=6$，$P<0.001$。城市儿童主要通过间接经验，农村儿童

主要通过直接经验获得动物遗传的前科学概念。

（二）幼儿关于植物遗传的前科学概念获得方式

由表 6—2 可知，从全体儿童来看，“日常感受”（47.8%）、“猜测”（17%）和“大人讲授”（13.8%）是儿童获得植物遗传认知的三种最主要方式，接下来依次为“电视网络”“不知道”“阅读书籍”“同伴交流”。与对动物遗传的前科学概念获得方式相比，儿童对植物遗传的个人猜测所占比例更大，由第四位上升为第二位。这可能是因为儿童对于植物遗传的经验比较少，更多依靠主观猜测来解释植物遗传现象。

表 6—2　　城乡幼儿关于植物遗传前科学概念获得方式的比较

		日常感受	阅读书籍	电视网络	大人讲授	同伴交流	猜测	不知道
城市	计数	24	5	17	14	0	16	3
	%	30.4	6.3	21.5	17.7	0	20.3	3.8
农村	计数	52	0	2	8	1	11	6
	%	65.0	0	2.5	10.0	1.3	13.8	7.5
合计	计数	76	5	19	22	1	27	9
	%	47.8	3.1	11.9	13.8	0.6	17.0	5.7

从城市儿童来看，30.4% 的城市儿童主要通过“日常感受”获得植物遗传的前科学概念。处于第二位的是“电视网络”，占比为 21.5%。“猜测”排在第三位，占比 20.3%。处于第四位的是“大人讲授”，占比 17.7%。“阅读书籍”排第五，占比 6.3%。

对于农村儿童而言，高居第一位的是“日常感受”，65.0% 的农村儿童主要通过“日常感受”获得植物遗传的前科学概念。其次是“猜测”，占比 13.8%。“大人讲授”排在第三位，占比 10.0%。处于第四位的是“不知道”，占比 7.5%。

卡方检验表明，植物遗传的前科学概念获得方式城乡差异极其显著，$\chi^2 = 31.715$，$df = 6$，$P < 0.001$。城市儿童主要通过间接经验，农村儿童主要通过直接经验获得植物遗传的前科学概念的。

（三）幼儿关于人体遗传的前科学概念获得方式

由表 6—3 可知，从全体儿童来看，“日常感受”（32.1%）、“大人讲授”（23.9%）和“猜测”（16.4%）是儿童获得人体遗传前科学概念的三种最主要方式。接下来依次为“电视网络”“不知道”“阅读书籍”“同伴交流”。

表6—3　　城乡幼儿关于人体遗传前科学概念获得方式的比较

		日常感受	阅读书籍	电视网络	大人讲授	同伴交流	猜测	不知道
城市	计数	22	5	12	23	0	10	7
	%	27.8	6.3	15.2	29.1	0	12.7	8.9
农村	计数	29	1	9	15	3	16	7
	%	36.3	1.3	11.3	18.8	3.8	20.0	8.8
合计	计数	51	6	21	38	3	26	14
	%	32.1	3.8	13.2	23.9	1.9	16.4	8.8

从城市儿童来看，29.1%的城市儿童主要通过“大人讲授”获得人体遗传的前科学概念。处于第二位的是“日常感受”，占比为27.8%。“电视网络”排在第三位，占比15.2%。处于第四位的是“猜测”，占比12.7%。“不知道”排第五，占比8.9%。

对于农村儿童而言，高居第一位的是“日常感受”，36.3%的农村儿童主要通过“日常感受”获得人体遗传的前科学概念。其次是“猜测”，占比20.0%。“大人讲授”排在第三位，占比18.8%。处于第四位的是“电视网络”，占比11.3%。“不知道”排第五，占比8.8%。

卡方检验表明，幼儿关于人体遗传的前科学概念获得方式城乡差异不显著，$\chi^2=10.119$，$df=6$，$P>0.05$。

三　幼儿关于生长的前科学概念获得方式

（一）幼儿关于动物生长的前科学概念获得方式

由表6—4可知，从全体儿童来看，“日常感受”（40.9%）、“电视网络”（18.9%）和“大人讲授”（14.5%）是儿童获得动物生长前科学概念的三种最主要方式。接下来依次为“猜测”“阅读书籍”“不知道”“同伴交流”。

表 6—4　　　城乡幼儿关于动物生长前科学概念获得方式的比较

		日常感受	阅读书籍	电视网络	大人讲授	同伴交流	猜测	不知道
城市	计数	19	10	21	18	0	11	0
	%	24. 1	12. 7	26. 6	22. 8	0	13. 9	0
农村	计数	46	5	9	5	2	11	2
	%	57. 5	6. 3	11. 3	6. 3	2. 5	13. 8	2. 5
合计	计数	65	15	30	23	2	22	2
	%	40. 9	9. 4	18. 9	14. 5	1. 3	13. 8	1. 3

从城市儿童来看，26. 6% 的城市儿童主要通过“电视网络”获得动物生长的前科学概念。处于第二位的是“日常感受”，占比为 24. 1%。“大人讲授”排在第三位，占比 22. 8%。处于第四位的是“猜测”，占比 13. 9%。“阅读书籍”排第五，占比 12. 7%。

对于农村儿童而言，高居第一位的是“日常感受”，57. 5% 的农村儿童主要通过“日常感受”获得动物生长的前科学概念。其次是“猜测”，占比 13. 8%。“电视网络”排在第三位，占比 11. 3%。“阅读书籍”和“大人讲授”并列第四位，占比 6. 3%。“不知道”和“同伴交流”并列第五，占比 2. 5%。

卡方检验表明，动物生长的前科学概念获得方式城乡差异极其显著，$\chi^2=29.025$，$df=6$，$P<0.001$。城市儿童主要通过间接经验，农村儿童主要通过直接经验获得动物生长的前科学概念的。

（二）幼儿关于植物生长的前科学概念获得方式

由表 6—5 可知，从全体儿童来看，“日常感受”（54. 7%）、“大人讲授”（18. 2%）和“电视网络”（13. 8%）是儿童获得植物生长前科学概念的三种最主要方式，接下来依次为“猜测”“阅读书籍”“同伴交流”“不知道”。

从城市儿童来看，43. 0% 的城市儿童主要通过“日常感受”获得植物生长的前科学概念。处于第二位的是“大人讲授”，占比为 20. 3%。“电视网络”排在第三位，占比 19. 0%。处于第四位的是“阅读书籍”，占比 7. 6%。“猜测”排第五，占比 6. 3%。

对于农村儿童而言，高居第一位的是“日常感受”，66. 3% 的农村儿童通过“日常感受”获得植物生长的前科学概念。其次是“大人讲授”，占比16.3%。“电视网络”排在第三位，占比8.8%。“猜测”排在第四位，占比5.0%。“阅读书籍”排第五，占比2.5%。

表6—5　　城乡幼儿关于植物生长前科学概念获得方式的比较

		日常感受	阅读书籍	电视网络	大人讲授	同伴交流	猜测	不知道
城市	计数	34	6	15	16	2	5	1
	%	43.0	7.6	19.0	20.3	2.5	6.3	1.3
农村	计数	53	2	7	13	1	4	0
	%	66.3	2.5	8.8	16.3	1.3	5.0	0
合计	计数	87	8	22	29	3	9	1
	%	54.7	5.0	13.8	18.2	1.9	5.7	0.6

卡方检验表明，幼儿关于植物生长的前科学概念获得方式城乡差异不显著，$\chi^2=10.807$，$df=6$，$P>0.05$。

（三）幼儿关于人体生长的前科学概念获得方式

由表6—6可知，从全体儿童来看，“日常感受”（55.3%）、“大人讲授”（23.3%）和“电视网络”（9.4%）是儿童获得人体生长前科学概念的三种最主要方式，接下来依次为“猜测”“阅读书籍”“不知道”“同伴交流”。

从城市儿童来看，50.6%的城市儿童主要通过“日常感受”获得人体生长的前科学概念。“大人讲授”处于第二位，占比为22.8%。“电视网络”排在第三位，占比12.7%。处于第四位的是“猜测”，占比7.6%。“阅读书籍”和“不知道”并排第五，占比2.5%。

表6—6　　城乡幼儿关于人体生长前科学概念获得方式的比较

		日常感受	阅读书籍	电视网络	大人讲授	同伴交流	猜测	不知道
城市	计数	40	2	10	18	1	6	2
	%	50.6	2.5	12.7	22.8	1.3	7.6	2.5
农村	计数	48	2	5	19	1	3	2
	%	60.0	2.5	6.3	23.8	1.3	3.8	2.5

续表

		日常感受	阅读书籍	电视网络	大人讲授	同伴交流	猜测	不知道
合计	计数	88	4	15	37	2	9	4
	%	55.3	2.5	9.4	23.3	1.3	5.7	2.5

对于农村儿童而言，高居第一位的是“日常感受”，60.0%的农村儿童主要通过“日常感受”获得人体生长的前科学概念。其次是“大人讲授”，占比23.8%。“电视网络”排在第三位，占比6.3%。“猜测”排在第四位，占比3.8%。“阅读书籍”和“不知道”并排第五，占比2.5%。

卡方检验表明，幼儿关于人体生长的前科学概念获得方式城乡差异不显著，$\chi^2=3.415$，$df=6$，$P>0.05$。

四 幼儿关于生病的前科学概念获得方式

（一）幼儿关于动物生病的前科学概念获得方式

由表6—7可知，从全体儿童来看，“日常感受”（36.5%）、“大人讲授”（21.4%）和“电视网络”（15.7%）是儿童获得动物生病前科学概念的三种最主要方式，接下来依次为“猜测”“不知道”“阅读书籍”“同伴交流”。

表6—7 城乡幼儿关于动物生病前科学概念获得方式的比较

		日常感受	阅读书籍	电视网络	大人讲授	同伴交流	猜测	不知道
城市	计数	26	6	13	15	0	12	7
	%	32.9	7.6	16.5	19.0	0	15.2	8.9
农村	计数	32	0	12	19	1	10	6
	%	40.0	0	15.0	23.8	1.3	12.5	7.5
合计	计数	58	6	25	34	1	22	13
	%	36.5	3.8	15.7	21.4	0.6	13.8	8.2

从城市儿童来看，32.9%的城市儿童主要通过“日常感受”获得动物生病的前科学概念。处于第二位的是“大人讲授”，占比为19.0%。

“电视网络”排在第三位，占比16.5%。处于第四位的是“猜测”，占比15.2%。“不知道”排第五，占比8.9%。

对于农村儿童，高居第一位的是“日常感受”，40.0%的农村儿童主要通过“日常感受”获得动物生病的前科学概念。其次是“大人讲授”，占比23.8%。“电视网络”排在第三位，占比15.0%。“猜测”排在第四位，占比12.5%。“不知道”排第五，占比7.5%。

卡方检验表明，幼儿关于动物生病的前科学概念获得方式城乡差异不显著，$\chi^2=8.384$，$df=6$，$P>0.05$。

（二）幼儿关于植物生病的前科学概念获得方式

由表6—8可知，从全体儿童来看，“日常感受”（49.1%）、“猜测”（15.7%）和“大人讲授”（14.5%）是儿童获得植物生病前科学概念的三种最主要方式，接下来依次为“电视网络”“阅读书籍”“同伴交流”“不知道”。

表6—8　　城乡幼儿关于植物生病前科学概念获得方式的比较

		日常感受	阅读书籍	电视网络	大人讲授	同伴交流	猜测	不知道
城市	计数	32	5	18	13	1	9	1
	%	40.5	6.3	22.8	16.5	1.3	11.4	1.3
农村	计数	46	2	4	10	2	16	0
	%	57.5	2.5	5.0	12.5	2.5	20.0	0
合计	计数	78	7	22	23	3	25	1
	%	49.1	4.4	13.8	14.5	1.9	15.7	0.6

从城市儿童来看，40.5%的城市儿童主要通过“日常感受”获得植物生病的前科学概念。处于第二位的是“电视网络”，占比为22.8%。“大人讲授”排在第三位，占比16.5%。处于第四位的是“猜测”，占比11.4%。“阅读书籍”排第五，占比6.3%。

对于农村儿童而言，高居第一位的是“日常感受”，57.5%的农村儿童主要通过“日常感受”获得植物生病的前科学概念。其次是“猜测”，占比20.0%。“大人讲授”排在第三位，占比12.5%。“电视网络”排在第四位，占比5.0%。“阅读书籍”和“同伴交流”并排第五，占

比2.5%。

卡方检验表明，幼儿关于植物生病的前科学概念获得方式城乡差异显著，$\chi^2=16.387$，$df=6$，$P<0.05$。城市儿童主要通过间接经验，农村儿童主要通过直接经验获得植物生病的前科学概念。

其实儿童对植物生病的前科学概念是非常表面的，甚至是错误的。很多幼儿的回答是“植物不是人，没有骨头、肌肉和血液，没有见过植物打针和吃药，所以植物不生病”。总体而言，幼儿对植物生病的概念认知水平较低。

（三）幼儿关于人体生病的前科学概念获得方式

由表6—9可知，从全体儿童来看，“日常感受”（50.3%）、“大人讲授”（21.4%）和“电视网络”（15.7%）是儿童获得人体生病前科学概念的三种最主要方式，接下来依次为“猜测”“阅读书籍”“不知道”“同伴交流”。

表6—9　　城乡幼儿关于人体生病前科学概念获得方式的比较

		日常感受	阅读书籍	电视网络	大人讲授	同伴交流	猜测	不知道
城市	计数	35	3	17	17	1	5	1
	%	44.3	3.8	21.5	21.5	1.3	6.3	1.3
农村	计数	45	2	8	17	1	4	3
	%	56.3	2.5	10.0	21.3	1.3	5.0	3.8
合计	计数	80	5	25	34	2	9	4
	%	50.3	3.1	15.7	21.4	1.3	5.7	2.5

从城市儿童来看，44.3%的城市儿童主要通过“日常感受”获得人体生病的前科学概念。“大人讲授”和“电视网络”并列第二位，占比21.5%。处于第三位的是“猜测”，占比6.3%。“阅读书籍”排第四，占比3.8%。

对于农村儿童而言，高居第一位的是“日常感受”，56.3%的农村儿童主要通过“日常感受”获得人体生病的前科学概念。其次是“大人讲授”，占比21.3%。“电视网络”排在第三位，占比10.0%。“猜测”排在第四位，占比5.0%。“不知道”排第五，占比3.8%。

卡方检验表明，幼儿关于人体生病的前科学概念获得方式城乡差异不显著，$\chi^2=5.795$，$df=6$，$P>0.05$。

五 幼儿关于死亡的前科学概念获得方式

（一）幼儿关于动物死亡的前科学概念获得方式

由表6—10可知，从全体儿童来看，“日常感受”（32.1%）、“电视网络”（22.6%）和“大人讲授”（20.8%）是儿童获得动物死亡前科学概念的三种最主要方式，接下来依次为“猜测”“阅读书籍”“同伴交流”“不知道”。

从城市儿童来看，30.4%的城市儿童主要通过“日常感受”获得动物死亡的前科学概念。“电视网络”列第二位，占比26.6%。处于第三位的是“大人讲授”，占比22.8%。“猜测”排第四，占比12.7%。“阅读书籍”列第五位，占比5.1%。

表6—10 城乡幼儿关于动物死亡前科学概念获得方式的比较

		日常感受	阅读书籍	电视网络	大人讲授	同伴交流	猜测	不知道
城市	计数	24	4	21	18	1	10	1
	%	30.4	5.1	26.6	22.8	1.3	12.7	1.3
农村	计数	27	5	15	15	6	8	4
	%	33.8	6.3	18.8	18.8	7.5	10.0	5.0
合计	计数	51	9	36	33	7	18	5
	%	32.1	5.7	22.6	20.8	4.4	11.3	3.1

对于农村儿童而言，高居第一位的是“日常感受”，33.8%的农村儿童主要通过“日常感受”获得动物死亡的前科学概念。“大人讲授”和“电视网络”并列第二，占比18.8%。“猜测”排在第三位，占比10.0%。“同伴交流”排第四，占比7.5%。

卡方检验表明，幼儿关于动物死亡的前科学概念获得方式城乡差异不显著，$\chi^2=7.148$，$df=6$，$P>0.05$。

（二）幼儿关于植物死亡的前科学概念获得方式

由表6—11可知，从全体儿童来看，“日常感受”（44.7%）、“大人

讲授”（19.5%）和“电视网络”（18.2%）是儿童获得植物死亡前科学概念的三种最主要方式，接下来依次为“猜测”“阅读书籍”“同伴交流”“不知道”。

表 6—11　　城乡幼儿关于植物死亡前科学概念获得方式的比较

		日常感受	阅读书籍	电视网络	大人讲授	同伴交流	猜测	不知道
城市	计数	32	2	18	16	0	10	1
	%	40.5	2.5	22.8	20.3	0	12.7	1.3
农村	计数	39	4	11	15	3	7	1
	%	48.8	5.0	13.8	18.8	3.8	8.8	1.3
合计	计数	71	6	29	31	3	17	2
	%	44.7	3.8	18.2	19.5	1.9	10.7	1.3

从城市儿童来看，40.5% 的城市儿童主要通过“日常感受”获得植物死亡的前科学概念。“电视网络”列第二位，占比 22.8%。处于第三位的是“大人讲授”，占比 20.3%。“猜测”排第四，占比 12.7%。“阅读书籍”列第五位，占比 2.5%。

对于农村儿童而言，高居第一位的是“日常感受”，48.8% 的农村儿童主要通过“日常感受”获得植物死亡的前科学概念。其次是“大人讲授”，占比 18.8%。“电视网络”排第三位，占比 13.8%。“猜测”排第四，占比 8.8%。“阅读书籍”列第五位，占比 5.0%。

卡方检验表明，幼儿关于植物死亡的前科学概念获得方式城乡差异不显著，$\chi^2 = 6.602$，$df = 6$，$P > 0.05$。

（三）幼儿关于人体死亡的前科学概念获得方式

由表 6—12 可知，从全体儿童来看，“电视网络”（42.1%）、“大人讲授”（27.0%）和“日常感受”（14.5%）是儿童获得人体死亡前科学概念的三种最主要方式，接下来依次为“猜测”“阅读书籍”“同伴交流”“不知道”。在关于人体死亡的前科学概念获得方式中，“电视网络”位居第一，占比高达 42.1%，显得极为突出。这可能是因为幼儿较少亲身经历人的死亡现象，即使有亲人逝世，大人也会刻意让幼儿回避。相反，电视、网络媒体和电子游戏中充满了暴力和战争题材，里面有大量的死亡场景，强烈地影响着幼儿的死亡认知。“大人讲授”位居第二，“日常感受”位居第三，两者的占比相差较大，这可能表明成人不再忌讳与幼儿讨论死亡，但比较忌讳让幼儿亲历死亡。

表6—12　　城乡幼儿关于人体死亡前科学概念获得方式的比较

		日常感受	阅读书籍	电视网络	大人讲授	同伴交流	猜测	不知道
城市	计数	11	2	30	26	0	9	1
	%	13.9	2.5	38.0	32.9	0	11.4	1.3
农村	计数	12	4	37	17	2	8	0
	%	15.0	5.0	46.3	21.3	2.5	10.0	0
合计	计数	23	6	67	43	2	17	1
	%	14.5	3.8	42.1	27.0	1.3	10.7	0.6

从城市儿童来看，38.0%的城市儿童主要通过“电视网络”获得人体死亡的前科学概念。“大人讲授”列第二位，占比32.9%。处于第三位的是“日常感受”，占比13.9%。“猜测”排第四，占比11.4%。“阅读书籍”列第五位，占比2.5%。

对于农村儿童而言，46.3%的农村儿童主要通过“电视网络”获得人体死亡的前科学概念。其次是“大人讲授”，占比21.3%。“日常感受”排在第三位，占比15.0%。“猜测”排第四，占比10.0%。“阅读书籍”列第五位，占比5.0%。

卡方检验表明，幼儿关于人体死亡的前科学概念获得方式城乡差异不显著，$\chi^2=6.378$，$df=6$，$P>0.05$。

总体而言，“日常感受”“电视网络”“大人讲授”“猜测”是幼儿生命科学领域前科学概念的四种最主要获得方式，“阅读书籍”“同伴交流”两种获得方式的占比偏低。在农村儿童所有生命体类型各种生命现象的前科学概念获得方式中，日常感受都高居第一，占比非常大，作用非常明显。只有人体死亡认知例外，这说明电视、网络媒体和电子游戏强烈地影响着幼儿对人体死亡的认知。

幼儿前科学概念的获得方式既受到生命体类型的影响，也受到生命现象类型的影响。对于动物遗传、植物遗传、动物生长和植物生病，幼儿前科学概念的获得方式城乡差异显著，农村幼儿更多是通过直接经验，城市幼儿更多是通过间接经验获得这些前科学概念的。对于植物生长、植物死亡、动物生病和动物死亡而言，幼儿的前科学概念获得方式城乡差异不显著。对于人体的各种生命现象而言，幼儿的前科学概念获得方式城乡差异不显著。

第二节 幼儿教师科学课程实施的影响

科学素养的形成是一个渐进的发展过程，正规教育应该在科学素养的培养中起到基础性作用。美国 2061 计划、《科学素养的基准》以及《科学素养导航图》明确规定科学素养“从幼儿科学启蒙开始”。我国《3—6岁儿童学习与发展指南》表明，幼儿科学教育要激发幼儿亲近自然，支持幼儿科学探究，培养儿童初步的科学探究能力，要在探究活动中发展幼儿关于自然和生命的初级概念。例如，生物独特性与多样性，生物的生长变化与生长条件，生物与环境的适应关系，自然与人类的生态关系，生物的外形特征与适应功能，珍惜环境与保护生命，生物的繁殖、生长与死亡。[①]

从应然的层面来看，教师是正规学前教育中影响幼儿发展的重要因素，教师实施科学课程的效能对幼儿科学概念的发展以及科学素养的形成具有重要意义。本书编制并且使用《幼儿生命科学教育教师自评问卷》，结合实地观察和访谈调查，以此研究幼儿教师科学课程实施的情况及其对幼儿前科学概念的影响。

一 幼儿生命科学教育教师自评分数的学历差异显著

在参与问卷调查的 136 名幼儿教师中，初中学历教师 17 名，高中、中师或中专教师 61 名，大专教师 41 名、本科教师 17 名。从均值的趋势图来看，幼儿教师生命科学教育自评分数随学历升高而增长（见图 6—1）。

单因素方差分析发现，幼儿生命科学教育教师自评分数在教师学历变

① 中华人民共和国教育部：《3—6 岁儿童学习与发展指南》（http：//www. moe. edu. cn/publicfiles/business/htmlfiles/moe/s3327/201210/xxgk_143254. html）。

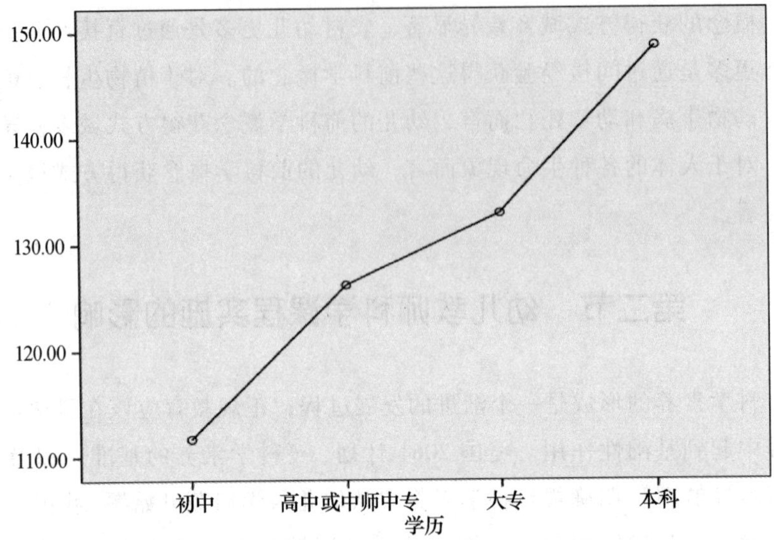

图6—1 不同学历的教师对幼儿生命科学教育的自评均值

量上差异显著，$F(3, 132) = 5.170$，$P < 0.01$。LSD事后两两检验发现，初中学历与高中、中师或中专学历之间，高中、中师或中专学历与大专学历之间，大专学历和本科学历之间，教师自评分数差异没有达到统计学意义的显著水平。初中学历与大专学历之间、初中学历与本科学历之间、高中学历与本科学历之间，两两差异显著。

表6—13 不同学历的教师对幼儿生命科学教育的自评分数两两比较

	高中、中师或中专	大专	本科
初中	-14.48409	-21.27977*	-37.05882**
高中、中师或中专		-6.79568	-22.57473**
大专			-15.77905

注：表中数字为行减列的均值差。* 表示 P<0.05，** 表示 P<0.01，*** 表示 P<0.001。

二 教师自评总分城乡差异显著，但幼儿前科学概念总体水平城乡差异不显著

T检验表明，教师的生命科学教育自评总分城乡差异显著（$T = 3.491$，$df = 132$，$P < 0.01$）。从教师的自我评估来看，城市教师的

生命科学课程实施情况明显好于农村教师。但是，幼儿前科学概念的总体水平城乡差异不显著（$T=1.483$，$df=157$，$P>0.05$）。因此表明，教师实施生命科学教育的城乡显著差异对幼儿前科学概念的总体水平没有产生相应的显著差异。这种结论看似矛盾，其实是可以解释的。可能的两个重要解释如下。

（一）幼儿前科学概念的获得方式是多元的

幼儿可以通过日常感受、电视网络、幼儿园课程以及自发学习等多种方式获得前科学概念，前科学概念不一定是教师有意教育的结果。农村幼儿有更多的机会亲近自然，与家庭成员一起参加饲养动物和种植植物的活动，使农村儿童能够获得比城市儿童更为丰富的生命科学经验。电视网络媒体在农村的辐射面和影响度也比以前更为便捷和深刻，农村儿童也可以通过电视网络媒体等方式获得较多的科学知识。日常感受、电视网络以及自发学习等获得方式的实际作用在一定程度上降低或补偿了教师在幼儿科学教育上的差异。

布朗芬布伦纳（Bronfenbrenner，1979）的生物生态学理论将儿童所处的环境分为"微小系统、中间系统、外部系统、宏大系统、动态变化系统。微小系统指儿童自身以及儿童日常生活中紧密联系的重要他人，如父母、同伴、教师等；中间系统指微小系统的互动；外部系统指影响微小系统的更大的社会组织；宏大系统指社会制度和价值体系等；动态变化系统指前面四大系统的互动"。①

生态系统理论表明，儿童的科学概念发展不是由成人的有意教育这个单个因素独立决定的，而是受很多因素的复杂作用制约。日常感受是儿童前科学概念的最主要获得方式，儿童的日常生活以潜移默化的方式影响着儿童的主动建构。问卷调查也表明，日常感受、电视网络媒体、大人讲授、同伴交往和个人猜测都是幼儿前科学概念获得的重要方式。

需要说明的是，这种表面上的矛盾现象并不能否定教师实施科学课程的作用，只是前科学概念获得方式的多元才使得教师的作用表现的并不明显，使城市幼儿的前科学概念水平优势在当前阶段不显著，但教师的作用

① 盖笑松、张婵：《走向生态化的儿童研究：聚焦中国儿童成长环境》，《东北师范大学学报》（哲学社会科学版）2005 年第 4 期。

还是存在的。虽然幼儿对生命现象认知总体水平的城乡差异没有达到统计学意义上的显著性，但是研究表明，城乡差异还是存在的，随着幼儿年龄的增长，城乡差异有逐步拉大的趋势。在4—5岁年龄段，城乡儿童的前科学概念水平差异并不大，$M_{城市}=14.43$，$M_{农村}=14.05$；但是到了5—6岁年龄段，城乡儿童的前科学概念水平差异在逐步拉大，$M_{城市5-6}=19.31$，$M_{农村5-6}=17.32$。随着年龄的发展，儿童前科学概念水平的城乡差异逐步扩大，事实表明，城市教师实施科学课程的影响作用还是有的，只是暂时还不明显，随着儿童年龄的增长，这种影响作用可能会越来越大。

（二）教师对幼儿的科学课程实施效能有待改进

农村教师的学年课程计划、学期课程计划和周课程计划中很少专门设置科学课程，偶尔会在幼儿健康教育领域渗透一些生命科学课程，农村幼儿园课程内容重点还是拼音、识字和算数，教学重点还是在于读写教学。相比而言，城市幼儿园从课程计划的制订、教学方案的设计和教育活动的实施来看，尽管也存在课程结构失衡和生命科学教育内容缺失的问题，但还是为幼儿生命科学教育留下了一点的空间。也就是说，与农村教师相比，城市教师对幼儿的科学教育确实投入了更多的课程结构比例。

调查问卷也表明，生命科学教育教师自评总分城乡差异显著。既然如此，为什么幼儿前科学概念总体水平城乡差异不显著，换句话说，为什么城市教师实施生命科学课程的教育投入没有使城市幼儿对生命现象的认知水平表现出明显优势呢？针对这种矛盾现象，研究者进一步进行了观察和访谈。通过访谈和观察发现，幼儿前科学概念获得方式是多元的，幼儿前科学概念的多元获得方式补偿了农村教师在科学课程实施上的缺失。实地研究发现，城市幼儿生命科学教育其实有很多不足，种种缺失使得教师对幼儿科学概念发展的影响作用减弱。这些不足主要包括教师科学素养偏低，科学教育效能不足；教师过于重视成果的展示，幼儿主动参与的探究过程很少；幼儿的前科学概念缺乏科学诊断，他们的科学探究过程缺乏有效引导。有的教师为了形象地解释概念，不当地采用类比的方法进行讲解，使儿童形成迷思概念，例如，精子里面有小蝌蚪，卵子就是一朵花等。

在研究者调查期间，一所城市幼儿园恰好有一位教师以“植物”为主题实施科学教育活动。在研究者来到这所幼儿园之前，为了主题活动的开展，这位教师给幼儿和家长布置了任务：幼儿要和家长一起搜集植物种子，一起播种和照料植物，两个月之后幼儿要把种植的植物盆栽带到幼儿园展示，在全班同学面前分享种植的知识、经验与发现。当研究者来到这所幼儿园调查时，恰好有机会现场观察这位老师的教育活动。多数小朋友很得意地捧上了自己从家里带来的盆栽，但当小朋友分享植物种植的情况时，很多小朋友可分享的内容并不多，他们知道植物能够长大，植物要喝水。但是，他们既不熟悉种植过程，也不太熟悉自己所种植的植物，不知道种子是从哪里来的，不知道植物是用什么部位喝水的，不知道怎样的照料才可以使植物长得更好，很少有幼儿谈到植物生长的向光性、向水性和向肥性，很少有幼儿能够谈到植物的种类、器官、功能与特征，这次主题活动在很大程度上未能达到教师预期的课程目标。

对幼儿的访谈也表明幼儿并没有从这个主题活动中获得丰富的知识经验。进一步访谈发现，很多幼儿并没有很好地参与播种、种植和照料植物的活动，多半是家长直接包办代替，甚至很多家长直接从市场上购买盆栽。为什么家长不按照教师的要求做呢？家长给出的回答有“这样简单、方便、美观、体面”，“反正教师也不会知道是不是孩子参与种植的”，“老师布置的任务太麻烦，难度太大，幼儿达不到”，“教师布置的这个任务，意义不大，小孩子要学的东西很多，没必要在种植上面花时间”。

其实，教师可以和幼儿一起在幼儿园开展种植活动，而不只是让幼儿展示在家里的种植成果，在幼儿园集体参与种植和探索活动很可能取得更好的效果。把种植过程以任务的形式布置给幼儿和家长，很可能出现家长包办代替的情况。其实教师也许能够预料到这种任务的执行异化情况。但可能出于种种原因，幼儿教师还是这样做了，估计这样对教师而言也是更为方便和体面的。当然，幼儿园科学课程实施的时间、条件和资源限制，教师自身科学素养偏低，以及教师的科学教学效能感不足，等等，也同时限制了教师科学课程的有效实施。

总之，科学课程价值很内隐，很多教师没有充分认识到科学课程对幼儿发展的重要意义，被迫迎合家长，突出识字算数、艺术课程和特色课程。教师自身科学素质和科学教学效能偏低，加之缺乏科学课程资源和家长的不支持，使幼儿科学课程难以有效实施。幼儿健康领域课程会渗透一些关于人体生长和健康的内容，是幼儿生命科学知识的来源之一，但很少涉及动植物的生命现象。尽管如此，由于幼儿自身的认知潜能、日常感受和电视网络媒体等多元获得方式的影响，幼儿的前科学概念还是比较丰富的，并且能够达到一定的深度，但充满了大量的迷思概念。

第三节　家庭对幼儿前科学概念的影响

家长与孩子天然的血缘关系，以及在日常生活中与儿童的亲密相处，使家长有可能成为影响儿童发展的一个重要因素。研究儿童前科学概念的影响因素必然涉及孩子的家庭环境。家庭对幼儿的科学教育以及家庭背景可能影响幼儿的前科学概念。通常情况下，家庭背景包括父母的学历、职业、经济收入水平、居住地、主要抚养人等。基于此，本书通过《幼儿生命科学教育家长自评问卷》调查家长对幼儿的生命科学教育情况，研究家长学历、职业、家庭经济收入、主要抚养人等家庭背景变量对幼儿前科学概念的影响。

一　幼儿生命科学教育家长自评总分与幼儿前科学概念总体水平相关不显著

相关分析表明，幼儿生命科学教育家长自评总分与幼儿前科学概念总体水平相关系数：$R=0.009$，$P>0.05$，相关不显著。虽然幼儿生命科学教育家长自评总分城乡差异显著（$T=2.667$，$P<0.05$，$df=149$），但是幼儿前科学概念总体水平城乡差异不显著（$T=1.483$，$df=157$，$P>0.05$）。可能的解释有两点。

其一，幼儿前科学概念获得方式具有多元性。对幼儿前科学概念获得方式的访谈表明，幼儿前科学概念的获得方式是多元的，日常感受、电视网络以及自发学习等多种方式都可能是前科学概念获得的重要来源，前科学概念不一定是家长有意教育的结果。日常感受、电视网络以及自发学习等获得方式的实际作用在一定程度上降低或补偿了家长有意识的对幼儿进行生命科学教育的差异。儿童的成长环境已经从幼儿园和家庭扩展到社会和媒体，家长对儿童前科学概念的影响可能会受到其他因素的干扰和冲淡。

其二，家长对幼儿生命科学教育的自评主要还是体现在家长对幼儿有目的和有意识的科学教育情况。家长对幼儿的生命科学教育情况的自评在很大程度上是在已经意识到自己是在对幼儿进行科学教育的前提基础上表现出来的。可能有些父母，尤其是农村儿童的父母，会在生活中无意识地对幼儿进行生命科学教育，在共同参与的饲养和种植等农业活动中父母可能无意识地通过潜移默化的形式影响幼儿的前科学概念。

二 父母学历不同组别的幼儿前科学概念水平差异显著

西方学者最近研究表明，文化环境、家庭组织特征等因素影响儿童的生物学概念发展。文化资本高和科学素养高的家庭对科学现象和科学概念的讨论能够促使儿童前科学概念的水平有更好的表现①，相对而言，学历高的父母科学素养也较高，他们可能会在生活中潜移默化地对幼儿科学概念的发展起到有益的影响。本书发现，与西方学者的研究结论一致，父母学历对幼儿前科学概念水平有显著影响，父母学历不同，其子女的前科学概念水平差异显著。

表6—14 母亲学历不同组别的幼儿前科学概念水平比较结果

	初中	高中、中师或中专	大专	本科及以上
小学或小学以下	-1.03030	-3.25758*	-3.28671*	-3.69697**
初中		-2.22727*	-2.25641*	-2.66667*
高中、中师或中专			-0.02914	-0.43939
大专				-0.41026

注：表中数字为行减列的均值差。* 表示 P<0.05，** 表示 P<0.01，*** 表示 P<0.001。

如表6—14，159名母亲中，22人为小学及小学以下学历，54人为初中学历，33人是高中、中师或中专学历，26人为大专学历，本科及以上学历者24名。单因素方差分析表明，母亲学历不同组别的幼儿前科学概念水平差异显著，$F(4, 154) = 3.318$，$P < 0.05$。LSD两两检验表明，

① Ross N., Medin D., Coley J. D., Atran S., "Cultural and experiential differences in the development of folkbiological induction", *Cognitive Development*, Vol. 18, No. 1, 2003.

小学或小学以下母亲学历与初中学历，两个组别的幼儿前科学概念水平差异不显著。母亲学历为高中、中师或中专，大专和本科及以上组别之间差异不显著。小学及小学以下母亲学历，分别与高中、中师或中专，大专和本科及以上的母亲学历组别之间，小孩的前科学概念得分差异显著。母亲为初中学历，分别与高中、中师或中专，大专和本科及以上的学历组别之间，小孩的前科学概念得分差异显著。

如图6—2可知，幼儿前科学概念水平随母亲学历的上升而上升。如果母亲的学历在初中或初中以下，其子女的前科学概念水平明显低于母亲学历为高中及高中以上的小孩。当母亲学历达到高中或高中以上时，母亲学历的影响趋缓。可能的原因是，母亲的科学素养受学历影响而具有某些特点。中国公众科学素养调查的结论可以间接证明这种假设："高中或中专"文化程度的公众具备科学素养的比例上升最快，从高中或中专以上，随着受教育程度的升高，其科学素养的增长幅度却是在明显下降。[①]

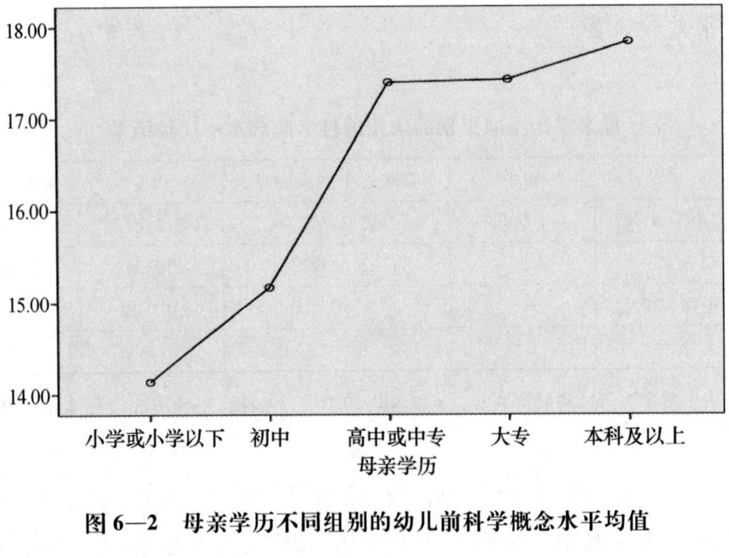

图6—2 母亲学历不同组别的幼儿前科学概念水平均值

如表6—15所示，从父亲的学历来看，13人为小学及小学以下学历，

① 谭小琴：《从公众科学素养看科学全球化中的中国教育》，《自然辩证法研究》2008年第12期。

55人为初中学历，32人是高中、中师或中专学历，27人为大专学历，本科及以上学历者31人。方差分析表明，父亲学历不同组别的幼儿前科学概念水平得分差异显著，$F(4, 153) = 3.641$，$P < 0.01$。LSD两两检验表明，小学及小学以下学历，分别与初中，高中、中师或中专，大专和本科及以上的父亲学历组别，小孩的前科学概念得分差异显著。其余的父亲学历组别之间，幼儿前科学概念水平差异不显著。

表6—15　　父亲学历不同组别的幼儿前科学概念水平比较结果

	初中	高中、中师或中专	大专	本科及以上
小学或小学以下	-4.24476**	-4.65385**	-5.48718**	-5.54094**
初中		-0.40909	-1.24242	-1.24242
高中、中师或中专			-0.83333	-0.88710
大专				-0.05376

注：表中数字为行减列的均值差。* 表示 P<0.05，** 表示 P<0.01，*** 表示 P<0.001。

对于初中及初中以上的父亲学历组别，尽管幼儿的前科学概念水平得分差异不显著，但是从均值图6—3依然可以看出，幼儿前科学概念水平随父亲学历的上升而上升，只是上升幅度趋缓。父母的科学素养可能在日常生活中以潜移默化的形式影响幼儿的前科学概念，父亲学历越高，他们的科学素养相应的增高，更可能在日常生活中对幼儿施加有益的影响。中国公民科学素养调查可以提供间接的证据：在固定年龄、城乡变量之后，受教育水平对科学素养的影响程度最高，通过学校教育，公民可以获得科学知识和科学概念，对科学研究过程也有一定程度的理解。①

父母的学历最能体现家庭文化资本，家庭文化资本是持续有力的影响因素，尽管学历高的父母未必有目的和有意识地对幼儿实施正式的生命科学教育，但家庭文化资本的影响仍能以某种方式体现，父母学历越高，他们在日常生活中越可能对幼儿的前科学概念施加有益的影响。

① 任磊、张超、何薇：《中国公民科学素养及其影响因素模型的构建与分析》，《科学学研究》2013年第7期。

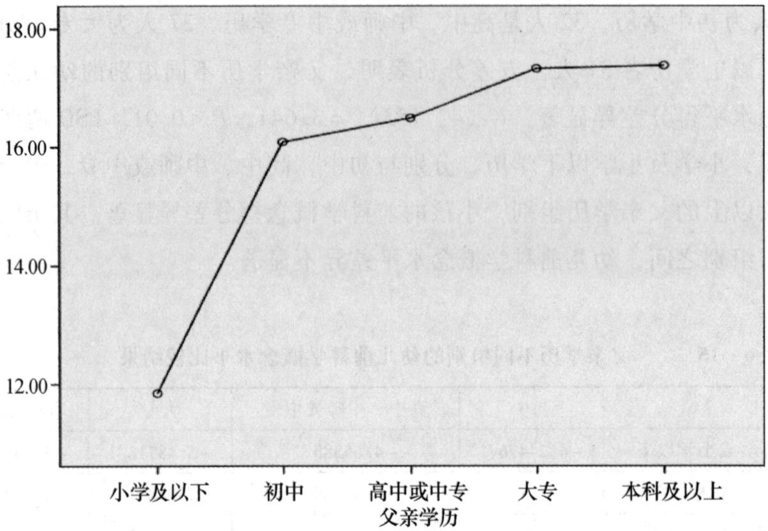

图6—3　父亲学历不同组别的幼儿前科学概念水平均值

三　父母职业不同组别的幼儿前科学概念水平差异不显著

按照通常的划分方式，调查问卷将父母职业分为六类：机关单位工作人员、事业单位工作人员、企业工作人员、自由职业者、农民、其他。单因素方差分析表明，母亲职业不同组别的幼儿前科学概念水平差异不显著，$F(5, 153)=0.932$，$P>0.05$。父亲职业不同组别的幼儿前科学概念水平差异同样不显著，$F(5, 153)=0.894$，$P>0.05$。

虽然父母的职业差异不会对幼儿前科学概念水平造成统计学意义上的显著差异。但是在访谈中我们发现，当父母的职业与生命科学紧密相关的时候，例如医生和生物教师，幼儿对生命现象的前科学概念水平是很高的。因为医生和生物教师样本量很少，问卷中没有将其分为单独的一类，未能进行数据分析，但是可以推测可能某些特殊职业的父母在生活中会对幼儿的科学认知产生影响。

四　家庭经济收入不同组别的幼儿前科学概念水平差异不显著

单因素方差分析表明，家庭经济收入不同组别幼儿的前科学概念水平差异不显著，$F(3, 143)=1.678$，$P>0.05$。虽然从一般的意义上看，经济收入高的家庭可能为小孩接受更好的教育提供更好的物质保证和智力支持，但是我们也需要看到，这种可能性不一定能够转化为现实性，还受到父母教育理念和教育方式的影响，在某些特殊领域，幼儿的科学认知可能与家长经济收入不相关。进一步的访谈表明，经济收入高的家庭没有比经济收入低的家庭更重视幼儿科学教育，家长普遍重视的是拼音、识字、算数、跳舞、唱歌、弹琴等。很多家长在幼儿舞蹈、绘画和声乐上投入了很多的金钱和时间，不管家庭收入高低与否，家长在幼儿生命科学教育中的投入都偏低。由于科学教育的发展价值很内隐，并且很难短时间内体现出来，家长忽视科学教育成为一种比较普遍的现象。相关分析也表明，家庭经济收入与幼儿生命科学教育家长自评总分相关不显著，皮尔逊相关系数为 $R=0.075$，$P>0.05$。

五　主要抚养人不同组别的幼儿前科学概念水平差异显著

描述统计表明，159名幼儿家长中，父亲为主要抚养人的为7人，母亲为主要抚养人的为98人，祖父母或外祖父母为主要抚养人的幼儿为54人，幼儿家庭教育存在严重的父教缺失现象。鉴于父亲为主要抚养人的数据量太少，不适合做单因素方差分析，我们选择T检验探查母亲为主要抚养人和（外）祖父母为主要抚养人两种情形下的幼儿前科学概念水平差异。T检验表明，母亲为主要抚养人的幼儿前科学概念水平显著高于（外）祖父母为主要抚养人的幼儿，$T=2.619$，$df=150$，$P<0.05$。主要原因可能一方面在于学历的中介影响，母亲的学历比（外）祖父母的学历更高，母亲的科学素养比（外）祖父母的科学素养相应地也更高。中国公民科学素养调查也表明，年龄较大公民的科学素养水平要低于年轻人，年龄较大的公民总体受教育程度低于年轻人，他们获取科技知识的有效性和能力要低于年轻人。[①] 另一方面，也可能是因为主要抚养人教养方式的不同，（外）祖父母更为注重对幼儿的生活照顾，母亲更为注重幼儿的学习与发展。

---

① 任磊、张超、何薇：《中国公民科学素养及其影响因素模型的构建与分析》，《科学学研究》2013年第7期。

第四节　幼儿自身特点的影响

生活经验可能源于外界环境的作用，也可能源于儿童自身，因为在成长的过程中，儿童会选择、修正、创造自己的环境和经验。而儿童选择、修正、创造环境和经验的方式又取决于他们自身的身体、智力、人格特点和外部环境等因素。[①] 前科学概念是幼儿对生活世界的主动建构。前科学概念不仅受到教师和家长等外部环境的影响，幼儿自身特点对前科学概念的水平和特征也有重要影响，其中包括三个重要的方面：儿童科学思维的特征、儿童的知识经验和儿童的认知潜能。

一　幼儿科学思维的特征

科学教育学者常把幼儿视为直觉的科学家，这种观点把幼儿的前科学概念比喻为内隐的朴素理论。儿童在生活中形成的前科学概念也是由一组相互联系的因果解释原则建构而成，如同理论一样帮助儿童理解和预测生活经验。[②]

儿童的科学思维表现出三个方面的特征。首先，幼儿容易受到理论的束缚，不能区分理论和证据。幼儿常常基于自己的信念推理出应然假设，并且把这种显得合理的应然理论与基于观察证据才能得出的实然结论相混淆。当证据与幼儿所持的理论不一致时，幼儿要么忽视不一致的证据，要么选择性地注意部分证据，或者歪曲部分证据。为了得出适合自己的朴素理论，幼儿会根据自己所偏好的理论对证据进行加工。[③] 有些幼儿能够意识到植物和动物一样需要食物才能生长，但又不知道植物自身能够通过光合作用生成食物，在此矛盾之下，当面对访谈者追问“植物为什么能够长大”之时，他们会回答说：“植物会吃鱼、吃肉。”有的幼儿不能意识到植物是通过根吸收养分，会回答说：“植物会长嘴巴，他们的嘴巴晚上

---

① 张向葵：《发展心理学》，教育科学出版社 2012 年版，第 15—16 页。

② J. H. 弗拉维尔、P. H. 米勒、S. A. 米勒：《认知发展》，华东师范大学出版社 2002 年版，第 153—158 页。

③ 佟秀丽、莫雷：《国外儿童科学思维发展的新探索》，《心理科学》2005 年第 4 期。

会张开来吃东西，到了白天又会藏起来，所以我们看不到植物的嘴巴”；有的幼儿看到雨水落在植物的叶子上，他们就认为叶子是植物的嘴巴，植物是用叶子喝水的。

其次，儿童往往受到资料的束缚。由于生活经验有限，信息加工容量不足，科学探究能力比较缺乏，幼儿常常受到资料的束缚。他们难以意识到证据的不充分和反例的存在，偏向于关注最近的证据或者局部证据。幼儿难以意识到自己的信念在一些情形中可行，但在另一些情境中则不行。他们很难理解在科学探究中既要寻找肯定证据，也要寻找否定证据，以检验各种备择假设。例如，幼儿在生活中接触的生物多是常态生长，幼儿形成的朴素理论认为“所有生物的生长都是常态生长，成体和幼体都是一样的，只是大小不同”。正因如此，部分幼儿判断，“小蝌蚪长大后是大蝌蚪，有尾巴没有腿”。再如，儿童在生病的时候，经常的情况是病毒性感冒，大人在教育小孩要讲卫生时，也是提醒幼儿“洗手可以防止细菌感染”。于是幼儿形成的朴素理论认为“所有的细菌都是有害的”，他们还不知道有些细菌对人体是有益的。

最后，儿童需要理论，还离不开理论。除非新的理论比幼儿原来持有的理论更能为幼儿所理解，更有解释力和合理性，除非不一致的证据积累得越来越多，使幼儿不得不承认，否则，幼儿不愿意放弃原来持有的不科学的理论。[①] 大多数幼儿对动物的概念认知比生物学家的界定更狭隘，只是将颈椎动物归为动物，或者根据生物的躯体外表、栖息地、是否凶猛、腿的数量判断某一个生物是不是动物。很多幼儿难以理解蜜蜂既是昆虫也属于动物。对于植物概念，幼儿的定义也比生物学家的理解更为狭隘，他们常常难以承认树木、水果、蔬菜以及小草都是植物。有些儿童很难理解植物的生长要素来自水和空气，植物不是从外界直接摄取食物，而是在有机体内部合成食物，只有理解这一点，才能认知植物生长的基本前提。

二　幼儿的知识经验

年长儿童与年幼儿童之间的差别，常常反映在具体内容知识上的差

---

① J. H. 弗拉维尔、P. H. 米勒、S. A. 米勒：《认知发展》，邓赐平译，华东师范大学出版社 2002 年版，第 153—158 页。

异。在很多领域内，幼儿的知识经验非常有限，知识经验的不足限制了他们的概念和推理水平。儿童的各种概念不可能是在同一个水平上，在知识经验相对丰富的特殊领域，儿童具有较高的概念认知和推理水平，幼儿的朴素生物学和朴素物理学研究就是很好的证明。①

幼儿认知生命现象的前科学概念可能是以他们的事实性知识为基础，基本事实性知识的获得是儿童概念发展的关键前提，只有具备了基本的事实性知识，儿童才能对生命过程做出适当的推理，儿童的科学经验越丰富多样，越有利于科学概念的发展。以遗传概念为例，斯普林格②认为，如果要理解遗传现象，儿童必须先具备 3 个基本的事实性知识：胎儿在母亲的肚子里生长，在母亲体内的生长有利于隔离外界影响，胎儿与母体的连接会促进特征的传递。

人教版小学二年级下学期语文有一篇故事《画家与牧童》，讲述的是唐朝一位小牧童指出大画家戴嵩所作《斗牛图》的不合理之处。当时很多成人正在称赞大画家戴嵩临场发挥所作的《斗牛图》，小牧童却勇敢地指出其中的错谬之处："两牛相斗之时，全身力气集中于牛角，牛尾巴是夹在后腿中间的，画中的牛尾巴在左右摇摆，那是牛在用尾巴驱赶蚊蝇。"戴嵩颇感惭愧，从那天起，不管春夏秋冬，他经常深入放牛的地方，仔细观察牛的姿态神情，了解牛的生活习性。《画家与牧童》的故事告诉我们一个深刻的道理：实践出真知，真知源于生活，科学认知具有领域特殊性，即使是儿童，如果拥有丰富的知识经验，也可以达到较高的科学认知水平。即使是大人或者名人，如果是门外汉，由于缺乏特定领域的知识经验，他们的科学认知水平也可能偏低。在科学探究中，儿童不必盲从权威，要敢于实事求是。

稻垣③对有过较长时间饲养金鱼经历的 5 岁儿童和从来没有饲养过任何动物的同龄幼儿进行了比较，有过饲养经历的幼儿对金鱼拥有更丰富的

---

① J. H. 弗拉维尔、P. H. 米勒、S. A. 米勒：《认知发展》，邓赐平译，华东师范大学出版社 2002 年版，第 158 页。

② Springer K.，"Young children's understanding of a biological basis for parent-offspring relations"，*Child Development*，Vol. 67，No. 6，1996.

③ Inagaki，K.，"The effects of raising animals on children's biological knowledge"，*British Journal of Developmental Psychology*，Vol. 8，No. 2，1990.

事实性、程序性和概念性知识。更有趣的是，饲养过金鱼的幼儿能将他们关于金鱼的知识类推至他们从来没有饲养过的陌生的水生动物，从而做出有解释力的合理的预测。例如，当研究者询问儿童，“是否可以将一只小青蛙永远放在一个尺寸不变的小水槽里?”有过金鱼饲养经验的幼儿回答说：“不，和金鱼一样，小青蛙将越长越大，我的金鱼起初很小，现在长的很大了。”总之，有过养殖经验的幼儿拥有丰富的前科学概念，这将帮助幼儿对生物现象进行归纳和推理，为以后的科学学习打下认知基础。

以在家饲养动物为例，儿童很可能在生活情境中从有丰富养殖经验的长辈和兄弟姐妹那里获得内隐知识。模仿长辈和分享式注意[①]可以引导幼儿注意和选择，因此，幼儿能够迅捷地学习其中的程序性知识。儿童从主动参与的养殖活动中还能够学到与生物有关的概念性知识和心智模型。为了更好地照管动物，长辈还经常以幼儿能理解的方式向幼儿解释照顾动物所涉及的一些生物科学知识。养殖生物所用到的工具和指导手册也会引导儿童的注意、解释和行为。例如，鱼缸和笼子可能暗示了生物需要得到怎样的照料，特殊的食物表明照料生物需要遵循一定的程序和标准，只有获得某些特定知识后父母才会授权幼儿照料生物。[②]

在“正式的科学教育”方面，或者在间接的科学经验方面，城市幼儿比农村幼儿有更多的优势可言。但是，相对而言，在种植农作物和饲养动物等“非正式的科学教育”方面，农村幼儿也有其相对的优势，他们拥有更多的亲近动植物的直接经验。这种直接经验为幼儿自发形成前科学概念提供了另一种方式。在种植和饲养的直接经验中，幼儿有机会观看植物播种以后的生长过程，比较在不同环境下生物的生长状况，观察植物的选种、结果和繁殖，小心保护植物免受杂草和虫子的侵害，体验阳光、温度、水分、肥力和种植密度的影响，感受动植物从生产者到消费者的整个过程。

---

① 模仿长辈和分享式注意是指两个人与事件或物品之间，在分享注意或是在确认对方信息时所使用的能力，也就是儿童能够注意他人正在注意的事物，或是通过行为可以与他人分享自己所感兴趣的事物。

② Giyoo Hatano, Kayoko Inagaki, "Domain-specific constraints of conceptual development", *International Journal of Behavioral Development*, Vol. 24, No. 3, 2000.

三 幼儿的认知潜能

领域特殊性理论同时也承认先天条件的作用。在面对丰富的复杂的环境时，儿童对环境中丰富的信息何以能够选择性注意、分析和编码，以及如何从众多解释环境事件的备择假设中选择一个合适的假设？多数发展心理学家认为，要解释儿童何以具有如此巨大的学习潜能，就必须承认儿童具有某种先前条件帮助儿童注意目标的特殊方面以及遵守一系列限制性假设。然而，学术界对这些先前约束条件的产生机制还存在争论，主要分为先天论和突发论。

先天论[①]认为，儿童先天具有认知模型，这些认知模型以领域特殊性的形式组织，构成特殊领域知识的核心理论。先天模块论从进化论视角提出，先天模块对所有领域的认知发展都是极其重要的，我们人类之所以有能力学习、理解和解决问题，是基于人类千亿年以来进化而来的能力，这些先天模块已经写入了我们的遗传密码。

突发论认为，作为制约后续学习的先前限制性条件，领域特殊性知识的获得是领域一般机制和特殊领域的认知任务相互作用的结果。[②] 突发论强调先天认知能力与环境之间的交互作用，先天认知能力为儿童的认知发展提供潜能，但儿童的认知发展也受到社会文化背景的影响。一方面，幼儿有一些先天的本体区分能力，例如，对内部和外部的区分，对生命体和非生命体的区分；另一方面，社会文化提供了整个社区共享的知识和信念，认知发展是社会文化环境和遗传倾向交互作用的结果。[③]

幼儿具有极大的认知潜能，即使幼儿没有接受系统的生命科学教育，也很缺乏生命科学经验，但幼儿可能依然能够从自我的有限的生活经验和自身的生理现象出发，进行类推和科学猜测，对动植物的遗传、

---

① Barkow, Jerome H., Leda Cosmides and John Tooby, eds., *The adapted mind: Evolutionary psychology and the generation of culture*, Oxford University Press, 1995, pp. 1 – 21.

② Keil, F. C., "Cognitive science and the origins of thought and knowledge", R. M. Lerner, ed., Handbook of child psychology: Vol. 1. *Theoretical models of human development*, New York: Wiley, 1998, pp. 341 – 413.

③ Giyoo Hatano, Kayoko Inagaki, "Domain-specific constraints of conceptual development", *International Journal of Behavioral Development*, Vol. 24, No. 3, 2000.

生长、生病和死亡等进行较好的判断与解释。例如，虽然很多幼儿没见过小蝌蚪，没有种植过花生豆子，也没有经历过动植物的生病和死亡，但依然能够依据“朴素理论”，正确地判断各类生命体的遗传、生长、生病和死亡，并且做出的解释和年长儿童之间的差异并不如我们想象的那样大。

有的幼儿已经具有食物链的概念，认识到“老鹰吃蛇、蛇吃青蛙、青蛙吃害虫、害虫会吃稻谷”，并依此认为青蛙是益虫。有幼儿提出：“先有种子还是先有植物，先有鸡还是先有蛋，这两个问题是一样的。”“幼儿和年长儿童的差距并没有传统观念认为的那么大，即使是年长儿童也较多停留在经验层面和现象层面解释生命的遗传、生长、生病和死亡，直到高中以后，儿童才能较为完整地从细胞层面理解生命的遗传、生长、生病和死亡，并且对细胞的理解也还有很多错误之处。”①

第五节 电视、网络、手机等传播媒体的影响

生态系统理论将儿童成长的环境分为微系统、中间系统、外部系统和宏大系统。在传统社会，微系统主要包括教师、家庭与同伴。在现代社会，电视网络日益成为影响儿童成长的重要因素，一方面，电视网络媒体以其形象性、情境性、便捷性和渗透性，已经成为直接与儿童互动的微系统，另一方面，电视、网络、手机等电子媒体及时传播外部系统和宏大系统的丰富信息和文化，从而使宏大系统和外部系统更为有力地影响微系统和中间系统，儿童成长的现实生活网络和虚拟电子网络已经日益紧密地缠绕在一起。电视、网络、手机对儿童的生活和学习必然产生影响，使儿童的思维发展特点不同于较少技术取向的传统社会背景下的儿童。② 电视、网络、手机等电子传媒已经成为幼儿前科学概念的重要渠道。③

---

① 张颖之、刘恩山：《中学生对遗传学重要概念的理解》，《生物学通报》2013年第3期。

② J. H. 弗拉维尔、P. H. 米勒、S. A. 米勒：《认知发展》，邓赐平译，华东师范大学出版社2002年版，第158页。

③ 新华网：《中国科协发布第九次中国公民科学素质调查结果》（http://education.news.cn/2015-09/19/c_128247007.html）。

一 电视、网络、手机等电子媒体缘何成为儿童发展的重要影响因素

电视、网络、手机等电子媒体的特点，儿童自身的身心发展特点以及现代社会的发展特点，三者之间有着内在的契合点，使得电子媒体成为影响儿童发展的重要因素。通过对幼儿前科学概念获得方式的访谈我们发现，即使是年幼儿童，他们的认知发展和社会性发展也正在受到电视、网络、手机等电子媒体的有力影响。

（一）电视、网络、手机等电子媒体的特点

电视、网络、手机等电子媒体多种多样，信息量大、传播同步、时效性强、内容丰富、分布广泛、便于携带、易于操作、双向交互、立体感强、形象生动、图文并茂。电子媒体的表现手段极为丰富，可以集中运用文字、图片、音频、视频、音乐、动漫、游戏等多种表现手法。电子媒体将抽象的概念形象化，将难以体验的现象和过程可视化，有力地激发儿童身临其境的观感体验，满足儿童的多样性选择、个性化操作和自由想象的需要。

（二）儿童的身心发展特点与需求

幼儿科学经验不足，心智尚未成熟，难以区分幻想与现实，对世界充满好奇心，好幻想和模仿，缺乏批判思维能力，极易被电子媒体俘虏。电视网络媒体立体感强，人物和情境高度逼真，生动的情节给人以强烈的真实感。儿童动画片对童话、传说、科幻和武侠的渲染，其中的人物形象、主题情节和艺术想象迎合了儿童的娱乐需求，其中的超自然力极易满足儿童的能力感，使儿童幻想成为其中的超人。电子媒体本身及其内容的特性吸引儿童全身心卷入其中，满足儿童逃避现实、摆脱孤独感、寻找刺激感和力量感的心理需求，同时也在潜移默化中影响儿童的前科学概念。《西游记》《奥特曼》《喜洋洋》《熊出没》等动画节目深受儿童迷恋，就是因为它们与儿童的身心发展特点相契合。电子媒体中的儿童科普节目，如果形象生动，也能够激发幼儿的好奇心，满足儿童的认知需求。中央电视台的一些节目，例如《人与自然》《探索发现》《魅力·纪录》《芝麻开门》《智慧树》《大风车》等，就很受儿童欢迎。

（三）现代社会生活的特点

当代社会生活和工作节奏加快，人们生活高度紧张。户外活动的成本

越来越高，电视网络媒体成为人们求知和娱乐的重要方式，虚拟生活正在挤压现实生活的空间，在线学习成为重要的学习方式。户外活动受限、缺乏同伴的儿童很可能沉迷电视网络，以逃避现实的枯燥无聊。社会传播媒体和市场商业机构往往将儿童作为潜在的消费者，开发种种儿童电子数字资源，间接地增强了儿童使用电子媒体的环境和欲望。父母工作繁忙没有时间陪伴儿童，往往将电子媒体作为保姆，任由儿童沉溺于数字媒体。他们往往使用电视、网络、手机作为奖励手段，以鼓励儿童维持安静。电子产品对于工作的重要性促使家长培养儿童的媒介素养。[①] 丰富和及时的信息在满足人们信息需求的同时，也造成一定程度的信息恐慌。电子传媒既可以方便社会交往和移动学习，也可能异化人际关系，并且使得人越来越远离大自然。

二　电视、网络、手机等电子媒体对幼儿前科学概念的正面影响

本书发现，电视、网络和手机等电子媒体是儿童前科学概念的重要来源，有些电子传媒对丰富和发展幼儿的前科学概念起到正向作用。中央电视台在综合频道、少儿频道、科教频道、纪录频道和农业频道等，常常开展科普活动传播科学知识。其中很多栏目涉及生命科学，观众能够从中获取生命科学知识与概念，这对提高观众的科学素养很有帮助。这些栏目主要有《人与自然》《天天饮食》《魅力·纪录》《科技苑》《绿色时空》《农业气象》《大风车》《探索发现》《健康之路》《科技之光》《文明密码》《走进科学》《芝麻开门》《智慧树》。这些栏目中有些内容比较枯燥和抽象，幼儿难以理解，但也有一些栏目比较形象生动、通俗有趣，幼儿比较喜欢和容易理解。即使是比较枯燥和抽象的内容，如果父母能够与儿童一起观看，互动和讨论其中的生命科学知识，并且应用于日常生活，也能够激发幼儿的兴趣，引导幼儿理解。例如，有一对父母常常与幼儿一起观看《天天饮食》和《健康之路》等节目，与幼儿分享其中的科学知识，将之应用在日常生活中，不仅增进了孩子的健康知识，还养成了孩子科学健康的生活习惯。

---

① 杨晓辉、王腊梅、朱莉琪：《电子媒体的使用与儿童发展——基于生态科技微系统理论的视角》，《心理科学》2014 年第 4 期。

电子媒体形象生动，具有跨时空性和内容丰富性，幼儿可以从中获得很多在日常生活中难以获得的知识经验，扩展幼儿的科学经验，深化幼儿的科学概念认知。新闻媒体常常报道某种农作物的生长情况受到天气和流行病害等因素的影响；电视节目也常常涉及植物的选种、栽培和照料，食物的储存、加工和烹饪等方面的内容，也常常出现与遗传概念相关的电视镜头，如亲子鉴定、犯罪侦破和器官移植。如果家长能够引导幼儿从电视网络媒体中选择具有科学性和教育性的科普节目，电视网络媒体将促进儿童科学概念发展。幼儿通过探究自然获得丰富的直接经验，与电视网络媒体中的间接经验相结合，有可能初步了解遗传、健康、器官组织、传染、光合作用、营养、细菌等科学概念。

三 电视、网络、手机等电子媒体对幼儿前科学概念的负面影响

有部分幼儿，他们的很多时间都是在电视和保姆的陪伴下度过的，很容易受到电视、网络、手机等传播媒介的影响，非常缺乏直接经验。一方面，他们从中获得了较为广泛的间接经验，另一方面也产生了迷思概念。

家长和幼儿园出于对安全的考虑，担心车祸和陌生人有可能会伤害孩子，没有意识到亲近大自然对儿童智能发展的重要意义。父母没有时间陪伴孩子共同成长，任由孩子玩电子游戏、上网、玩手机、看电视。孩子越来越远离自然，虚拟数字资源占据儿童生活时空的现象越来越严重，可能会使儿童的感官越来越迟钝，视觉越来越单一，儿童对自然现象的好奇心和探究欲望将难以保持。这种情况在城市很严重，在农村的情况也有加剧的趋势。

电视、网络、手机等电子传媒对儿童科学认知的负面影响与日俱增，尤其是暴力类、战争类和魔法类题材的数字视频和电子游戏危害巨大。影视剧和电子游戏的情节复杂，动植物的形象过于拟人化，自然界被赋予太多神话色彩，充满魔幻力量。电视、网络、手机等电子媒体对幼儿的认知发展和社会性发展正产生难以估量的负面影响，或者使儿童形成迷思概念，或者使儿童盲目模仿，或者使儿童充满恐惧感。部分幼儿要么认为生物不会生病和死亡，要么认为死亡后还有功能和重生，甚至用幽灵、魔法、怪兽等解释生物的生病和死亡。有些小孩在家看多了恐怖片和鬼片，以至于特别怕黑，认为有鬼和僵尸存在。例如，“人死后如果不割掉舌

头，将成为僵尸，还能说话和走路”，“妖怪不喝人血就会变得又老又丑”，“英雄死后只要加血就能再次复活”，“植物大战僵尸的游戏中有土豆、白菜、玉米，这些植物有眼睛，非常厉害，所以不可能生病”。

四　辩证看待电视网络媒体的利弊

要理性辩证地看待电视网络媒体的利弊，既不要“将婴儿与洗澡水一起抛弃”的完全否定思维，更不要“电视网络媒体优势论”的放任自发思维。

一方面，电子网络媒体因其形象性、丰富性、便捷性、跨时空性、交互性和情境性等特征，在很大程度上与儿童的认知特点相契合，能吸引儿童的注意力，丰富儿童的科学认知，如果按照科学性和教育性的原则对电视网络媒体进行开发、选择和利用，电视网络媒体将起到促进儿童发展的正向功能。

另一方面，儿童辨别能力较弱，自我控制能力不强，生活经验不足，容易幻想追求新异，认知结构还有很大的可塑性，很容易依赖和迷失于电视网络媒体。过于沉迷电视网络媒体，将侵占儿童亲近自然的机会，抑制儿童动手动脑深入探究的主动性，阻碍儿童的社会性发展和认知发展。家庭、社区、政府应该共同努力，控制对电视网络媒体的科学使用，避免对儿童的负面影响。

科学合理的使用电视网络媒体，需要注意以下几个要素。

（1）明确电视网络媒体的使用目的。使用电视网络媒体是为了促进儿童的发展，目的不在于代替父母照料儿童。亲子互动、同伴交往、亲近自然、阅读图画书、主动探究和户外活动等对儿童发展极为重要的关键经验不应该被电视网络媒体所侵占。家庭中电子产品的数量与摆放位置，家庭成员陪伴儿童分享电视网络媒体，家长对媒体使用的规定，以及对户外活动的鼓励程度都会影响儿童的媒体使用行为。[①]

（2）选择富有科学性和教育性的电子媒体内容。电子媒体所传播的内容比电子媒体本身对儿童认知发展的影响更为重要。总体而言，教育类

---

① Lee, S. J., Chae, Y. G., “Children's internet use in a family context: Influence on family relationships and parental mediation”, *Cyber Psychology and Behavior*, Vol. 10, No. 5, 2007.

节目有利于儿童发展，娱乐类节目不利于儿童发展。家庭成员之间团结和睦，亲子共享媒体活动，家长适当控制电视网络媒体的使用，等等，这些因素在一定程度上都可以帮助幼儿接触健康科学的电子媒体内容，使儿童从电子媒体的使用中获得认知发展。①

（3）注意日常经验和电视网络媒体内容的互补。如果电视媒体侵占了儿童在日常生活中丰富认知经验的机会，电视媒体将起到负向功能；如果电视媒体弥补了儿童在日常生活中难以获得的认知经验，电视媒体将起到正向功能。②

（4）考虑媒体使用和儿童年龄的匹配。对于科学合理设计的电视媒体内容，3岁以上的儿童可以从符合自身年龄特点的教育类媒体中获益，但是单纯的娱乐类、暴力类、战争类节目不利于儿童的认知发展。3岁以下婴幼儿需要直接与环境互动以促进认知发展，难以从电子媒体中获得科学认知发展③。

（5）合理控制看电视的时间。看电视时间与儿童的认知成绩是非线性关系，相比完全不看电视，适度的看电视时间——每周1—10小时，有利于儿童的认知发展，如果看电视时间过度——每周11小时以上，将不利于儿童的认知发展。④

---

① 杨晓辉、王腊梅、朱莉琪：《电子媒体的使用与儿童发展——基于生态科技微系统理论的视角》，《心理科学》2014年第4期。

② Jackson, L. A., Samona, R., Moomaw, J., et al., "What children do on the Internet: Domains visited and their relationship to socio - demographic characteristics and academic performance", *Cyber Psychology and Behavior*, Vol. 10, No. 2, 2006.

③ Schmidt, M. E., Vandewater, E. A., "Media and attention, cognition, and school achievement", *The Future of Children*, Vol. 18, No. 1, 2008.

④ Gillespie, C. W., Beisser, S., "Developmentally appropriate LOGO computer programming with young children", *Information Technology in Childhood Education Annual*, No. 1, 2001.

第七章

前科学概念的研究对幼儿科学教育的启示

前科学概念是儿童在日常生活中通过各种途径形成的知识结构，也是儿童日常经验通过初级水平的概括、抽象、推理而形成的认知结构，反映了儿童的科学认知水平和思维发展特点，影响儿童的观察、理解、预测、实验、解释和问题解决等科学活动。建构主义学习理论、概念转变理论和有意义接受学习理论，都强调幼儿科学教育应该基于幼儿的前科学概念。发展幼儿的前科学概念，既是幼儿科学素养启蒙的基本内容，也是幼儿科学素养启蒙的基本方式。前科学概念的研究对当下的幼儿科学教育具有挑战性，同时对幼儿科学教育具有重要的启示意义。

第一节　前科学概念的研究对幼儿科学教育价值取向的启示

自课程理论之父泰勒提出《课程与教学的基本原理》以来，尽管其他课程理论流派对泰勒的课程模式提出种种批判，但是儿童发展、学科课程和社会生活始终是课程理论与实践的基本依据，各种理论流派的争论更多在于对三种依据的重要性排序，而不是彻底否定某个依据。尽管在课程理论历史中三种依据重要性程度的不断变换导致课程改革呈现钟摆现象，但是科学整合三种基本依据的努力一直没有停止过，并且取得了某些进步，未来的发展趋势更是如此。前科学概念的研究表明，幼儿生命科学教育的价值取向也体现了儿童发展、学科逻辑和社会生活三种基本依据的整合。

一 目标整合性

目标整合是指幼儿生命科学教育的目标是多维整合的，不能为了强调某一个目标的重要性而轻视其他目标的重要性，幼儿科学课程需要在儿童发展逻辑、科学学科逻辑和社会生活逻辑三者之间取得平衡。幼儿生命科学教育应该尽可能从幼儿的兴趣出发，贴近幼儿的生活。但是幼儿的兴趣不是唯一的原则，更不是静止不变的，科学探究活动还应该发展幼儿的前科学概念和启蒙幼儿的科学思维。随着电视网络传媒的普及和儿童生活空间的扩展，对贴近生活的理解也不能过于狭隘。发展科学知识与概念、启蒙科学思维与方法、培养科学情感与态度，是幼儿自然科学教育的三大目标。[①]

概念是思维的基本形式，概括是思维的基础和首要特点。[②] 科学知识与概念既是科学探究的必然结果，也是深入与扩展科学探究的条件。以生命多样性概念为例，生命多样性的概念本身就是在探究各种各样动植物的过程中概括形成的，而生命多样性概念又可以进一步激发和指导幼儿的科学探究，推进幼儿理解生物的结构与功能，以及生物与环境的关系，促使幼儿探究其他的生命科学概念，例如遗传、进化、生态。

科学思维与方法本身也是科学知识，是一种过程性知识。科学知识与概念在科学思维与方法中能起到重要作用。克拉尔（Klahr）和邓巴（Dunbar）提出的SDDS模型（Scientific Discovery as Dual Search）认为，科学探究活动是概念与过程的整合，科学思维的特殊领域知识与一般领域策略整合于实际的科学发现过程中，两者的分离其实是人为的。具体的知识内容会影响到科学推理，将先前知识减少到最低程度或者忽略先前知识将使我们无法理解科学思维的本质。[③]

如果离开了科学知识与概念，或者缺乏科学思维与方法，培养科学情

---

① 周淑惠：《幼儿园自然科学经验教材教法》，心理出版社1997年版，第288—294页。

② 林崇德：《思维心理学研究的几点回顾》，《北京师范大学学报》（社会科学版）2006年第5期。

③ 佟秀丽、莫雷：《国外儿童科学思维发展的新探索》，《心理科学》2005年第4期。

感与态度将成为空中楼阁。认知与情感是整合的，认知到生命的遗传和进化才能体验到大自然的神奇，认知到动植物与环境的关系才能激发幼儿保护环境的情感，认知到生物的疾病和死亡才能更加积极地保卫生命。科学思维与方法在指引科学探究的过程中，使幼儿能够获得更丰富的科学知识，体验到科学的精神，维持幼儿的科学好奇心。

二 发展适宜性

发展适宜性是指幼儿科学教育要基于幼儿的前科学概念并且挑战幼儿的前科学概念，不要高估幼儿的科学认知，也不要低估幼儿的科学认知，应该采用动态评价技术科学诊断幼儿的前科学概念。教师要在幼儿的最近发展区使用支架式教育活动策略，在丰富幼儿科学经验的同时，适时地提升幼儿的科学经验。教师要通过科学探究活动支持幼儿生成经验与经验之间的内在联系，引导幼儿形成与发展前科学概念。发展适宜性的价值取向表明幼儿科学教育要从科学经验出发，但不能限于科学经验的获得，形成与发展科学概念是幼儿科学教育的重要目标。

儿童科学概念的发展不只是经验在数量上的增加，而且要重组经验，达到日常概念向科学概念的转变，从而将零碎的事实性经验与更一般的因果解释机制融合起来。[①] 教师在儿童科学认知发展中要起到更为积极的作用，不要消极等待儿童的自发状态。教师不仅要适应儿童的学习特点和学习兴趣，更要为儿童的主动探索提供支架，挑战儿童现有的发展水平，把学习科学的责任和目标逐步地转移到儿童自觉的科学探索中，在科学探索中重组经验和形成初步概念。

维果茨基认为，科学概念与自发概念的关系，实质是教学与发展的关系，正是因为有了自发概念的特性及其提供的支架，儿童的科学概念才有可能通过教学而获得，教学也得以成为科学概念产生的重要途径。“科学概念的发展在认识性和有意性的范围里开始，并且继续向下延伸进入个人经验和具体性范围。自发概念的发展则开始于具体性和经验的范围，并且进一步向概念的高级特性推进——认识性和有意性。这两条对立的发展路

---

① 王欣、张丽锦：《干预训练对儿童掌握遗传知识的作用》，《心理科学进展》2008 年第 5 期。

线之间的联系无疑地显示了自己真正的本质——最近发展区和现实发展水平之间的联系。”①

儿童的日常经验如果没有概念式的解释和提升，就难以形成科学的认知结构，就仅是一种迷思的认识。幼儿对于生命体的遗传、生长、生病和死亡能够做出正确判断，但他们的解释往往局限于表面特征，有时借助个人情感愿望等心理机制，有时受到某些僵化理论的束缚而忽视客观证据，从而出现种种迷思概念。“科学教育不能满足于自然现象的感受，知其然不知其所以然，需要通过科学活动探究现象的内在机理。”② 有价值的科学教育应该引发幼儿日常经验与科学概念之间的碰撞，促进日常经验向科学概念的发展，提升幼儿前科学概念的水平，使幼儿逐步靠近科学思维和科学精神。“幼儿科学教育可以培养幼儿的科学思维，为以后系统地接受科学教育和有效地发展科学概念打下基础。”③

发展适宜性意味着尊重幼儿发展的年龄特征，针对 4—5 岁幼儿直觉性思维的特征，中班的幼儿科学教育要以“非正式”的科学教育为主，主要目标在于扩展幼儿的直接经验，重在科学经验的广度。5—6 岁年龄段的幼儿已经不再局限于具体外形特征，虽然仍以直观思维为主，但是抽象思维也有了初步发展，初步具备科学推理的可能性。在继续扩展直接经验的同时，大班幼儿的科学教育要照顾到科学教育的深度，教师要利用时机和策略转变和发展幼儿的前科学概念。不同年龄段幼儿在探究过程的完整性和深度方面应该有不同的要求，对不同年龄段幼儿使用科学探究方法的多样性和科学性程度也应该有不同的要求。④

三 领域渗透性

陈鹤琴把幼儿园课程的五个领域比喻为人的五个手指，强调领域课程

① 维果茨基：《维果茨基教育论著选》，余震球选译，人民教育出版社 1994 年版，第 272 页。

② 郑洁：《幼儿错误概念类型、特点及启示——基于人的繁殖概念的研究》，《教育学术月刊》2011 年第 11 期。

③ 朱家雄：《幼儿园课程》，华东师范大学出版社 2003 年版，第 107—109 页。

④ 刘占兰：《〈指南〉中的幼儿科学探究——价值取向、目标与实施策略》，《幼儿教育·教育教学》2013 年第 6 期。

之间应该互相渗透。幼儿科学教育需要注意领域课程之间的横向联系和有机整合。教师可以将幼儿科学教育与幼儿健康教育、幼儿语言教育、幼儿艺术教育等领域课程相互渗透。

(一) 幼儿科学教育与幼儿健康教育相互渗透

幼儿科学教育中可以渗透幼儿健康教育的目标和内容，发展儿童的健康概念，通过儿童对疾病的科学认知培养儿童的健康行为方式。提高儿童对疾病的因果认知，使儿童在生活情境中能够分辨危险因素，增强儿童的自我保健意识，既可以预防疾病，也可以避免恐惧焦虑心理。[①] 例如，有些孩子认为残疾也会传染，他们在幼儿园害怕接近残疾儿童，不与残疾儿童共同活动，不仅使自己有恐惧心理，也使残疾儿童受到排斥。教师需要帮助儿童正确认识残疾。如果没有启蒙幼儿的生命科学概念，如果幼儿不明白健康行为背后的科学解释，他们的健康行为可能只是迫于成人的权威或者恐吓，幼儿健康教育容易成为单纯的行为训诫，当面临新情境时，幼儿并不能自觉有效地自我保健。

教师也可以在健康教育活动中渗透科学教育的目标和内容，使幼儿认识到预防疾病和保持健康的科学机制，在晨检时让幼儿认识到哪些体征可以用来判断身体的健康状态，在进餐活动中解释营养均衡和健康饮食的科学知识，在如厕和睡眠时让幼儿认识到身体的新陈代谢现象，在盥洗时让幼儿理解疾病的预防机制，在体育游戏时学习科学健身知识。教师还可以开展专门的健康科普教育活动，选择幼儿在健康领域有较多体验的生活事例，如感冒、打疫苗、儿童肥胖、偏食、刷牙等，选择合适的方式让幼儿初步学习健康领域的科学知识与概念，初步理解健康状况的影响机制和保健方法，从而提高健康素养。南京师范大学张俊教授主编的幼儿科学知识图画书《血液》《营养》《皮肤》《牙齿》很好地渗透了健康科学教育的内容。

(二) 幼儿科学教育与幼儿语言教育相互渗透

埃里克（Erick）[②] 研究表明，在早期读写中渗透科学教育内容不仅不

---

① 朱莉琪：《儿童科学概念的认知发展》，《心理科学进展》2006 年第 4 期。

② Erick C. J. , "Use of the outdoor classroom and nature-study to support science and literacy learning: A narrative case study of a third-grade classroom", *Journal of Science Teacher Education*, Vol. 23, No. 7, 2012.

会阻碍幼儿早期读写能力的发展，还能够促进早期读写能力的发展，早期读写教育也可以促进科学概念的发展，这为幼儿科学教育与幼儿语言教育的整合提供了证据支持。弗伦奇①研究了科学开端课程，以幼儿科学课程为中心，整合了幼儿语言课程。课程实施的效果证明阅读不仅能促进幼儿语言发展，同时也促进了与科学相关的问题解决。

科学知识图画书为儿童提供了发展科学概念所需要的关键性背景知识，以及讨论科学内容所需要的科学语言，让儿童有机会接触科学词汇，如《小威向前冲》《安的种子》《小蝌蚪找妈妈》《谁的便便》《血液》《狐狸爸爸鸭儿子》等等。利用科学知识图画书，教师可以将幼儿科学教育与幼儿语言教育相渗透。教师需要把握科学知识图画书的特征，选择适合儿童认知特征的图画书，把握图画书中涉及的科学概念，探查儿童理解科学概念需要具备的前科学概念及其推理类型。在分享阅读科学知识类图画书的过程中，教师要尝试提供合适的支架以降低科学概念的抽象性，这些支架包括教师与儿童就图画书中的内容充分讨论，示范科学思维方式，提供背景知识，提供材料和条件让儿童动手探究和科学调查，启发儿童理解书中的图画及科学词汇。②

（三）幼儿科学教育与幼儿艺术教育相互渗透

科学与艺术在一定程度上有冲突，科学偏于理性逻辑思维，注重客观证据和普遍推理，艺术倾向个性体验的艺术表达，注重主观的诗意想象。有人将科学教育与艺术教育对立起来，担心科学理性会压制儿童精神成长。事实上，艺术教育与科学教育是可以相互渗透的，因为在大自然中科学与艺术是不分离的，在儿童的生活中科学与艺术是不分离的，在儿童的思维中科学与审美也是不分离的。科学本身就具有艺术美，艺术审美中也蕴含了科学性。儿童的思维是动作、形象和抽象的混合状态，儿童的经验既有童话式的审美特质，兼有科学式的因果探究。③ 科学与艺术整合于儿童的主题活动中，任何一个艺术活动都蕴含着儿童获得科学经验的可能

---

① French L.,"Science as the center of a coherent, integrated early childhood curriculum", *Early Childhood Research Quarterly*, Vol. 19, No. 1, 2004.

② 王津、周兢：《知识类图画书的概念、价值及其阅读指导策略》，《学前教育研究》2013年第5期。

③ 黄进：《儿童科学教育与艺术教育的分裂及其综合》，《学前教育研究》2009年第5期。

性，任何一个科学活动也蕴含着儿童获得审美经验的可能性。

在亲近自然的过程中，儿童既可以获得自然现象的科学常识，也会生成审美体验的艺术表达，儿童既可以将自己的生命科学认知通过艺术的形式表达，也可以在艺术审美中激发探究科学的欲望。生命现象是艺术美的展示，生命科学也是对艺术美的探索。多种多样生物的颜色、语言、形状、动作呈现了生命的绚丽之美，人们由此生成多种意象和情感表达方式。生命现象中蕴含有序之美、活力之美和科学之美，例如，具有审美特质的六边形蜂窝同时也蕴含了最小面积最大空间的科学原理。再如，人们从大自然中鸟巢的原型受到启发，建造了既有科学性又有审美性的北京体育馆鸟巢。正是因为生命科学之中蕴含了艺术之美，幼儿艺术教育与幼儿科学教育可以相互渗透。例如，探究植物演替的过程就很好地整合了幼儿科学活动与幼儿艺术活动。幼儿长期观察池塘及其四周的变化，探究植物演替的过程与规律，画一幅植物演替环，从最潮湿到最干燥的顺序，把池塘及其周围分为若干个环，把每一个环都画出来，标出每一个环中生长的植物，想象在 50 年后这个池塘将会有怎样的变化。①

四　生活性

生活性是幼儿园课程的基本价值取向，幼儿科学教育应该符合生活性原则，生活应该是幼儿科学课程的基础和来源。陈鹤琴提出幼儿园要以大自然、大社会为教材。张雪门老先生曾经谈到，“养鸡、养蚕、种玉蜀黍和各种小花，儿童能够实际行动的，都应让他们实际去行动。在行动中所得的认识，才是真实的知识；在行动中所发生的困难，才是真实的问题；在行动中所获得的胜利，才是真实的制驭环境的能力”。② 虞永平教授指出，“生活是幼儿园课程的基础和来源，教师要最大限度地支持和满足幼儿通过直接感知、实际操作和亲身体验获取经验的需要，不仅要把握幼儿园的生活，还要关注孩子的家庭生活和社区生活”。③

---

① 约瑟夫·克奈尔：《与孩子分享自然》，郝冰译，中国城市出版社 2013 年版，第 54—55 页。

② 戴自俺：《张雪门幼儿教育文集》（下卷），北京少儿出版社 1994 年版，第 1088 页。

③ 虞永平：《幼儿园课程改革路在何方》，《中国教育报》2014 年 9 月 21 日第 1 版。

科学与生活是紧密相连的，生活中处处有科学，要理解科学，必然要体验生活。丰富的生活经验经过探究和概括为科学的发生发展提供了养料，人们对生活中的现象刨根究底的发问、探究和解释促使生活概念转化为科学概念，经验的解释上升为科学理论。事实上很多科学概念和科学理论是从日常概念和经验解释中逐渐发展而来的。牛顿从苹果落地提出万有引力，达尔文通过观察大自然的相似性和变异性提出进化论，诸多事实都表明，在对日常生活的解释中人类开始走上科学的征途。生活与科学的密切关联为发展幼儿的前科学概念提供了要求和可能，处于最近发展区的科学教育是幼儿科学教育生活性原则的重要体现。

生活情景中的探究区别于实验室中的去情景化实验，更容易激发幼儿的探索欲望，更能融入“探究”的社会文化价值，促进幼儿对科学与生活的思考。以养蚕为例①，在养蚕活动中，幼儿能够认知到毛毛虫变为蝴蝶的成长过程，认识到有些动物在成长过程中外形发生了改变，但这种变形是生物体本身的发展轨迹，在这种显著的外形变化过程中生物并没有发生本质的改变，生物的种属是由生物的内在本质决定的，这将有利于幼儿理解进化的概念。饲养活动还为幼儿理解农业、纺织、经济和人类生活的广泛关联建立了一个早期的经验图景。前科学概念参与到学习过程中，可以使科学概念学习更生动、形象、真切，前科学概念自身也将更明确、更系统、更概括。概念的发展是连续性的，儿童已经达到的概念理解将应用于儿童以后的日常生活中，体现在以后的问题解决中，为更高的思维水平提供支架。②

国外专家的研究也表明③，与从未种植和饲养过动植物的儿童相比，拥有种植和饲养经验的儿童对动植物有着更为丰富的、程序性的、事实的和概念性的知识，更为有意思的是，这些儿童能够将所饲养和种植的动植物作为原型推广到不熟悉的同类型的动植物的理解之中。长时间的亲身照顾动植物的经验促使幼儿更深刻地理解动植物的生命特征，更热爱动植

---

① Herrmann P. A., French J. A., DeHart G. B., et al., “Essentialist reasoning and knowledge effects on biological reasoning in young children”, *Merrill-Palmer Quarterly*, Vol. 59, No. 2, 2000.

② 陈琦、刘儒德：《当代教育心理学》，北京师范大学出版社2007年版，第195—196页。

③ Ross N., Medin D., Coley J. D., Atran S., “Cultural and experiential differences in the development of folkbiological induction”, *Cognitive Development*. Vol. 18, No. 1, 2003.

物，更善于科学探究。拥有直接饲养和种植活动经验的幼儿也可以在日常生活中形成丰富的更高水平的生物概念。

五 家园合作

家园合作影响幼儿生命科学教育的效能。良好的家园合作，有利于科学教育活动持续深入开展，有利于幼儿协调整合在幼儿园获得的科学经验与在家里获得的科学经验，随时鼓励幼儿的好奇心和支持幼儿的科学探究活动，使幼儿随机产生的科学经验能够及时得以开发利用。非正式科学经验对幼儿科学概念形成的重要意义，儿童前科学概念获得方式的多元性，以及科学启蒙教育的综合性，等等，表明幼儿科学教育不能局限于幼儿园之内，不能局限于教师的科学教学，家园合作科学教育具有必要性。

调查研究表明，家园合作实施幼儿科学教育的现状不太理想。家长存在很深的偏见，过于看重拼音、识字、算数的知识和技能，没有认识到科学教育的重要性。迫于家长的压力，科学教育资源的缺乏，以及教师自身科学素养的不足，幼儿园较少开展科学领域教育活动，尤其缺乏科学探究活动。农村幼儿园课程结构失衡，局限于读写算课程，学前教育小学化现象比较严重，幼儿缺乏自主探究的时间和空间，教师很少关注幼儿的前科学概念，幼儿同伴在一日生活中的科学讨论也很少，科学教育活动比重太低。有些城市公办幼儿园对生命科学教育较为重视，要求家长和幼儿多接触自然，要求幼儿在家参与饲养和种植活动。但是教师只是以布置任务的形式口头要求，并没有想办法改进家园合作科学教育的效能。很多家长并没有让幼儿参与，而是包办代替幼儿完成，有的家长为了省事省力直接从市场购买。家长不能充分认识到生命科学教育的重要性，有的家长低估幼儿的能力，轻视前科学概念的价值。

幼儿教师应该加强自我的科学素养，增进自己的科学教育效能。在此基础上，教师要通过科普活动、家长会、幼儿园环境创设、家长开放日、专家讲座等多种形式，改变家长的科学信念和科学教育信念，让家长意识到早期科学教育对于幼儿科学素养启蒙的重要性，科学概念发展对于幼儿认知发展的重要性，以及生命科学教育对于幼儿生命健康成长的重要性。家园合作开展科学教育的形式可以生动多样：可以邀请家长来园参与幼儿科学探究活动；可以利用家长资源，如家长的智力资源、人力资源和物质资源，使幼儿科学教育更为丰富和深入；在家长的支持下可以开展户外科学教育活动，在空间、时间、过程、内容、方法等方面体现科学教育的开放性；一些科学教育主题，因为其长期性和随机性，更是需要家长的密切支持，如植物栽培、动物饲养、观察气候、户外考察，等等。

六 探究性

理论与证据的协调是科学思维的本质，科学解释要以科学探究为基础，在科学探究中达到理论与证据的协调。科学探究有利于协调思想开放与科学质疑的关系，有利于发展对科学概念的理解。在面对同伴不一样的解释和假设时，幼儿往往容易自我中心；在面对年长儿童和成人不一样的观点时，幼儿往往容易迷信权威。因此，教师要引导儿童倾听他人的解释，在还没有通过科学探究取得足够的证据之前，要保持批判性的质疑，对新的理论要有批判性的思考，也要有勇气挑战原有的不科学的理论。

科学过程与方法最能体现科学探究的本质，是科学教育的基本内容，也是幼儿学习科学的基本方式。科学过程与方法是科学知识、科学能力和科学态度相互沟通的桥梁。要使科学知识成为能够解决问题的“活”的知识，要想在发展科学概念的过程中培养幼儿的科学思维，科学过程与方法是最有力的实现策略。要想保持幼儿的科学好奇心，问题、观察、调查、证据、解释、交流等基本探究过程也是必要的。科学探究应该是幼儿科学教育的基本取向，科学过程与方法是科学探究的基本内容和实施策略，对不同年龄幼儿而言皆如此，只是在探究过程的完整性和深度上有不同要求。①

从生命科学教育教师自评问卷来看，科学教育的三维目标差异极其显著，$F(2, 405) = 57.646$，$P < 0.001$。事后LSD两两检验发现，生命科学过程与方法、生命科学知识与概念、生命科学情感与态度两两之间差异显著②（见表7—1）。生命科学情感与态度好于生命科学知识与概念，生命

---

① 刘占兰：《〈指南〉中的幼儿科学探究——价值取向、目标与实施策略》，《幼儿教育·教育教学》2013年第6期。

② 自评问卷第1题至第7题为科学知识与概念维度，第8题至第14题为科学方法与过程维度，第15题至第21题为科学情感与态度维度。

科学知识与概念好于生命科学过程与方法。生命科学过程与方法最不受重视，在自评问卷中科学过程与方法维度满分为 70 分的情况下，全体教师的平均分值只有 35.63 分。

表 7—1　　幼儿生命科学教育教师自评两两比较

科学教育目标 I	科学教育目标 J	均值差 I－J	标准误	显著性
科学知识与概念	科学方法与过程	7.89706*	1.34293	0.000***
	科学情感与态度	－6.50000*	1.34293	0.000***
科学方法与过程	科学知识与概念	－7.89706*	1.34293	0.000***
	科学情感与态度	－14.39706*	1.34293	0.000***
科学情感与态度	科学知识与概念	6.50000*	1.34293	0.000***
	科学方法与过程	14.39706*	1.34293	0.000***

注：* 表示 $P<0.05$，** 表示 $P<0.01$，*** 表示 $P<0.001$。

从生命科学教育家长自评问卷来看，科学教育的三维目标差异极其显著，$F(2, 450)=31.402$，$P<0.001$。事后 LSD 两两检验发现，生命科学过程与方法、生命科学知识与概念、生命科学情感与态度两两之间差异显著（见表 7—2）。生命科学情感与态度好于生命科学知识与概念，生命科学知识与概念好于生命科学过程与方法。生命科学过程与方法最不受重视，自评问卷中科学过程与方法维度满分为 70 分，全体家长的平均分值只有 33.48 分。

表 7—2　　幼儿生命科学教育家长自评两两比较

科学教育目标 I	科学教育目标 J	均值差 I－J	标准误	显著性
科学知识与概念	科学方法与过程	5.25166*	1.62928	0.001**
	科学情感与态度	－7.58940*	1.62928	0.000***
科学方法与过程	科学知识与概念	－5.25166*	1.62928	0.001**
	科学情感与态度	－12.84106*	1.62928	0.000***
科学情感与态度	科学知识与概念	7.58940*	1.62928	0.000***
	科学方法与过程	12.84106*	1.62928	0.000***

注：* 表示 $P<0.05$，** 表示 $P<0.01$，*** 表示 $P<0.001$。

成人更多从情感层面强调要爱护动植物和保护环境，更多的是以情感人，而不是以理服人，更多依赖于成人权威，而不是基于科学探究。忽视科学过程与方法的重要性，会影响幼儿前科学概念的发展，也会影响幼儿科学态度的真正形成。“幼儿好奇心的保持需要赋予它以科学的特性。”因为科学过程与方法的缺位，儿童对生命的情感更多基于成人要求他这样做，而不是基于生命科学要求他这样做。可能的后果是，幼儿的科学态度是权威取向和社会态度诱导的，而不是建立在科学方法和科学思维启蒙基础上的，更多地体现成人的主观愿望，没有落实到幼儿科学探究能力的培养上。

第二节 前科学概念的研究对幼儿科学教育策略的启示

教师需要采用多种策略探查、转变和发展幼儿的前科学概念，使幼儿科学教育的价值取向具体落实于教师的科学课程实施。教师需要探查幼儿的前科学概念，掌握研究幼儿前科学概念的具体方法，同时可以参考一些研究文献，例如，发展心理学有关儿童概念发展的研究，以及美国2061计划开发的学习进阶与科学素养导航图。教师还需要将正式科学课程与非正式科学课程相结合，协调科学经验与科学概念的关系，合理运用概念转变策略。

一 尊重和探查幼儿的前科学概念

尊重幼儿，就必须尊重幼儿的朴素理论[①]。尊重和探查幼儿的前科学概念，体现了对幼儿朴素理论的尊重。幼儿能够将类别范畴本体区分的系统信念整合吸收至非生物、动植物和人体等概念之中，这与儿童概念发展的“理论”论是一致的，儿童概念发展是特定领域的朴素理论驱动的。例如，认识到生物的多样性将激励幼儿探究生物领域的知识，人工制品的分类是约定俗成的，这一信念将鼓励幼儿努力向所在社区学习特定文化背景下的人工制品。朴素理论驱动认知发展的特点就在于，儿童早期显露的

① 鄢超云：《朴素物理理论与儿童科学教育》，江苏教育出版社2007年版。

初级概念，以特殊领域的本体区分，促进儿童认知发展。①

有一个案例《老师偷了我的玉米苗》，生动地体现了尊重和探查幼儿前科学概念的重要性。一位大班幼儿在种玉米的课程中，将玉米种得非常紧凑。当种子发芽时，空间过于紧密不利于植物的生长，老师就在放学后帮他疏苗。第二天以后，他一直对老师有意见，认为老师偷了他的玉米苗，老师再也不是他想象中的那么诚实，他也不再那么信任老师。直到大学时，他才突然领悟到，老师当年是为了让玉米苗生长得更好，才做了疏苗。由于童年时期自己不能理解种植密度与植物生长的关系，老师在当时并未解释"为什么要疏苗"，以至于自己对老师的误解持续到十年之后。儿童尚未理解科学适宜的种植密度会影响植物生长，他们考虑的是"种得越多，收获就越多"，如果教师在疏苗时能够与儿童沟通，及时诊断和转变幼儿的前科学概念，就不会产生这么大的误会。

最重要的是，幼儿不是白板，幼儿在日常经验中形成的前科学概念必定跟随幼儿一起来到幼儿园。幼儿教师可以使用类似于研究者探究前科学概念的方法，有针对性地促进幼儿科学概念的发展。在科学教育活动开展之前，教师可以通过小组讨论和提问，使用幼儿的解释以识别前科学概念，在教学中有针对性地进行指导。

教师可以用交谈和提问，要求幼儿解释与预测，鼓励幼儿充分地表达前科学概念。教师要善于设置问题情境，引导幼儿提问，或者用提问引导幼儿探究，例如，"为什么小鸡不能游泳，小鸭子会游泳?""青蛙为什么既可以在陆地生活，又可以在水里生活?""小蝌蚪吃什么食物长大？小蝌蚪长大后是什么样子？小蝌蚪与青蛙有什么不同?""树木长大的部分来自于哪里，植物需要吸收什么物质，植物用什么部位吸收水分?"教师还可以学习评价技术与诊断工具探查幼儿的前科学概念，如，概念地图、作品分析、POE（预测—观察—解释），等等。

---

① Kalish, C. W., Sabbagh, M. A., "Conventionality in cognitive development: How children acquire shared representations in language, thought, and action", *New Directions in Child and Adolescent Development*, Vol. 115, No. 2, 2007.

特兰德尔[①]提出幼儿科学教育的学习环模式，有助于教师探测幼儿的前科学概念：游戏（play）[参加（engage），注意（notice），问题（question），质疑（wonder）；探索（explore）预测（predict），观察（observe），记录（record data）]；讨论（discuss）[分享数据（share data），反思（reflect），建构解释（construct explanations），发展新的问题（develop new questions），得出结论]。评价应该贯穿观察与讨论的整个过程。

史蒂文森（Stevenson）[②] 建议在正式科学教育和非正式科学教育中使用“我很惊奇板”（I Wonder board），这种记录板可以用来记录好奇、建立观察和提问技能，也可以服务于教师诊断性评价，及时追踪儿童的前科学概念。史蒂文森解释了记录板框架的内部联系：“显示好奇心，检查细节，寻找事实，根据原先问题进一步提出问题，根据证据提出假设。”她还补充阐述了“我很惊奇板”（I Wonder board）的其他功能：记录此时此刻不能处理的问题，消除因为教师要求立即提供答案所产生的压力，提高参与公众科学活动的可能性，例如，与父母一起探究科学现象。

二　注重正式科学课程与非正式科学课程的结合

如表7—3，相对而言，正式科学课程较多以教师课堂教学的形式开展，偏向系统性、学科性、计划性、统一性，非正式科学课程较多以儿童自主活动的形式开展，偏向随机性、潜在性、生成性、多样性、开放性、差异性。正式科学课程与非正式科学课程各有其优势，也各有其不足。非正式科学课程与正式科学课程的区分只是相对而言，它们之间不是非此即彼的关系，而是结构化程度由低至高的连续体。随着课程改革的推进，学科、儿童与生活逐渐走向深度融合，课程类型逐渐多样化，以及领域课程的相互渗透，已经很难明确区分非正式

---

① Trundle, K. C., Mollohan, K., McCormick Smith, M., “Plants, alike and different: Laying the foundation to help preschoolers understand inheritance of traits”, *Science and Children*, Vol. 50, No. 6, 2013.

② Stevenson, A., “I wonder boards serve as a springboard for scientific investigations”, *Science and Children*, Vol. 50, No. 6, 2013.

科学课程与正式科学课程。[①]

表 7—3　　“正式科学课程”与“非正式科学课程”的结构化程度

维度	正式科学课程	非正式科学课程
课程开发逻辑	优先考虑学科结构逻辑	优先考虑儿童心理逻辑
组织形式	教师集体教学	儿童自主活动
科学知识形态	科学概念	直接经验
参与主体的关系	教师主导	多中心（幼儿、教师、家长、社区）
课程实施特征	计划性、系统性、传递性	随机性、生活性、探究性
课程实施场域	幼儿园	幼儿园、家庭、社区、户外
结构化程度	高	低

正式科学课程与非正式课程很有必要相互结合，以利于平衡科学课程的广度和深度，协调科学与生活的关系，既能尊重儿童的自然发展，又能最大限度地发挥教师的文化育人功能。非正式科学课程与幼儿的生活联系紧密，以真实的问题情境激发幼儿的好奇心，增强幼儿的问题解决能力，使不同水平的儿童都能从中受益，有助于教师广泛挖掘幼儿科学课程资源，激发家长和社区参与幼儿教育的主动性，提高教师的课程领导力，实现科学课程的横向拓展。正式科学课程有利于深入系统地发展科学概念，培养分析、综合、归纳、概括、比较、分类、实验等科学思维，使科学课程螺旋上升。

经验与概念的关系表明，非正式科学课程与正式科学课程需要相互结合。经验和事实是概念的素材，概念的形成需要建立事实之间的联系以及经验的概括和重组。概念一端连接于个人的切身体验和实际经验，另一端连接于概念词语。[②] 科学词语的使用以明确的形式引导幼儿从经验中生成概念。教师在科学教育中适当使用科学词语有利于幼儿形成概念。虽然幼儿不能完全理解概念的本质，但使用和解释科学词语可以启蒙幼儿的科学思维，当科学词语与日常生活的联系较为紧密时，经验常识与科学概念之

---

① 郭桂周：《非正式科学课程开发的理论与实践研究》，博士学位论文，东北师范大学，2014 年，第 33—39 页。

② 陈嘉映：《日常概念与科学概念》，《江苏社会科学》2006 年第 1 期。

间可以互相启发，如营养、细菌、传染、保质期、遗传，等等。有些科学概念来自日常用语，是日常用语的理解逐渐转向科学意义而形成的，通过经验的丰富和重组，幼儿可以获得初级科学概念，同时也提高了生成迷思概念的可能性，因为来自日常用语的科学概念和原初的日常用语之间发生了某些改变，这就需要教师通过正式的科学教学转变幼儿的迷思概念。

非正式科学课程与正式科学课程的相互结合，需要正确理解教师教学和儿童发展的关系。教学应该根据儿童已经完成的认知发展程序，然而，教学创造“最近发展区”，教学在发展中应该起主导作用。教学的本质不在于强化已经成熟的内部心理机能，而在于激发目前还不成熟的心理机能，即“最近发展区”。朱家雄教授认为，幼儿需要获得一个基本的知识体系，知识体系的获得主要不是通过幼儿的自发活动，而是需要教师的教学传授。当然，知识体系的教学传授要防止小学化，但是传授知识不一定就会小学化。教师只要结合儿童的兴趣和需要，采用适合儿童学习特点的教学方式，传授儿童能够理解的基础知识，就可以避免小学化。瑞吉欧课程模式创始人马拉古兹曾经批评人们在运用皮亚杰理论时低估成人在帮助幼儿认知发展中的作用。① 在幼儿园教育实践中，并非极端地强调“玩”还是强调“教”，而是要兼容并蓄地平衡幼儿的“自主、探索、发现”以及“接受、模仿、规范”。②

非正式科学课程与正式科学课程的结合可以分为三种类型：分离式、插入式和整合式。在某个情境下，实施正式科学课程，在另一种情境下，实施非正式科学课程，这就是分离式。在非正式科学活动过程中，插入正式科学教学，或者在正式科学教学中插入非正式科学活动，这就是插入式。整合式是正式科学课程与非正式科学课程结合的高级形式，目的在于最大限度地实现两者的优势互补，将教师的科学教学与儿童的自发探索有机地糅合在一起。

幼儿科学教育的形式应该多样化，尽可能将非正式科学课程与正式科

---

① 朱家雄：《幼儿园教师要不要教学：一个原本无需讨论的问题》，《幼儿教育·教育教学》2007年第9期。

② 朱家雄：《从一个质疑谈起——玩与教的两难》（九），《幼儿教育·教育教学》2014年第11期。

学课程相结合。科学教学、科技节、参观访问、社区服务、环境保护、田野体验、科学调查、户外活动、绿地旅行、科学制作、区域活动、图画书阅读、科学游戏、环境创设、种植饲养、科学故事，视频分享等，都可以作为幼儿科学课程的重要形式。

高质量的科学探究活动，因其很高的课程整合程度，我们已经很难从中区分正式科学课程与非正式科学课程。霍伊辛顿（Hoisington）、德克斯塔（Decosta）① 组织学前儿童到波士顿的植物园进行实地考察，以发展他们的生命科学概念——生物的身体特征是可以观察和描述的，生命体可以生长、变形，并且有一个生命周期；生物有基本的生存需要，依赖于环境、周边生物以及非生物来满足这种需求。在实地的户外旅行考察中，幼儿在植物园观察到多种多样的生命形式，教师则提供积极的教学指导支持幼儿探究，提醒幼儿通过绘画表征观察到的现象，吸引幼儿深入讨论生命科学现象，幼儿在实地考察中学习到很多关于植物的词汇和名字。教师通过幼儿的绘画诊断出幼儿对植物的根茎非常困惑，然后教师通过正式科学课程发展幼儿的前科学概念。

三　合理运用概念转变策略

生命科学是一个相对独特的领域，幼儿通过多种方式获得了关于生命世界的知识经验，具有比较丰富的前科学概念。在生老病死的生命过程中，遗传、生长、生病和死亡，是其中最基本的生命概念，既呈现出丰富的生命现象，又是儿童经常思考的科学主题；既是科学学科的基础知识，也蕴含了科学学科的基础理论。从前人和本书的研究结论来看，对于生命现象的概念认知，儿童既有丰富的和较高水平的前科学概念，其中还有很多迷思认知。因此，生命科学教育不能满足于幼儿的自发状态，在符合幼儿认知特点和发展水平的前提下，教师要积极实施概念转变策略，发展幼儿科学概念和启蒙幼儿科学思维②。

---

① Hoisington C.，Sableski N.，DeCosta I.，“A walk in the woods”，*Science and Children*，Vol. 48，No. 2，2010.

② 张俊：《指向概念转变的教学：来自实践的反思与启示》，《学前教育研究》2008 年第 2 期。

科学教育研究已经证明，通过适宜的教学干预可以促进幼儿的科学概念发展。① 如果教师能进行适宜的教育干预，丰富幼儿的知识经验，教给幼儿能够理解的初级科学概念，将能转变幼儿的迷思概念。概念转变过程是儿童科学经验重组和科学知识系统化，从而逐渐接近科学思维的过程。“真正意义的科学学习，一定会涉及概念变化的过程，不只是经验的积累，概念变化的过程是幼儿协调朴素理论与科学理论的过程。”② 事实性知识的学习是概念发展的必要组成和基础，但儿童生物学概念的发展不只是知识数量的增加，更是知识碎片进行结构化重组、实现生物学朴素理论科学化的过程。③

概念转变可以分为两种类型：弱重构和强重构。概念的弱重构其实质是概念的渐进性发展。如果前科学概念与科学概念是相异而不是相悖的，这种概念转变不是新概念取代前科学概念，而是儿童原有认知结构同化新概念的弱重构过程，通过同化新概念实现概念的丰富、修正和扩展。强重构是概念的根本性转变，如果前科学概念与科学概念有不可调和的冲突，学习者必须改变原有认知结构和思维模式才能理解科学概念，要通过认知图式的顺应过程实现新概念对旧概念的替代。

教师要区分儿童概念转变的两种类型，有针对性地选择相应的转变策略。对于前科学概念与科学概念相异而不悖的情况，有可能是因为儿童受到具体知识经验的束缚，还不能扩展到不熟悉的情境，也有可能是因为儿童的抽象思维刚刚萌芽，还不能抽象出事物的本质属性，还可能是因为受到语言表达能力的限制，还不能清晰地陈述证据与解释之间的逻辑关系。教师不能因此低估儿童的认知能力，更不能断然否定幼儿的前科学概念。教师要鼓励幼儿激活前科学概念，利用前科学概念的同化功能，因势利导、层层推进和正向迁移。教师可以通过分析、综合、类比、归纳、推理、体验、讨论等多种方式引导幼儿的前科学概念向更广泛的情境、更系统化的水平和更清晰的表达等方面发展。

---

① Shepardson D. P., “Of butterflies and beetles: First graders' ways of seeing and talking about insect life cycles”, *Journal of Research in Science Teaching*, Vol. 34, No. 9, 1997.

② 朱家雄：《幼儿园课程》，华东师范大学出版社2003年版，第107—109页。

③ Hatano G., Inagaki K., “Domain-specific constraints of conceptual development”, *International Journal of behavioral Development*, Vol. 24, No. 3, 2000.

对于前科学概念与科学概念相悖的情况，概念转变就是基于认知冲突的强重构过程。这种类型的前科学概念具有自发性、隐蔽性和顽固性，既要教师的概念转变教学，也要儿童的持续探索。波斯纳（Posner，G. J.）提到概念转变的四个条件很具有启发性——对旧概念的不满、新概念的可理解性、合理性和有效性。参考概念转变的基本条件，根据幼儿认知发展特点，教师可以使用的概念转变策略有以下几种。

1. 呈现蕴含反例的问题情境

教师要激发儿童对前科学概念的不满，使幼儿作为学习的主体参与到概念转变中来，为努力理解新概念做好心理准备。反例是促使幼儿反思旧概念的重要生发机制，教师要根据科学概念精心设计问题情境，巧妙地将反例以问题情境的形式呈现，在生活化的问题情境中，要求幼儿对反例进行预测和解释，将幼儿的前科学概念从无意识状态带入意识状态。

2. 提问引发幼儿的认知冲突

教师通过反问、追问、假设和讨论等方式激发幼儿对前科学概念的不满，使幼儿意识到其中的不协调、不充分和错谬之处。例如，“你是怎么知道的”，“如果……会怎么样”，“还有哪种可能”，“有没有其他更好的解释”，“其他同学是怎么看的”，“怎样才能知道你的判断是对的还是错的”。然后，教师指导幼儿深入讨论、观察和实验，当越来越多的证据在质疑儿童的前科学概念，越来越多的反例指出幼儿原有认知模式的矛盾时，儿童将努力转变他们的前科学概念。

3. 在科学探究中理解新概念的合理性与有效性

幼儿受认知发展水平和学习特点的限制，对新概念的学习不能通过下定义的方式进行，而要以情境学习和样例学习的方式进行。科学观察、变式教学、指导性科学实验、科学讨论等，能够将动手和动脑相结合，将理论与证据相对照，适合教师用于概念转变教学。

在科学观察中，教师提出科学问题，帮助儿童明确观察目的，提供科学工具——放大镜、显微镜、听诊器，引导儿童学习观察方法——对比观察、顺序观察、系统观察、多角度观察和科学记录。

在变式教学中，教师首先运用儿童熟悉的肯定例证，从不同角度和多种方式，即变化例证的非本质属性，同时保持例证的本质属性，引导幼儿通过比较和概括发现例证的本质属性，在样例中生成概念。然后，教师再运用否定例证，帮助幼儿更准确地理解概念的内涵与外延。

在指导性科学实验中，幼儿根据自己的前科学概念进行解释与预测，教师指导幼儿制定简单的实验计划初步证实或者证伪假设。例如，很多幼儿认为“下雨的时候，雨水落在了植物的叶子上，浇花的时候，水喷洒在植物的叶子上，所以植物应该是用叶子喝水的”。针对幼儿的迷思概念，教师指导幼儿在实验中对比了两种情形：一种情形是叶子浸入水中，植物的其他部分不接触水，另一种情形是根浸入水中，植物的其他部分不接触水。结果发现，根浸入水中的植物活下来了，叶子浸入水中的植物死了。

科学讨论可以利用同伴的科学认知水平差异引发认知冲突，幼儿不同的发展水平可能正指出了概念转变的方向。① 儿童在科学讨论中构建学习共同体，将探究与解释很好地结合在一起。科学讨论使儿童开放性地倾听和批判性地质疑，更清楚地表达自己的前科学概念，反思性地评价自己的科学解释：解释是否能够回答提出的问题，获得的证据是否真实可靠，是否有充分的证据支持解释，是否忽略了反例，由证据到解释的逻辑推理是否严密，对证据的解释是否具有排他性。②

来自科学观察、指导性科学实验和科学讨论中的新概念如果能够相互印证，并且与儿童的相关概念和知识信念相互洽和，儿童将认同新概念的合理性和有效性。与旧概念相比，新概念更具有包容性，解释力更强，在旧概念中的“例外”在新概念里也不再是例外。③

四　平衡科学经验与科学概念发展的关系

科学经验是科学概念形成的基础。幼儿主要是通过样例归纳和事件体验形成科学概念的，归纳学习是幼儿学习科学的主要方式。广泛接触多种多样的生物，有利于幼儿领悟遗传、进化、生态等概念；体验不同的生态

---

① 张俊：《指向概念转变的教学：来自实践的反思与启示》，《学前教育研究》2008年第2期。

② 李高峰、刘恩山：《美国〈国家科学教育标准〉倡导的科学探究》，《教育科学》2009年第5期。

③ Posner, G. J., Strike, K. A., Hewson, P. W. “Accommodation of a scientific conception: toward a theory of conceptual change”, *Science Education*, Vol. 66, No. 2, 1982.

环境，有利于幼儿领悟生物适应与自然选择的概念；观察生物的生长过程，有利于儿童理解新陈代谢、自我调节和生物反应；经验疾病与健康，有利于幼儿更好地理解应激性、自我调节、免疫系统、器官功能等生命科学；死亡现象可以激发幼儿的生命意识，促进幼儿理解食物链、生态循环等科学概念。

狭窄的科学经验容易形成迷思概念。如果幼儿接触的样例太少，亲身经历的科学现象太狭窄，肯定会束缚科学经验的广度。儿童经历的肯定例证和否定例证太少，对科学概念的内涵和外延理解就容易过大或者过小，就很可能产生迷思概念。例如，在判断植物是否可能生病时，幼儿认为植物不生病，“从来没有见过植物打针吃药，植物的生命和人的生命不一样，植物的生命能够长大，但不会生病”。

科学经验常常是随机的，有些科学经验很难自发经历到。例如，在不同环境中生活的生物多样性，历史上曾经出现的生物，人体的内在器官组织，植物的生病现象，人体的死亡现象等，在幼儿的日常生活中很少能直观经验到。但是，探究这些生命现象，有利于幼儿理解动植物的相互依存关系，理解生物和环境的相互影响，激发幼儿的探究兴趣，教育幼儿爱护生命和正确地面对死亡。教师需要通过适当的科学教学，开发科学课程资源，借助科学工具和利用科普设施，丰富幼儿的科学经验。

科学经验是科学概念发展的前提条件，但不是充分条件。科学概念发展和科学思维培养不是科学经验的简单叠加。广泛的科学经验难以自发地理解科学概念，更难以实现概念转变。科学观察、科学实验、科学调查、科学解释、科学记录、科学讨论，等等，系统的科学教育方式在幼儿科学概念发展中极为重要。例如，普通人经常感受到苹果落地现象，但难以发现万有引力；普通人经常感受到亲代与子代的相似，但难以理解遗传概念；普通人经常感受到动物的生长变化，但难以形成进化概念。幼儿接触了各种各样的动物和植物，但幼儿依然认为水果才是植物，青菜和树苗不是植物，有腿的才是动物，没腿的不是动物。

当幼儿有了比较丰富的科学经验之后，教师“画龙点睛”的科学教学有利于帮助幼儿发展科学概念。对于幼儿科学思维的启蒙而言，儿童零散的、片段的随机经验走向系统化具有重要作用。幼儿园课程既要重视儿童自发的科学活动，也要充分重视教师的教学引导和社会文化的支架作用。在教师教学和社会文化的支持下，儿童的自发经验有必要并且能够通过经验抽象得以概念化。“幼儿需要获得一个知识和技能体系，这个体系与各学科（领域）有关联，这个体系主要不是通过幼儿自发的活动而获得，而是需要通过教师的教学而获得。”①

科学探究不能局限于经验性的问题，有了具体的科学经验之后，教师应要求儿童对经验做出归纳和解释，以启蒙幼儿的科学思维，让儿童探究经验背后的科学概念。以植物生长的条件为例，幼儿有了植物生长的丰富经验之后，为了发展幼儿的科学概念，教师可以提出科学问题供幼儿深入探究：“植物在黑暗中能够生长吗？”“为什么植物在黑暗中不能生长？”“植物在黑暗中真的不能生长吗？我们怎样才能证实你说的是不是真的？”

五 引导幼儿理解人类、动植物与环境的相互依赖关系

关于人类、动植物与环境的关系，幼儿的理解还很肤浅和片面。很多幼儿持有人类中心主义的观念，他们认为动植物依赖人类而生存，人类的行为决定了动植物的存在意义和生存状态。在很多幼儿的前科学概念中，植物和动物的生命是不等价的，植物的生命意义仅仅是作为人类和动物的食物，动植物之间仅仅是“吃”与“被吃”的关系。生命科学教育有必要引导幼儿理解人类、动植物与环境之间的相互依赖关系。

生命科学教育要扩展幼儿对动植物相互依赖关系的理解。动物会帮助植物授粉，动物不仅消费植物，还在植物种子的传播和繁殖中发挥作用。植物不仅为动物提供食物，还为动物提供栖息地和庇护场所，同时在改善人类生活中有广泛的运用——美化环境、提供绿荫、调节温度、减缓风速、减少噪音、提供隐私和保持水土。植物还具有艺术价值，满足人类的精神生活需要，被广泛运用于美术、文学、化妆、乐器以及观赏。人类、动物和植物的相互依存关系，有很生动的外部表现和丰富例证。教师要以多种多样的科学探究活动，使儿童对生命形成更为系统整合的观念。

约瑟夫·克奈尔所著《与孩子共享自然》引发了一场全球范围内的自然教育运动。他提倡儿童在亲近自然中以科学游戏的方式发展生命科学

---

① 朱家雄：《幼儿园课程中的关键经验与关键概念——玩与教的两难》，《幼儿教育·教育教学》2012年第12期。

概念。书中有很多精心设计的自然科学游戏，例如“生命金字塔”“编织生命之网”“弱肉强食”“观察植物演替”，既可以激发幼儿的科学探究兴趣，又能使幼儿初步理解生物适应、食物链、动植物相互依存、生态平衡，以及动植物生存策略等科学概念。①

生命科学教育要引导幼儿理解动植物与环境之间的生态关系。环境的变迁对动物的生存可能是有利的，也可能是有害的。在不同的自然环境中生存的物种是不同的，某种动物在一种环境下能够很好地生存，但到了另一种环境很可能无法生存。研究表明，幼儿尚未意识到环境污染和生态破坏对生物遗传变异、生长、生病和死亡的影响，大多数幼儿将动植物的生长、生病和死亡归因于人的消费行为和虫子的啃食。对于各种各样的环境污染，如水污染、空气污染、废物污染、植被破坏，他们很少意识到。很多幼儿尚未认识到植物对生态环境的重要性，认为植物的重要意义仅仅在于为动物提供食物。很多幼儿认为动植物就是为了“被吃”才活着，动植物的生命意义只是人类的消费品，它们不会生病，只会死亡，这在一定程度上会影响幼儿保护动植物的行为。

教师可以通过标本展示、实地参观、角色扮演、图画书阅读和在线视频等多种方式，适当介绍我国濒危珍稀动植物。因为森林植被覆盖面积缩小、过度开发、盲目引种、环境污染等不利影响，这些动植物都濒临灭绝，但是这些珍稀动植物对人类生存和科学研究具有重要的生态价值和科研价值。通过学习和讨论，一方面可以激发幼儿对大自然的好奇和探究欲望，体验生物的多样性和进化；另一方面，可以提高幼儿的环保意识和生命态度，充分体验到人类的过度开发和环境污染对生态环境的危害。在日常生活中，教师要让幼儿了解到化工产品、汽车尾气、水源污染、废品垃圾、温室效应等对生态环境的危害，结合认知、情感和行为三个方面进行环境保护教育。

六　合理对待科学认知中的拟人化思维

拟人化思维有利于幼儿理解人类与动植物之间的同一性，但也可能使

① 约瑟夫·克奈尔：《与孩子分享自然》，郝冰译，中国城市出版社 2013 年版，第 54—55 页。

幼儿产生迷思概念。科学教育应该以科学性为基本原则，教给幼儿的科学知识可以是初浅的，但必须是正确的。教育者应该理解科学概念，把握科学的本质，理解幼儿思维的特点，转变幼儿的迷思概念。

（一）拟人化思维对幼儿科学认知的正向迁移功能

拟人化思维借助人类的机制、感情、特点和期望来理解动植物的生命特征。拟人化有双向作用，从正向作用来看，有助于幼儿认识动植物和人类生命属性的共通性，将关于人的生命认知推理到动植物，更有可能从熟知推论到未知。以动植物生病的解释为例，城乡幼儿的生病概念认知水平差异显著，城市幼儿对动植物生病的解释均分显著高于农村幼儿。农村幼儿的判断水平和解释水平都比较低，他们没有见过动植物生病，也难以将人体生病的解释类推至动植物。虽然城市幼儿也很少接触动植物，但是较多城市幼儿采用拟人化思维，从人体的生病解释机制，例如传染、细菌、病毒等概念，推理动植物的生病，能够将人体的生病解释迁移至动植物，比较接近生物内在因果机制。

这种结果可能是城乡幼儿生活的社会文化背景不同所造成的。文化是历史地凝结的生存方式[①]，城乡民众生活方式的不同，伴随着不同的城乡科学教育和生命健康教育。一方面，城市社区更重视健康教育和卫生教育，在日常生活中更注意健康知识传递和健康科普教育；另一方面，城市社区更多采用拟人化的教育方式，强调动植物和人类的生命特征是一致性和等价的，常教育小孩要爱护动植物。例如，“不要摘花，不要踩小草，不然他们会很痛、会流泪、会受伤”。部分城市家庭把动物作为宠物来养，给动物取名，在散步时对宠物疼爱有加，把其作为家庭中重要的成员，给它们洗澡，一同在餐桌吃饭，关心它们的身心状态和情绪情感，甚至用血缘身份称呼它们。在农村，动植物很难享受到这种生命待遇，它们是畜生，是为人而存在的附属品，很多农民通过宰杀动物和砍伐植物来获取食物和赚钱，儿童常常能够目睹这个过程，甚至参与这个过程。因此，农村幼儿认为动植物和人类的生命不是等价的，动植物是人的食物，它们只会死亡，不会生病。这种信念使农村幼儿更少将人体的生病概念迁移到动植物的生病解释中，他们更少用细菌、传染、病毒、营养等内在生物机

① 衣俊卿：《文化哲学》，云南人民出版社2001年版，第3页。

制进行解释。

（二）拟人化思维对幼儿科学认知发展的不利影响

拟人化与科学性也有矛盾之处，拟人化思维有可能使幼儿从心理特征和主观经验解释生命现象。当幼儿难以解释动植物的生命过程时，他们往往通过拟人化推理，将动植物与人相类比，将关于人的知识经验迁移到动植物的认知中，借助人类的动机、目的、行动和特性解释动植物的生命现象。拟人化思维不利于幼儿从动植物自身的角度认识生命现象，也不利于幼儿协调理论与证据。

拟人化思维可以促进幼儿将人体的前科学概念迁移到动植物，注意到两者的相似之处，但不利于幼儿理解动植物的不同之处，容易产生迷思概念。很多幼儿意识不到植物自身能够合成有机物，他们采用拟人化思维，认为植物和人类一样是从外界消费食物，甚至臆想出植物也有嘴巴，也吃鱼吃肉，植物只是在晚上吃食物，所以人在白天看不到。很多幼儿认为动植物依赖于人类生存，属于人类，他们意识不到动植物属于大自然。还有幼儿认为所有动物和人一样都是哺乳动物，“小蝌蚪是吃了妈妈的奶长大的，小宝宝是吃了妈妈的奶长大的，他们是一样的”。

（三）防止幼儿拟人化思维负面影响的策略

（1）比较不同类型生命体的相似与不同。科学教育要在科学性与拟人化之间保持适度的平衡，防止不恰当的类推，适度干预幼儿的拟人化思维。幼儿科学教育既要让幼儿比较不同类型生命体的相似性，也要比较差异性，要引导幼儿对不同类型生命体的特性有所区分，明确哪些特性是所有生命体都具有的，哪些特性只有人类才具有而动植物不具有，哪些特性只有植物才具有而动物不具有。人体、动物和植物都是生命体，都需要空气、水分，以及适应的温度，虽然人类在肤色、头发、眼睛、语言、习惯等方面很不相同，但是人类彼此间很相像，人与动植物之间却不太像，动植物之间也不太像。

（2）丰富幼儿关于动植物的直接经验。多数研究[①]表明幼儿的朴素生物学理论是以人为中心的，他们倾向于认为其他动物所具有的属性和人类

---

① Inagaki, K., “The effects of raising animals on children’s biological knowledge”, *British Journal of Developmental Psychology*, Vol. 8, No. 2, 1990.

的属性在本质上是一样的。但是对于那些在平时有很多机会亲近动植物的幼儿而言，这种倾向根本不存在，或者相对很微弱。即使是城市幼儿，如果有过长期的、积极的饲养和种植经历，也可以很好地减弱这种以人为中心的倾向。

（3）多使用非虚构的科学图画书。彼得罗娃（2010）① 研究发现，与小学低年级儿童相比，学前儿童对动植物的认知有更多的拟人化色彩，因为教师常常向幼儿讲述虚构的故事，在故事中描述动植物时常常有拟人化的语言和情感。彼得罗娃建议在使用虚构的图画书时，将虚构的图画书中描述的动植物特征与科普书籍中描述的动植物的真实特征相互比较，以帮助幼儿形成科学的生命概念。研究者建议，教师要注意科学文本与文学文本的平衡，增加科学文本的使用以促进儿童科学概念的发展，降低儿童对动植物的拟人化信念。

第三节　前科学概念的研究对幼儿科学教育条件的启示

生命科学领域是一个比较特殊的领域，成人不应低估幼儿的科学认知水平，也不应高估幼儿的科学认知水平。多种因素影响着幼儿的前科学概念，使前科学概念的获得方式呈现出多元性，并且使幼儿对生命现象的解释方式也呈现出多元性。4—6 岁城乡幼儿的前科学概念在年龄段因素和城乡因素上存在共同特征，也存在差异性。幼儿在生命科学领域具有丰富的前科学概念，其中含有较多迷思概念。我们需要完善和优化科学教育条件，为发展幼儿的前科学概念提供科学合理的支持体系。

一　保障电视网络媒体内容的科学性与教育性

有些人常常根据电子媒体本身的特点，例如，交互性、艺术手法、立体感等等，来判断电子媒体对儿童发展的影响，得出过于悲观或过于乐观

① Petrova, V., Siderova, D., Stefanova, R., Nikolova, D., "Differentiation of the literary images of plants and animals by the scientific description with children at preschool and primary school age", *Trakia Journal of Sciences*, Vol. 8, No. 3, 2010.

的价值判断。事实上，电子媒体对儿童的影响很难简单概括，真正影响儿童发展的是电视媒体内容的科学性、教育性以及电视媒体使用的方式。

电视媒体只是一种使用工具。电视媒体可以成为促进儿童发展的工具，也可以成为阻碍儿童发展的工具。马尔科·恩内莫泽（Marco Ennemoser）沃尔斑·施耐德（Wolfgang Schneider）[①] 对德国儿童从 6 岁至 9 岁进行长期研究发现，6 岁时看教育类电视节目对 9 岁时的阅读理解成绩有正向预测作用，6 岁时看娱乐类节目对 9 岁时的阅读理解成绩有负向预测作用。安德森（Anderson）的研究发现，5 岁儿童看教育类电视节目对青少年时期的阅读能力有正向预测作用。

电视媒体对儿童的影响更多地取决于电视媒体内容的科学性与教育性，儿童使用电视媒体的目的和方式，家长适度控制和引导儿童使用电视媒体，政府和社会对电视媒体的政策和态度。现代教育对儿童精神的适应决不是对儿童低层次感官娱乐的迎合，建构科学知识体系和发展理性逻辑以引领儿童走向理性人生是不能偏离的教育方向。[②] 社会要开发具有科学性与教育性的电视网络媒体内容，政府要对公共媒体的开发和传播进行规范和引导，家庭要引导儿童选择科学性和教育性的电子媒体内容，并逐步培养儿童的科学认知和媒体批判能力。

普及和提高公众科学素养是公共传媒的社会责任，公共媒体有责任承担科学素养教育的公共义务。政府有必要制定相关政策规范和引导公共媒体传播符合儿童认知特点的科学教育节目。美国公共电视广播系统（PBS）颇为重视全民科学素养教育，制作了很多质量较高的科学节目，其中《芝麻街》非常有名，不仅深入浅出，而且寓教于乐，受到儿童观众的喜爱。然而，我国当下的大众媒体过于追求商业利润，缺乏公共责任担当，商业广告、娱乐新闻、电子游戏、连续剧集等大众媒体，诱导儿童沉迷于非理性感官刺激。公共教育、科学文化、医学环保被边缘化。媒体工作人员科学素养偏低，媒体内容的科学内涵不足，甚至以伪科学误导观

① Schmidt, M. E., Vandewater, E. A., "Media and attention, cognition, and school achievement", *The Future of Children*, Vol. 18, No. 1, 2008.

② 丁海东：《儿童动漫：幼年精神之旅的"魅"与"劫"》，《西南大学学报》（社会科学版）2010 年第 5 期。

众。例如，2001年国内有一则新闻报道美国医生换头成功，被《新闻记者》评为中国十大假新闻之一。[①]

儿童的需求往往决定儿童使用电视媒体做什么。[②] 娱乐放松、逃避现实、消磨时间、情绪刺激，等等，这些类型的需求更可能驱使儿童观看娱乐类、战争类、暴力类和动画类电视媒体内容。社会学习、好奇心和探究欲等学习需求更可能驱使儿童观看教育类电视媒体内容。丰富多彩的游戏活动、户外活动和同伴友谊可以防止儿童借助电视网络媒体逃避现实和寻求刺激。良好温馨的家庭环境和科学的家庭教养方式将鼓励幼儿的求知欲，有助于激发幼儿观看教育类电视媒体以满足自身的学习与发展需求。

亲子之间对电子媒体内容科学性的提问与讨论有利于儿童正确理解和评价电视网络媒体内容。如果父母与儿童经常共同观看具有科学性和教育意义的电视媒体内容，并且逐步深入交流与讨论，儿童的科学认知将更加正确和深刻。同时，要以建设性的态度利用电视网络媒体，将电子媒体获得的间接经验与实际探究活动相结合。观看电视网络媒体之后，父母有必要与孩子一起通过调查研究、户外观察和种植照料等探究活动发展生命科学认知。

二 家长科学素养的提高

家长自身的科学素养和科学教育素养整体水平较低，科学教育效果不太理想。中国科普研究所在2015年进行了第九次中国公民科学素养调查[③]，对中国大陆18—69岁的公民抽样调查结果发现，虽然公民科学素养综合水平逐步提升，公民提升科学素养的途径明显增多，但还是不太理想。只有6.20%的中国公民具备基本科学素养，并且公民科学素养发展水平很不平衡，存在性别差异和区域差异。男性的科学素养高于女性，东部地区的科学素养高于中西部地区，大城市的科学素养高于中小城市。

很多家长不重视幼儿科学教育，他们更看重拼音、识字、算数、画画

---

① 汪苏华：《提高国民科学素养是新闻媒体的职责》，《当代传播》2006年第5期。

② 卜卫：《关于儿童媒介需要的研究》，《新闻与传播研究》1996年第3期。

③ 新华网：《中国科协发布第九次中国公民科学素质调查结果》（http：//education.news.cn/2015－09/19/c_128247007.html）。

和唱歌。家长的科学素养不高，对科学概念和科学本质的理解有偏差，科学教育方式不恰当，他们可能将错误的科学概念灌输给幼儿，致使幼儿缺乏理解，生成错误概念。在研究中发现，幼儿的很多错误概念来自家长。例如，“心脏有造血的功能”，“小鸡是从蛋黄中长出来的”，“植物是从土壤中吸取食物”。

家长科学素养偏低，他们对生命现象的认知也存在迷思性，对幼儿的科学教育采用简单说教的方式进行，解释不到位或者不正确。有的家长告诉幼儿植物是直接从土壤中获得食物，使幼儿误以为植物和动物一样，是直接消费外界食物而生长的，不能认识到植物利用太阳光，吸收二氧化碳和水分，在植物体内制造食物。虽然幼儿不能理解光合作用的原理，但是成人可以让幼儿初步了解植物的生长需要阳光、空气和水分，植物利用阳光、空气和水分在体内制造食物。因为小孩偏食——喜欢吃肉，不喜欢吃蔬菜，有的父母就会对幼儿说“蔬菜有营养，可以长得更高更漂亮；肉没有营养，只会让人更胖更丑”。于是，幼儿就认为“青菜有营养，猪肉没有营养”。

很多父母在日常生活中为了让幼儿做某些事情或者不做某些事情，往往使用欺瞒、恐吓、夸大、胡编等训诫幼儿，可能对幼儿科学概念的形成有不良影响。有些家长常混合使用现代医学知识和魔法幽灵迷信思想解释生命现象，使幼儿的生命认知表现为现代医学知识和传统落后知识的混合概念。例如，有的幼儿认为“污染物使人生病，而魔法、幽灵使人接触了这些污染物”。有的父母给幼儿讲述了胎儿在母体内发育的知识，但没有说明发育成熟的胎儿如何从妈妈肚子里出来，也许是因为涉及生殖器的部分，父母觉得讲解起来很难为情，以至于幼儿错误地认为“妈妈通过脐带把营养传给宝宝，妈妈拉屎就把宝宝生出来”。

大人在日常生活中使用不科学的语言往往易使幼儿形成迷思概念。有的幼儿认为动物不会死亡，因为父母曾经说过“猫有九条命”。有的幼儿认为被砍头致死的人不能重生，但缺水死亡的人还能重生，因为父母经常说“渴死我了”。还有家长持有宗教情结，为使“死亡”看起来更加美好一些，用“死后上天堂”解释死亡现象和亲人的丧失，致使幼儿认为“人死后在地球上是无功能和不可逆的，但上天堂后是有功能，并且死去的亲人会在天堂关注我们，保护我们”。这种天堂观念虽然可以使死亡教育更美好一些，更诗意和童话一些，但毕竟不符合科学，在儿童年幼的心灵里播撒带有宗教情结的种子，可能不利于幼儿生命科学概念的发展。

三　城乡学前教育一体化的合理发展

尽管幼儿前科学概念的总体水平城乡差异不显著，但是前科学概念的内容特征与获得方式差异较大。因此，城乡幼儿科学教育的总体目标可以是相同的，但是科学教育的内容和实施策略需要互补。城乡一体化不是城市化，不能完全以城市为标准，城乡教育应该“和而不同”。不能认为农村处处不如城市，更不能认为农村儿童在各个方面低于城市儿童，这种偏见必须破除。城乡儿童的生活环境需要差异互补。农村生活亲近自然，偏于生态性，但在科学技术上相对落后；城市生活在科学技术现代化方面先行一步，偏于科技理性，但远离自然，城乡之间需要合作共赢。幼儿教师要多提供机会引领城市儿童到乡下去亲近自然和积累科学经验，农村教师要适当在城市教育的支持下开展“正式的科学教育”以提升幼儿的前科学概念。

城市更重视幼儿科学教育，拥有更多的正式科学教育资源，但是相对缺乏自然资源。城市幼儿亲近自然的直接经验较少，他们很少亲身种植植物和饲养动物，即使偶尔去动植物园游玩，往往是漫不经心的无意识行为。这种“走近”而非“走进”的接触，不能使幼儿深入地注意和探究动植物的生活条件、生长状态、生活习性和生命历程，狭隘的科学经验会限制科学概念的发展。因此，教师需要丰富城市幼儿亲近自然的直接经验。在农村，自然资源相对丰富，农村幼儿亲近自然的机会更多。农民在种植和饲养农作物方面有很多知识经验，幼儿在直接参与成人的农业活动中可以获得较为丰富的直接经验。但是农民对生命科学的认知很可能也是一种经验层次的“朴素理论”，他们对生命现象的认知可能是肤浅的，甚至是“非科学的”。因此，农村幼儿需要更多“正式的科学教育”，当然，这种“正式的科学教育”也应该是适合幼儿学习特点和认知发展水平的。同时，国家需要加大支持力度，提高农村社区居民的科学素养水平。

四　教师科学教育效能的有效提升

幼儿科学教育效能不太理想，科学教育在幼儿园课程结构中的比例失衡，既有外界支持不力的原因，也有幼儿教师自身科学素养偏低的原因。幼儿教师基本来自文科专业背景，大多数幼儿教师在中小学阶段理科成绩太差或者不喜欢理科。[①] 女性学不好科学的社会刻板印象和学习科学的负面经历使她们害怕学科学，更害怕教科学。[②] 教师教育课程体系不太重视幼儿教师科学素养的培养，幼儿教师认为科学概念很抽象，不知道如何开展科学探究活动，对于科学思维和科学本质缺乏理解。[③]

师范院校要提高科学教育在幼儿教师教育课程体系中的重要地位，要求幼儿教师学习理科通识课程和科学教育课程，从中理解科学概念，培养科学思维和形成科学能力。教师教育要通过科普社团活动、参观科技馆、科学宣传橱窗、自然考察、科学实验、科学故事等多种形式培养幼儿教师的科学素养，通过科学教学案例视频、科学讨论、科学游戏、做中学等多种方式引导幼儿教师学习科学教育方法。[④]

幼儿教师培训机构要开展科学领域课程的专项培训。教育行政管理者和教育专家要帮助教师正确理解科学知识与科学探究的关系。儿童逻辑和学科逻辑应该是整合关系，而不是非此即彼的关系。我们既要坚决反对不符合儿童身心发展的“知识灌输”和“学前教育小学化”，也要防止极端片面理解的“儿童中心论”。儿童天性的自然发展固然是必须尊重的，但不能因此否定“文化知识”的作用，离开基础性知识，科学素养的启蒙只能流于形式。科学知识是科学素养的重要因素，是科学思维的重要基础，科学探究过程需要科学知识的参与，激发与维持科学好奇心也离不开科学知识。知识教学是幼儿教育的基本形态之一，不能因为“游戏活动”的重要性而否定知识教学的重要意义。幼儿园知识教学既是教师支持与传递的过程，又是幼儿亲自参与和建构的过程；既是社会文化整合与渗透的

---

① 王萍：《高师学前教育专业学生科学素养的现状及发展对策》，《学前教育研究》2008 年第 3 期。

② Bleicher, R. E., Lindgren, J., “Success in science learning and preservice science teaching self-efficacy”, *Journal of Science Teacher Education*, Vol. 16, No. 3, 2005.

③ Enochs, L. G., Riggs, I. M., “Further development of an elementary science teaching efficacy belief instrument: A preservice elementary scale”, *School Science and Mathematics*, Vol. 90, No. 8, 1990.

④ 许应华、徐学福：《职前幼儿教师科学教学效能感培养的实验研究》，《教育研究与实验》2013 年第 1 期。

过程，又是幼儿生活经验升华与创生的过程。教师教育和教育研究要帮助幼儿教师理解知识的类型、性质与价值，学习如何整合儿童逻辑和学科逻辑，如何选择“最有价值的知识”，以及如何实施儿童能够理解的科学教育。①

幼儿教师自身也应该转变科学教育信念，努力提高自身科学素养和科学教育能力，要多充实自然科学知识，多思考主题概念、活动目标、活动之间的逻辑相关性，在主动参与探究活动中发展科学探究能力。②《科学素养导航图》和《科学素养的基准》以学习进阶的形式呈现了K－12年级儿童对核心概念的理解在不同年龄段有可能达到的深度和广度。幼儿教师需要充分利用科学素养导航图和儿童心理发展等方面的研究成果，选择合适的内容和材料，以适当的形式引发幼儿对核心概念的探究和学习。幼儿教师也可以从科学发展史中获得一些启示，儿童拥有的某些前科学概念与科学发展史上曾经出现的概念理解具有相似性。幼儿的前科学概念常常处于科学概念至上而下与生活经验至下而上的交汇区域，往往是幼儿科学认知的最近发展区。教师要学习调查和理解幼儿的前科学概念，并且依据幼儿的前科学概念设计和实施科学探究活动，融通主题、科学概念、探究活动三者之间的内在关联，提高科学教育效能。

五　社区科学教育资源的有力支持

科技博物馆、自然博物馆、农业博物馆、水族馆、动物园、植物园、养殖场、农庄和医院等要参与到科普工作中，为公民提供普惠性的科学普及服务。科普工作者要加大科普工作力度，主动为教师实施科学教育提供支持。政府要加强农村科普实施的建设，加大科学教育资源城乡共享力度，以“流动科技馆”的形式为乡镇地区，特别是贫困、边远地区提供科普服务。

对于幼儿生命科学教育，医院和医生的参与可以起到重要作用。幼儿能够认识到食物与生长、疾病以及健康有关，知道心脏、大脑、呼吸、血液对于维持生命非常重要，但是他们不了解其中的生理机制。幼儿对身体

① 刘小红、杨晓萍：《幼儿园“禁教”思想辨析》，《学前教育研究》2012年第1期。

② 周淑惠：《幼儿园自然科学经验教材教法》，心理出版社1997年版，第288—294页。

内部器官了解很少，在他们看来，身体摄入或排泄的东西就是身体内部包含的东西。对此，医院可以提供人体模型，让幼儿观看和触摸人体的内脏器官，医生可以结合人体模型帮助幼儿了解人体器官组织的位置和功能，为以后进一步思考人体组织系统的协同工作积累前科学概念。

要加大科普设施和科普活动对儿童科学教育的开放力度。科普设施和科普活动等非正规教育环境提升科学素养的作用仅次于公民受教育程度。[①] 儿童科普设施形象生动，将科学知识蕴含于有趣的科普设施和游戏活动之中，可供幼儿通过看、摸、听、玩，从中感受到科学的神奇魅力，萌发探究欲望，启蒙科学概念和科学思维。以科技馆中的动物世界和生物万象为例，动物世界的大厅陈列多种多样的动物标本，广泛囊括五大洲有代表性的动物，按照纲目分为昆虫类、蝴蝶类、爬行类、鸟类等展厅，有标本和模型，图文并茂，栩栩如生，生动详细地介绍了动物的种类、进化、器官、繁殖和生长。再以园林植物科普馆为例，园林植物科普馆共划分为七大展区，分别为园林植物概述区、园林植物区、园林植物伴生区、园林植物衍生区、园林植物养护与管理区、园林成果展示区以及室外展区。展区以生动有趣的方式将生命科学知识蕴含其中，包括植物的演化、分布与分类，以及植物、动物、人类与环境之间的关系。[②]

科普设施的知识含量较高，幼儿有时候可能会因为不理解而难以坚持，教师和家长最好提前查阅和理解其中的科学知识，在幼儿提问时，教师和家长要尽可能深入浅出地讲解，并且适时与幼儿互动。遗憾的是，很多家长没有意识到科技馆的重要目的在于科学普及，参观科技馆时只是走马观花，把注意力放在照相留念上，错过了幼儿科学素养启蒙的时机。近年来，国家和地方政府正在加大对青少年科普教育活动和科普设施的投入，优质科学教育资源和科普教育活动将会越来越丰富。教师和家长要积极有效地开发社区科学教育资源，主动提高自身科学素养和科学教育素养，以更好地启蒙幼儿的科学素养。

---

① 任磊、张超、何薇：《中国公民科学素养及其影响因素模型的构建与分析》，《科学学研究》2013 年第 7 期。

② 李海英：《园林植物科普馆“十一”前开馆》（http：//www. syd. com. cn）。

结　语

前人对于儿童科学概念发展的研究成果较为丰富，近期研究也表明幼儿对生命现象和过程的认知具有丰富的前科学概念，但是这些研究大多局限于某一个侧面，缺乏整体性。或者单独研究幼儿对动物的认知，或者单独研究幼儿对人体的认知，较少研究幼儿对植物的认知，鲜见对人体、动物和植物认知的整合性研究。研究的生命现象维度和选择的刺激物不同，或者单独研究遗传，或者单独研究生长，或者单独研究生病，或者单独研究死亡，缺乏对遗传、生长、生病和死亡的整合研究，研究结论很不统一，并且难以比较分析。选择的研究对象多为西方儿童和我国大城市儿童，对西方儿童和我国大城市儿童的研究结论不适合完全推广到我国农村儿童。我国农村儿童生活的文化环境毕竟是不同的，与城市儿童的前科学概念在水平、特征和影响因素上可能具有共性，同时可能还有差异。生命毕竟不是各种割裂的生物特征的简单组合，因此，本书力图系统细致地研究 4—6 岁城乡幼儿的前科学概念，其中涉及动物、植物、人体 3 种生命体类型，包含遗传、生长、生病和死亡 4 个概念。

一　本书的结论

（一）量化研究结论

其一，4—6 岁城乡幼儿的前科学概念总体水平年龄段差异非常显著，$F(1,\ 155)=33.574$，$P<0.01$，$M_{4-5}=14.238$，$M_{5-6}=18.316$，5—6 岁幼儿前科学概念总体水平显著高于 4—5 岁幼儿。城乡差异不显著 $F(1,\ 155)=2.804$，$P>0.05$，城乡与年龄段的交互效应不显著，$F(1,\ 155)=1.304$，$P>0.05$。

其二，关于生命体遗传解释水平的比较。城乡主效应不显著，

$F(1, 155) = 0.130$，$P > 0.05$。城乡与年龄段的交互效应不显著，$F(1, 155) = 1.884$，$P > 0.05$。年龄段主效应非常显著，$F(1, 155) = 31.948$，$P < 0.01$，$M_{4-5} = 2.188$，$M_{5-6} = 4.004$，5—6岁幼儿对遗传现象的解释水平显著好于4—5岁幼儿。

其三，关于生命体生长解释水平的比较。城乡主效应不显著，$F(1, 155) = 0.405$，$P > 0.05$。城乡与年龄段的交互效应不显著，$F(1, 155) = 1.886$，$P > 0.05$。年龄段主效应不显著，$F(1, 155) = 1.886$，$P > 0.05$。

其四，关于生命体生病解释水平的比较。城乡差异显著，$F(1, 155) = 6.539$，$P < 0.05$，$M_{城市} = 3.842$，$M_{农村} = 3.113$，城市幼儿的生病概念认知水平显著高于农村幼儿。城乡与年龄段的交互效应不显著，$F(1, 155) = 1.886$，$P > 0.05$。年龄段主效应显著，$F(1, 155) = 5.673$，$P < 0.05$，$M_{4-5} = 3.138$，$M_{5-6} = 3.817$，5—6岁幼儿的生病概念认知水平显著高于4—5岁幼儿。

其五，关于生命体死亡解释水平的比较。城乡主效应不显著，$F(1, 155) = 0.795$，$P > 0.05$。城乡与年龄段的交互效应不显著，$F(1, 155) = 0.930$，$P > 0.05$。年龄段主效应非常显著，$F(1, 155) = 32.436$，$P < 0.01$，$M_{4-5} = 4.038$，$M_{5-6} = 5.342$。数据表明，年龄因素对幼儿的死亡认知影响显著，5—6岁年龄组幼儿对死亡的解释水平高于4—5岁年龄组幼儿，城乡因素的影响不显著。

其六，幼儿对动物、植物、人体的认知水平差异非常显著，$F(2, 474) = 14.612$，$P < 0.01$。LSD事后检验得知，幼儿对动物认知水平与对植物认知水平差异不显著，但是对人体的认知水平显著高于对动植物的认知水平。

其七，幼儿对遗传、生长、生病和死亡的解释水平差异非常显著，$F(3, 632) = 43.924$，$P < 0.01$。LSD事后检验得知，生长与死亡的解释水平差异不显著，遗传与生病的认知差异为弱显著性（$P = 0.053$），其余生命现象的解释水平两两之间差异极其显著。遗传、生病、死亡、生长的解释水平依次上升。

（二）质性研究结论

第一，城乡生活环境差异对幼儿前科学概念的发展水平和特征有影响，城市幼儿的前科学概念更多来自间接经验，农村幼儿的前科学概念更多来自直接经验，城市幼儿相比农村幼儿有更明显的拟人化思维。

第二，儿童前科学概念的获得方式是多元的，其中日常感受的作用最为重要，儿童自身的特点和电视网络媒体的影响也很大，幼儿教师和幼儿家长有意识的生命科学教育有一定影响，但并未造成显著差异。

第三，城乡儿童前科学概念的共同特征：领域普遍性与领域特殊性共同制约幼儿的前科学概念，前科学概念中有迷思概念，儿童对生命现象持多元解释方式。在生命科学领域内，儿童对生命现象的解释方式主要有活力论、本质论、环境论、行为论和目的论，儿童根据不同的生命现象选择以某种解释方式为主，以其他解释方式为补充。

二 本书可能的贡献

（一）在研究视角方面

本书从儿童科学认知发展的视角，实证研究了儿童前科学概念的发展水平、特征以及影响因素，基于实证研究结论，进一步建构了前科学概念的研究对儿童科学教育的启示。本书整合儿童发展心理学、学前教育学和儿童科学教育理论，将儿童前科学概念的实证研究和儿童科学教育的理论建构相结合，在一定程度上丰富了儿童科学教育的研究视角。

（二）在研究内容方面

本书从生物生老病死的生命过程基本现象出发，选择代表生命过程的 4 个基本概念——遗传、生长、生病、死亡，从 3 种类型的生命体——动物、植物、人体，设计了 12 个临床访谈题目，研究儿童的前科学概念。系统整合的研究可以较好地评估幼儿在生命科学领域前科学概念的认知水平与发展特征，同时有利于与前人的研究结论进行对照和整合。

基于《3—6 岁儿童学习与发展指南》，本书编制了幼儿生命科学教育家长自评问卷和幼儿生命科学教育教师自评问卷，专家评定和心理测量学检验结果表明该问卷具有较高的信度和效度。利用问卷调查和实地访谈，本书分析了幼儿前科学概念的影响因素。在此基础上，本书对儿童生命科学教育进行了理性反思与理论建构，丰富了前人研究成果。

（三）在研究方法方面

前人研究成果多是以西方儿童或者我国大城市儿童为研究被试，前人的研究结论在某些方面可能适合我国中部地区农村儿童，在另一些方面可能并不适合。本书在研究取样上同时考虑到年龄段和城乡因素，使用质性研究和量化研究相结合的混合研究方法，以量化分析为主，研究了4—6岁城乡幼儿前科学概念的发展水平；以质性分析为主，研究了4—6岁城乡幼儿前科学概念的共同特征和城乡差异。同时本书也适当地将研究结论与国内外前人的研究成果进行了比较，在一定程度上补充了儿童认知发展和儿童科学教育的研究成果。

（四）在研究结论方面

本书的结论与前人的研究结论在总体上有一致之处，但在某些具体结论上还是有所不同的。通过较为系统细致的实证研究，本书发现4—6岁城乡幼儿的前科学概念总体水平年龄段差异显著，城乡差异不显著，但是具体到生病现象的解释水平，城乡差异显著，城市幼儿的生病概念认知水平显著高于农村幼儿；幼儿对动物认知水平与对植物认知水平差异不显著，但是对人体的认知水平显著高于对动植物的认知水平；儿童的生命现象认知表现出不同步性，儿童对生长的认知成绩最好，死亡次之，之后是生病和遗传。

城乡生活环境差异对前科学概念的发展水平、内容特征和获得方式有影响，城市幼儿的前科学概念更多来自间接经验，农村幼儿的前科学概念更多来自直接经验，城市幼儿比农村幼儿有更明显的拟人化思维。同时，城乡儿童前科学概念也具有共同特征：领域普遍性与领域特殊性共同制约幼儿的前科学概念，前科学概念中存在迷思概念，儿童对生命现象的解释方式是多元的。

三　研究的反思与展望

（一）关于研究取样

受研究条件的限制，本书取样只限于中部省份G市的城市幼儿园，以及G市X县下属的3个乡村幼儿园，只考虑了中部地区的城乡差异。未来的研究取样需求再大一些，同时根据区域差异、民族差异、城乡差异等多元差异进行取样，甚至还要考虑到生态环境差异，例如，生活在草原、森林、海洋、平原、山地等不同生态环境背景下的儿童，他们对生命现象的认知可能有某些差异。

本书只是研究了4—6岁幼儿的前科学概念，儿童的前科学概念将会如何带入小学低年级的课堂也是一个很有意义的研究问题，未来的研究需要适当扩展到小学低年级。

由于个人力量和目前条件的限制，本书研究取样的不足有待于将来进一步改进，未来的研究需要研究团队的协同工作和当地政府的支持。

（二）关于临床访谈法

本书主要采用幼儿临床访谈法。幼儿语言表达能力可能在一定程度上影响临床访谈法的信度和效度。临床访谈法可能过高评估幼儿的科学认知，也可能过低评估幼儿的科学认知：也许幼儿能够说出某个科学术语，但不一定理解了科学术语的内涵，也许幼儿对某种生命现象的真实认知并不能很好地通过语言表达出来。这种情况可能存在，但是从临床访谈的整个过程和全体幼儿的总体情况来看，这种情况不是普遍的。

通过精心设计访谈提纲，访谈者基于幼儿本土语言的追问能够在很大程度上避免类似问题。对一些很特别的词语或者很抽象的词语，如“光合作用”“细胞”“营养”“传染”“bian”，研究者特别注意抓住幼儿的本土概念进行追问。例如，“细胞是什么？我们用眼睛能看到细胞吗？手上有细胞吗？脸上有细胞吗？”当幼儿提到“营养”时，研究者会追问“营养是什么？我们用眼睛能看得见营养吗？水果有营养吗？鸡蛋有营养吗？猪肉有营养吗？蔬菜有营养吗？食物都有营养吗？”“传染是什么，小明将病传染给了小华，小明的病还有没有了？”“植物是怎样进行光合作用的？需要有哪些东西才能进行光合作用？”“bian是指什么？为什么会bian到脏东西？”为了弥补临床访谈法的不足，研究者也试图以对家长和教师进行问卷调查和访谈，以及现场观察等多种方式进行一定的补充。

（三）关于幼儿生命科学教育的教师自评问卷和家长自评问卷

调查问卷需要进一步完善，此问卷请教师和家长自评自己对幼儿的科学教育情况，首先教师和家长要能够意识到自己是在对幼儿进行科学教育，所以这份问卷主要还是在于调查教师和家长有目的和有意识的科学教育情况。可能教师和家长在生活中会无意识地对幼儿进行科学教育，这方面并没有很好地体现在问卷中，未来可以尝试使用录像等方式进一步研究。

（四）关于研究结论

研究发现，幼儿前科学概念总体水平年龄段差异显著，城乡差异不显著。尽管前科学概念总体水平不存在显著的城乡差异，但幼儿对生病现象的解释水平存在显著的城乡差异。幼儿的前科学概念在获得方式和内容特征上也存在城乡差异。拥有不同经验的儿童其前科学概念的水平和特征也有所不同。但是，文化背景和个体经验是怎样影响幼儿的前科学概念的？本书对这个问题的研究还不够深入，未来的研究还需要在这个方面继续努力。

生命科学领域是一个比较特殊的领域，幼儿具有朴素生物理论，幼儿对生命现象具有丰富的前科学概念和较高水平的科学认知。在生命科学领域，幼儿前科学概念总体水平城乡差异不显著，城市幼儿平均分只是略高于农村幼儿。本书的研究结论可能不适合其他领域，如科技产品领域、语言发展领域和社会性发展领域。

参考文献

中文文献：

著作类

［1］麦瑞尔姆：《质化方法在教育研究中的应用：个案研究的扩展》，于泽元译，重庆大学出版社 2008 年版。

［2］约瑟夫·克奈尔：《与孩子分享自然》，郝冰译，中国城市出版社 2013 年版。

［3］约翰·杜威：《民主主义与教育》，王承绪译，人民教育出版社 2001 年版。

［4］J. H. 弗拉维尔、P. H. 米勒、S. A. 米勒：《认知发展》，邓赐平译，华东师范大学出版社 2002 年版。

［5］艾利森·戈波尼克、安德鲁·N. 梅尔佐夫、帕特利夏·K. 库尔：《摇篮里的科学家：心智、大脑和儿童学习》，袁爱玲、廖莉、任智茹等译，华东师范大学出版社 2004 年版。

［6］德布·柯蒂斯、玛吉·卡特：《和儿童一起学习：促进反思性教学的课程框架》，周欣译，教育科学出版社 2011 年版。

［7］伊丽莎白·琼斯、约翰·尼莫：《生成课程》，周欣、卢乐珍、王滨译，华东师范大学出版社 2004 年版。

［8］T. S. 库恩：《科学革命的结构》，李宝恒译，北京大学出版社 2005 年版。

［9］芭芭拉·鲍曼：《渴望学习——教育我们的幼儿》，吴亦东译，南京师范大学出版社 2004 年版。

［10］大宫勇雄：《提高幼儿教育质量》，李季湄译，华东师范大学出版社 2009 年版。

[11] 陈杰琦、埃米勒·艾斯贝格、玛拉·克瑞克维斯基：《多元智能理论与儿童学习活动》，何敏、李季湄译，北京师范大学出版社 2005 年版。
[12] 卡西·纳特布朗：《读懂幼儿的思维：幼儿的学习及幼儿教育的作用》，刘焱译，北京师范大学出版社 2010 年版。
[13] 卡洛琳·爱德华兹、莱拉·甘第尼、乔治·福尔曼：《儿童的一百种语言》，罗雅芬、连英式、金乃琪译，南京师范大学出版社 2006 年版。
[14] 玛丽·霍曼、伯纳德·班纳特：《活动中的幼儿：幼儿认知发展课程》，郝和平、周欣译，人民教育出版社 1995 年版。
[15] 美国科学促进协会：《科学素养的导航图》，中国科学技术协会译，科学普及出版社 2008 年版。
[16] 美国科学促进协会：《科学素养的基准》，中国科学技术协会译，科学普及出版社 2001 年版。
[17] 维果茨基：《维果茨基儿童心理与教育论著选》，龚浩然译，杭州大学出版社 1999 年版。
[18] 维果茨基：《维果茨基教育论著选》，余震球选译，人民教育出版社 1994 年版。
[19] 维果茨基：《维果茨基教育论著选》，余震球选译，人民教育出版社 2005 年版。
[20] 尼尔·本内特、利兹·伍德、休·罗格斯：《通过游戏来教：教师观念与课堂实践》，刘焱译，北京师范大学出版社 2010 年版。
[21] 北京市教育科学研究所编：《陈鹤琴全集》（第一卷），江苏教育出版社 1987 年版。
[22] 陈帼眉：《学前儿童发展心理学》，北京师范大学出版社 1995 年版。
[23] 陈华彬、梁玲：《小学科学教育概论》，高等教育出版社 2003 年版。
[24] 陈琦、刘儒德：《当代教育心理学》，北京师范大学出版社 2007 年版。
[25] 陈向明：《教育研究方法》，教育科学出版社 2013 年版。
[26] 蔡迎旗：《学前教育概论》，华中师范大学出版社 2006 年版。
[27] 戴自俺：《张雪门幼儿教育文集》（下卷），北京少儿出版社 1994

年版。
[28] 董大年:《现代汉语分类词典》,汉语大词典出版社1998年版。
[29] 董旭花:《幼儿园优秀科学活动设计88例》,中国轻工业出版社2013年版。
[30] 樊启昶、白书农:《发育生物学原理》,高等教育出版社2012年版。
[31] 樊琪:《科学学习心理学》,中国轻工业出版社2002年版。
[32] 冯晓霞:《幼儿园课程》,北京师范大学出版社2000年版。
[33] 顾荣芳:《幼儿健康概念认知研究》,高等教育出版社2009年版。
[34] 顾荣芳:《学前儿童卫生学》,江苏教育出版社2009年版。
[35] 顾荣芳:《学前儿童健康教育论》,江苏教育出版社2009年版。
[36] 郭力平:《早期儿童教育指导》,华东师范大学出版社2007年版。
[37] 洪秀敏:《学前儿童科学教育》,北京大学出版社2015年版。
[38] 洪秀敏:《儿童发展理论与应用》,北京师范大学出版社2015年版。
[39] 姜勇:《教师自主发展及其内在机制》,北京师范大学出版社2009年版。
[40] 李季湄、冯晓霞:《〈3—6岁儿童学习与发展指南〉解读》,北京师范大学出版社2013年版。
[41] 林崇德、李其维、董奇:《儿童心理学手册》第一卷(下),华东师范大学出版社2009年版。
[42] 刘焱:《儿童游戏通论》,北京师范大学出版社2004年版。
[43] 刘占兰:《学前儿童科学教育》,北京师范大学出版社2008年版。
[44] 刘占兰:《幼儿科学教育》,北京师范大学出版社2000年版。
[45] 刘晓东:《学前教育学》,江苏教育出版社2009年版。
[46] 刘晶波:《学前教育研究方法》,人民教育出版社2014年版。
[47] 刘云艳:《幼儿园教学艺术》,西南师范大学出版社2001年版。
[48] 李爱华:《生活即教育:真实践主题活动探究》,北京师范大学出版社2000年版。
[49] 马云鹏:《教育研究方法概论》,东北师范大学出版社2000年版。
[50] 马云鹏:《课程与教学论》,中国广播电视大学出版社2000年版。
[51] 莫雷:《教育心理学》,教育科学出版社2013年版。
[52] 庞丽娟:《中国教育改革30年》(学前教育卷),北京师范大学出版

社 2009 年版。
[53] 庞丽娟:《文化传承与幼儿教育》, 浙江教育出版社 2005 年版。
[54] 庞丽娟:《教师与儿童发展》, 北京师范大学出版社 2003 年版。
[55] 阮智富、郭忠新:《现代汉语大词典》, 上海辞书出版社 2009 年版。
[56] 施良方:《课程理论——课程的基础、原理与问题》, 教育科学出版社 1996 年版。
[57] 王海英:《智慧的跷跷板——幼儿元认知研究》, 江苏教育出版社 2005 年版。
[58] 王春燕:《幼儿园课程概论》, 高等教育出版社 2007 年版。
[59] 王小英:《国内外幼儿教育改革动态与趋势》, 东北师范大学出版社 2004 年版。
[60] 王振宇:《儿童心理发展理论》, 华东师范大学出版社 2000 年版。
[61] 王振宇:《学前儿童发展心理学》, 人民教育出版社 2004 年版。
[62] 现代汉语辞海编委会:《现代汉语辞海》, 印刷工业出版社 2002 年版。
[63] 虞永平:《幼儿教育观新论》, 人民教育出版社 2006 年版。
[64] 鄢超云:《朴素物理理论与儿童科学教育》, 江苏教育出版社 2007 年版。
[65] 严仲连:《在传统与现代之间——后殖民视野下的学前教育政策研究》, 华东师范大学出版社 2014 年版。
[66] 姚伟:《幼儿认识自然和社会》, 东北师范大学出版社 1995 年版。
[67] 杨治良、罗承初:《心理学问答》, 甘肃人民出版社 1986 年版。
[68] 杨晓萍:《学前教育回归生活课程研究》, 西南师范大学出版社 2002 年版。
[69] 衣俊卿:《文化哲学》, 云南人民出版社 2001 年版。
[70] 张俊:《幼儿园科学教育》, 人民教育出版社 2004 年版。
[71] 张俊:《皮肤》, 江苏教育出版社 2002 年版。
[72] 张俊:《血液》, 江苏教育出版社 2002 年版。
[73] 张俊:《牙齿》, 江苏教育出版社 2002 年版。
[74] 张俊:《营养》, 江苏教育出版社 2002 年版。
[75] 张俊:《出生》, 江苏教育出版社 2002 年版。

[76] 周欣：《儿童数概念的早期发展》，华东师范大学出版社 2004 年版。
[77] 周兢、余珍有：《幼儿园语言教育》，人民教育出版社 2004 年版。
[78] 张文彤：《SPSS 统计分析高级教程》，高等教育出版社 2011 年版。
[79] 张文彤：《SPSS 统计分析基础教程》，高等教育出版社 2011 年版。
[80] 张向葵：《发展心理学》，教育科学出版社 2012 年版。
[81] 周淑惠：《幼儿自然科学经验教材教法》，心理出版社 1997 年版。
[82] 朱家雄：《幼儿园课程》，华东师范大学出版社 2003 年版。
[83] 张华：《课程与教学论》，上海教育出版社 2000 年版。

论文类

[1] 白学军：《儿童思维发展水平测验的编制与测试结果》，《心理发展与教育》1994 年第 1 期。
[2] 卜卫：《关于儿童媒介需要的研究》，《新闻与传播研究》1996 年第 3 期。
[3] 陈嘉映：《日常概念与科学概念》，《江苏社会科学》2006 年第 1 期。
[4] 丁海东：《儿童动漫：幼年精神之旅的“魅”与“劫”》，《西南大学学报》（社会科学版）2010 年第 5 期。
[5] 樊琪：《自然科学概念形成过程中外显与内隐学习的比较》，《心理科学》2001 年第 6 期。
[6] 房慧、徐学福：《儿童概念的发展与教育》，《学前教育研究》2010 年第 6 期。
[7] 盖笑松、张婵：《走向生态化的儿童研究：聚焦中国儿童成长环境》，《东北师大学报》（哲学社会科学版）2005 年第 4 期。
[8] 顾荣芳：《幼儿对疾病相关概念的认知》，《学前教育研究》2008 年第 11 期。
[9] 郭自力：《论器官移植的法律问题》，《中外法学》1998 年第 5 期。
[10] 郭自力：《死亡标准的法律与伦理问题》，《政法论坛》2001 年第 3 期。
[11] 侯云燕、王晋：《实践智慧——教育理论与教育实践交融的桥梁》，《中国教育学刊》2014 年第 12 期。
[12] 胡卫平、刘建伟：《概念转变模型、理论基础、主要内容、发展与修正》，《学科教育》2004 年第 12 期。

[13] 黄进:《儿童科学教育与艺术教育的分裂及其综合》,《学前教育研究》2009年第5期。
[14] 高峰、刘恩山:《初中生生物学前科学概念来源的研究》,《生物学通报》2010年第2期。
[15] 李高峰、刘恩山:《美国〈国家科学教育标准〉倡导的科学探究》,《教育科学》2009年第5期。
[16] 李高峰、刘恩山:《前科学概念的研究进展》,《内蒙古师范大学学报》(哲学社会科学版)2007年第4期。
[17] 李高峰:《科学教育中的"前科学概念"》,《教育学术月刊》2010年第9期。
[18] 李国彰:《中医稳态观与稳态学说》,《北京中医药大学学报》1994年第6期。
[19] 李建会:《生命是什么》,《自然辩证法研究》2003年第4期。
[20] 李雁冰、刁彭成:《科学教育中"迷思概念"初探》,《全球教育展望》2006年第5期。
[21] 林崇德:《思维心理学研究的几点回顾》,《北京师范大学学报》(社会科学版)2006年第5期。
[22] 刘德华、付荣:《教育理论与教育实践关联之基点》,《教育发展研究》2012年第9期。
[23] 刘晟、刘恩山:《学习进阶:关注学生认知发展和生活经验》,《教育学报》2012年第2期。
[24] 刘文君:《前科学思维概念与科学思维概念》,《江汉论坛》1982年第6期。
[25] 刘小红、杨晓萍:《幼儿园"禁教"思想辨析》,《学前教育研究》2012年第1期。
[26] 刘玉娟:《发展学生优势智能的课堂教学策略研究》,《中国教育学刊》2003年第1期。
[27] 刘占兰:《〈指南〉中的幼儿科学探究——价值取向、目标与实施策略》,《幼儿教育·教育教学》2013年第6期。
[28] 刘占兰:《幼儿科学探究中的记录问题》,《幼儿教育》2007年第11期。

[29] 鲁洁：《实然与应然两重性：教育学的人性假设》，《华东师范大学》（教育科学版）1998年第4期。
[30] 牟毅、朱莉琪：《儿童朴素物理学的错误概念及影响概念转换的因素》，《心理科学进展》2006年第5期。
[31] 任磊、张超、何薇：《中国公民科学素养及其影响因素模型的构建与分析》，《科学学研究》2013年第7期。
[32] 石翡、丁邦平：《科学前概念中西方研究进展追踪》，《比较教育研究》2014年第6期。
[33] 谭小琴：《从公众科学素养看科学全球化中的中国教育》，《自然辩证法研究》2008年第12期。
[34] 佟秀丽、莫雷：《国外儿童科学思维发展的新探索》，《心理科学》2005年第4期。
[35] 涂元玲：《儿童人类学的儿童观及启示》，《湖南师范大学教育科学学报》2013年第5期。
[36] 汪苏华：《提高国民科学素养是新闻媒体的职责》，《当代传播》2006年第5期。
[37] 王剑、冯建军：《对我国农村教育城市化的审视》，《教育发展研究》2005年第8期。
[38] 王健、李秀菊：《5E教学模式的内涵及其对我国理科教育的启示》，《生物学通报》2012年第3期。
[39] 王金霞、智学：《教育政策——教育理论与教育实践的桥梁》，《教育理论与实践》2005年第6期。
[40] 王津、周兢：《知识类图画书的概念、价值及其阅读指导策略》，《学前教育研究》2013年第5期。
[41] 王欣、张丽锦：《干预训练对儿童掌握遗传知识的作用》，《心理科学进展》2008年第5期。
[42] 邬志辉：《中国农村教育现代化的价值取向与道路选择》，《中国地质大学学报》（社会科学版）2008年第6期。
[43] 熊哲宏、李其维：《论儿童的文化发展与个体发展的统一》，《华东师范大学学报》（教育科学版）2002年第3期。
[44] 徐杰、张俊：《幼儿光影概念转变的个案研究》，《学前教育研究》

2008 年第 2 期。
[45] 徐杰、张俊：《指向概念转变的教学：来自实践的反思与启示》，《学前教育研究》2008 年第 2 期。
[46] 许应华、徐学福：《职前幼儿教师科学教学效能感培养的实验研究》，《教育研究与实验》2013 年第 1 期。
[47] 杨红升：《文化差异的认知影响》，《心理科学》2007 年第 4 期。
[48] 杨晓辉、王腊梅、朱莉琪：《电子媒体的使用与儿童发展——基于生态科技微系统理论的视角》，《心理科学》2014 年第 4 期。
[49] 姚伟、张妮妮：《在科学探究中促进儿童解释能力的发展——美国科学开端课程对我国儿童科学教育的启示》，《课程教材教法》2011 年第 5 期。
[50] 姚伟：《论儿童科学素质的培养》，《东北师大学报》（哲学社会科学版）2001 年第 2 期。
[51] 袁维新：《科学概念的建构性教学模式与策略探析》，《教育科学》2007 年第 2 期。
[52] 袁维新：《生物教学中错误概念的诊断与矫治》，《课程教材教法》2003 年第 5 期。
[53] 张俊：《生活化与学科性：幼儿科学教育内容选择的两重标准》，《幼儿教育·教育教学》2013 年第 7 期。
[54] 张丽锦、方富熹、杨小冬：《学前儿童朴素生物学理论及其获得机制》，《心理科学进展》2004 年第 3 期。
[55] 张丽锦、方富熹：《4—7 岁儿童依据对繁殖的朴素理解区分植物和非生物的认知发展》，《心理学报》2006 年第 6 期。
[56] 张丽锦、方富熹：《4—7 岁儿童关于动物繁殖的朴素生物学理论的发展》，《心理学报》2005 年第 5 期。
[57] 张丽锦、方富熹：《干预训练对 5、6 岁儿童理解植物繁殖概念的影响》，《中国心理卫生杂志》2005 年第 9 期。
[58] 张向葵：《3.5—6.5 岁儿童对死亡认知的研究》，《心理发展与教育》1998 年第 4 期。
[59] 张颖之、刘恩山：《中学生对遗传学重要概念的理解》，《生物学通报》2013 年第 3 期。

[60] 郑洁：《4—6岁儿童对人的繁殖概念认知的实证研究》，《教育评论》2011年第2期。
[61] 郑洁：《幼儿错误概念类型、特点及启示——基于人的繁殖概念的研究》，《教育学术月刊》2011年第11期。
[62] 朱家雄：《超越儿童认知发展的普遍性》，《学前教育研究》2002年第5期。
[63] 朱家雄：《从一个质疑谈起——玩与教的两难》，《幼儿教育·教育教学》2014年第11期。
[64] 朱家雄：《学前教育为了什么——学前教育的文化适宜性问题》，《幼儿教育·教育教学》2015年第1期。
[65] 朱家雄：《游戏与教学，孰轻孰重——玩与教的两难》，《幼儿教育·教育教学》2007年第3期。
[66] 朱家雄：《幼儿园教师要不要教学：一个原本无需讨论的问题》，《幼儿教育·教育教学》2007年第9期。
[67] 朱家雄：《幼儿园课程中的关键经验与关键概念——玩与教的两难》，《幼儿教育·教育教学》2012年第12期。
[68] 朱莉琪、方富熹：《学前儿童对死亡认知的研究》，《中国临床心理学杂志》2006年第1期。
[69] 朱莉琪：《儿童对疾病的认知》，《心理科学》2003年第1期。
[70] 朱莉琪：《儿童科学概念的认知发展》，《心理科学进展》2006年第4期。
[71] 朱莉琪：《学前儿童朴素生物学理论的研究》，《心理学动态》1999年第3期。
[72] 朱莉琪、刘光仪：《学前儿童对疾病的认知》，《心理学报》2007年第1期。

学位论文类

[1] 白利峰：《幼儿对有关疾病概念的认知研究》，硕士学位论文，南京师范大学，2005年，第21页。
[2] 郭桂周：《非正式科学课程开发的理论与实践研究》，博士学位论文，东北师范大学，2014年，第33—39页。

报刊类

虞永平:《幼儿园课程改革路在何方》,《中国教育报》2014 年 9 月 21 日第 1 版。

电子资源

[1] 李海英:《园林植物科普馆"十一"前开馆》(http://www.syd.com.cn)。

[2] 李季湄:《深入解读〈3—6 岁儿童学习与发展指南〉》(http://gbjc.bnup.com/news.php?id=22223)。

[3] 新华网:《中国科协发布第九次中国公民科学素质调查结果》(http://education.news.cn/2015-09/19/c_128247007.html)。

[4] 中华人民共和国教育部:《3—6 岁儿童学习与发展指南》(http://www.moe.edu.cn/publicfiles/business/htmlfiles/moe/s3327/201210/xxgk_143254.html)。

[5] 中华人民共和国教育部:《幼儿园教育指导纲要》(http://www.moe.gov.cn/publicfiles/business/htmlfiles/moe/moe_309/200412/1506.html)。

英文文献:

著作类

[1] Barkow, Jerome H., Leda Cosmides and John Tooby, eds., *The adapted mind: Evolutionary psychology and the generation of culture*, Oxford University Press, 1995, pp. 1-21.

[2] Carey S., Conceptual change in childhood, Cambridge, MA: MIT Press, 1985, pp. 2-11.

[3] Keil F. C. Concepts, *Kinds and Cognitive Development*, Cambridge, Mass: MIT Press, 1989.

[4] Miller P. H, *Theories of Developmental Psychology*, Macmillan, 2002, pp. 114-123.

[5] Osborne, R. & Freyberg, P., "Learning in science: The implications of children's science", *Auckland: Heinemann*, 1985, pp. 30-37.

[6] Slaughter V., Jaakkola R., Carey S., "Constructing a coherent theory:

Children's biological understanding of life and death", Cambridge University Press, 1999, pp. 71 – 76.

论文类

[1] Astuti, R., Solomon, G. & Carey, S., "Constraints on conceptual development", *Monographs of the Society for Research in Child Development*, No. 9, 2004.

[2] Backscheider, A., Shatz, M. & Gelman, S., "Preschoolers' ability to distinguish living kinds as a function of regrowth", *Child Development*, Vol. 6, No. 4, 1994.

[3] Behl-Chadha G., "Basic-level and superordinate-like categorical representations in early infancy", *Cognition*, Vol. 60, No. 2, 1996.

[4] Bibace R. & Walsh M. E., "Development of children's concepts of illness", *Pediatrics*, Vol. 66, No. 6, 1980.

[5] Bleicher, R. E., Lindgren, J., "Success in science learning and preservice science teaching self-efficacy", *Journal of Science Teacher Education*, No. 6, 2005.

[6] Bloch M., Solomon G. E. A, Carey S. Zafimaniry, "An understanding of what is passed on from parents to children: A cross-cultural investigation", *Journal of Cognition and Culture*, Vol. 1, No. 1, 2001.

[7] Chi M. T. H., Hutchinson J. E., Robin A. F., "How inferences about novel domain-related concepts can be constrained by structured knowledge", *Merrill-Palmer Quarterly* Vol. 35, No. 1, 1989.

[8] Corinna Leonhardt, Jutta Margraf-Stiksrud, Larissa Badners, Andrea Szerencsi and Rolf F. Maier, "Does the 'Teddy Bear Hospital' enhance preschool children's knowledge? A pilot study with a pre/post-case control design in Germany", *Journal of Health Psychology*, No. 4, 2014.

[9] Cristine H. Legare, Susan A. Gelman, "Bewitchment, Biology, or Both: The Co-Existence of Natural and Supernatural Explanatory Frameworks across Development", *Cognitive Science*, Vol. 32, No. 4, 2008.

[10] Eick C. J., "Use of the outdoor classroom and nature-study to support science and literacy learning: A narrative case study of a third-grade

classroom", *Journal of Science Teacher Education*, Vol. 23, No. 7, 2012.

[11] Enochs, L. G., Riggs, I. M., "Further development of an elementary science teaching efficacy belief instrument: A preservice elementary scale", *School Science and Mathematics*, Vol. 90, No. 8, 1990.

[12] Farrar M. J., Boyer-Pennington M., "Developmental changes in children's inductive inferences for biological concepts: implications for the development of essentialist beliefs", *Infant and Child Development*, Vol. 20, No. 5, 2011.

[13] French L. "Science as the center of a coherent, integrated early childhood curriculum", Early Childhood Research Quarterly, 2004, 19 (1): 138 - 149.

[14] Garcia, J., Koelling, R. A., "The relation of cue to consequence in avoidance learning", *Psychonomic Science*, No. 4, 1996.

[15] Gelman S. A., Wellman H. M., "Insides and essences: Early understandings of the non-obvious", *Cognition*, Vol. 38, No. 3, 1991.

[16] Gelman, S. A., Bloom, P., "Young children are sensitive to how an object was created when deciding what to name it", *Cognition*, Vol. 76, No. 2, 2000.

[17] Gillespie, C. W., Beisser, S., "Developmentally appropriate LOGO computer programming with young children", *Information Technology in Childhood Education Annual*, No. 1, 2001.

[18] Giyoo Hatano, Kayoko Inagaki, "Domain-specific constraints of conceptual development", *International Journal of Behavioral Development*, Vol. 24, No. 3, 2000.

[19] Greif, M. L., Kemler-Nelson, D. G., Keil, F. C., Guitierrez, F., "What do children want to know about animals and artifacts? Domain-specific requests for information", *Psychological Science*, Vol. 17, No. 6, 2006.

[20] Harris, P., Koenig, M., "Trust in testimony: How children learn about science and religion", *Child Development*, Vol. 77, No. 3, 2006.

[21] Hatano G., Inagaki K., "Domain-specific constraints of conceptual de-

velopment", International Journal of behavioral Development, Vol. 24, No. 3, 2000.

[22] Hatano G., Inagaki K., "Young children's naive theory of biology", *Cognition*, Vol. 50, No. 1, 1994.

[23] Hickling, A., Gelman, S., "How does your garden grow? Early conceptualizations of seeds and their place in the plant growth cycle", *Child Development*, Vol. 66, No. 3, 1995.

[24] Hoisington C., Sableski N., DeCosta I., "A walk in the woods", *Science and Children*, Vol. 48, No. 2, 2010.

[25] Hughes, D., Woodcock, J., Funnell, E., "Conceptions of objects across categories; Childhood patterns resemble those of adults", *British Journal of Psychology*, Vol. 96, No. 1, 2005.

[26] Inagaki K., Hatano G., "Vitalistic causality in young children's naive biology", *Trends in cognitive sciences*, Vol. 8, No. 8, 2004.

[27] Inagaki K., Hatano G., "Young children's recognition of commonalities between animals and plants", *Child development*, Vol. 67, No. 6, 1996.

[28] Inagaki K., "The effects of raising animals on children's biological knowledge", *British Journal of Developmental Psychology*, Vol. 8, No. 2, 1990.

[29] Jackson, L. A., Samona, R., Moomaw, J., et al., "What children do on the Internet: Domains visited and their relationship to socio-demographic characteristics and academic performance", *Cyber Psychology and Behavior*, Vol. 10, No. 2, 2006.

[30] Johnson, S. C., Solomon, G. E. A., "Why dogs have puppies and cats have kittens: The role of birth in young children's understanding of biological origins", *Child Development* Vol. 68, No. 3, 1997.

[31] Kalish, C. W., Sabbagh, M. A., "Conventionality in cognitive development: How children acquire shared representations in language, thought, and action", *New Directions in Child and Adolescent Development*, Vol. 115, No. 2, 2007.

[32] Keil, F. C., "Constraints on constraints: Surveying the epigenetic land-

scape", *Cognitive Science*, No. 14, 1990.

[33] Leach, J., Driver, R., Scott, P., Wood-Robinson, C., "Children's ideas about ecology 3: Ideas found in children aged 5 – 16 about the interdependency of organisms", *International Journal of Science Education*, Vol. 18, No. 2, 1996.

[34] Lee. S. J., Chae, Y. G., "Children's internet use in a family context: Influence on family relationships and parental mediation", *Cyber Psychology and Behavior*, Vol. 10, No. 5, 2007.

[35] Marjorie Rhodes, Susan A., "Gelman. A developmental examination of the conceptual structure of animal, artifact, and human social categories across two cultural contexts", *Cognitive Psychology*, Vol. 59, No. 3, 2009.

[36] Morris S. C., Taplin J. E., Gelman S. A., "Vitalism in naive biological thinking", *Developmental psychology*, Vol. 36, No. 5, 2000.

[37] Myers, O., Saunders, C., Garrett, E., "What do children think animals need? Developmental trends", *Environmental Education Research*, 2004 (4): 545 – 562.

[38] Nagy, M., "The Child's Theories Concerning Death", *Journal of Genetic psychology*, Vol. 73, No. 2, 1948.

[39] Nguyen, S. P., Gelman, S. A., "Four-and 6 – year-olds' biological concept of death: The case of plants", *British Journal of Developmental Psychology*, Vol. 20, No. 4, 2002.

[40] Nguyen, S. P., Rosengren, K. S., "Parental reports of children's biological knowledge and misconceptions", *International Journal of Behavioral Development*, Vol. 28, No. 5, 2004.

[41] Patrick H., Mantzicopoulos P., Samarapungavan A., "Motivation for learning science in kindergarten: Is there a gender gap and does integrated inquiry and literacy instruction make a difference", *Journal of Research in Science Teaching*, Vol. 46, No. 2, 2009.

[42] Petrova V., Siderova D., Stefanova R., et al., "Differentiation of the literary images of plants and animals by the scientific description with

children at pre-school and primary school age", *Trakia Journal of Sciences*, *Vol.* 8, No. 3, 2010.

[43] Posner, G. J., Strike, K. A., Hewson, P. W. "Accommodation of a scientific conception: toward a theory of conceptual change", *Science education*, Vol. 66, No. 2, 1982.

[44] Raman, L., Winer, G., "Children's and adults' understanding of illness: Evidence in support of a co-existence model of illness", *Genetic, Social, and General Psychology Monographs*, No. 12, 2002.

[45] Rhodes M., Gelman S. A., "A developmental examination of the conceptual structure of animal, artifact, and human social categories across two cultural contexts", *Cognitive psychology*, Vol. 59, No. 3, 2009.

[46] Richards D. D., Siegler R. S., "Children's understandings of the attributes of life", *Journal of experimental child psychology*, No. 4, 1986.

[47] Rosengren, K. S., Gelman, S. A., Kalish, C. W., McCormick, M., "As time goes by: Children's early understanding of growth in animals", *Child Development*, Vol. 62, No. 6, 1991.

[48] Ross N., Medin D., Coley J. D., Atran S., "Cultural and experiential differences in the development of folkbiological induction", *Cognitive Development*, Vol. 18, No. 1, 2003.

[49] S. A. Gelman, E. M. Markman, "Young children's inductions from natural kinds: The role of categories and appearances", *Child Development*, Vol. 58, No. 6, 1987.

[50] S. A. Gelman, J. D. Coley., "The importance of knowing a dodo is a bird: categories and inferences in 2 – year-old children", *Developmental Psychology*, Vol. 26, No. 5, 1990.

[51] Schmidt, M. E., Vandewater, E. A., "Media and attention, cognition, and school achievement", *The Future of Children*, Vol. 18, No. 1, 2008.

[52] Shepardson, D. P., "Of butterflies and beetles: First graders' ways of seeing and talking about insect life cycles", *Journal of Research in Science Teaching*, Vol. 34, No. 9, 1997.

[53] Siegal M. , Share D. L. , “Contamination sensitivity in young children”, *Developmental Psychology*, Vol. 26, No. 3, 1990.

[54] Siegel, D. R. , Callanan, M. A. , “Artifacts as conventional objects”, *Journal of Cognition and Development*, No. 8, 2007.

[55] Simons, D. J. , Keil, F. C. , “An abstract to concrete shift in the development of biological thought: The insides story”, *Cognition*, Vol. 56, No. 2, 1994.

[56] Solomon G. E. A. , Cassimatis N. L. , “On facts and conceptual systems: young children's integration of their understandings of germs and contagion”, *Developmental psychology*, Vol. 35, No. 1, 1999.

[57] Speece, M. , Brent, S. , “Children's understanding of death: A review of three components of a death concept”, *Child development*, Vol. 55, No. 5, 1984.

[58] Springer K. , “Acquiring a Naive Theory of Kinship through Inference”, Child Development, Vol. 66, No. 2, 1995.

[59] Springer K. , Keil F. C. , “Early differentiation of causal mechanisms appropriate to biological and nobiological kinds”, Child Development, No. 4, 1991.

[60] Springer K. , “Young children's understanding of a biological basis for parent-off spring relations”, Child Development, Vol. 67, No. 6, 1996.

[61] Springer, K. & Keil, F. C. , “On the Development of Biologically Specific Beliefs: The Case of Inheritance”, *Child Development*, Vol. 60, No. 3, 1989.

[62] Stavy, R. , Wax, N. , “Children's conceptions of plants as living things”, Human Development, No. 32, 1989.

[63] Stevenson, A. , “I wonder…” I wonder “boards serve as a springboard for scientific investigations”, Science and Children, Vol. 50, No. 6, 2013.

[64] Strommen, E. , “Lions and tigers and bears, oh my! Children's conceptions of forests and their inhabitants”, Journal of Research in Science

Teaching, Vol. 32, No. 7, 1995.

[65] Trundle, K. C., Mollohan, K., McCormick Smith, M., "Plants, alike and different: Laying the foundation to help preschoolers understand inheritance of traits", Science and Children, Vol. 50, No. 6, 2013.

[66] Vosniadou S., Brewer W. F., "Mental models of the earth: A study of conceptual change", Cognitive psychology, Vol. 24, No. 4, 1992.

[67] Vosniadou, S. & Brewer, W. F., "Mental models of the day/night cycle", Cognitive Science, No. 18, 1994.

[68] Waxman S., Medin D., Ross N., "Folkbiological reasoning from a cross-cultural developmental perspective: early essentialist notions are shaped by cultural beliefs", Developmental Psychology, Vol. 43, No. 2, 2007.

[69] Wellman H. M., Gelman S. A., "Cognitive development: Foundational theories and core domains", *Annual Review of Psychology*, Vol. 43, No. 1, 1992.

[70] Williams J. M., Affleck G., "The effects of an age-appropriate intervention on young Children's understanding of inheritance", Educational Psychology, Vol. 19, No. 3, 1999.

[71] Zhu L., Liu G., Tardif T., "Chinese children's explanations for illness", International journal of behavioral development, Vol. 33, No. 6, 2009.

[72] Herrmann P. A., French J. A., DeHart G. B., et al., "Essentialist reasoning and knowledge effects on biological reasoning in young children", Merrill-Palmer Quarterly, Vol. 59, No. 2, 2000.

论文集

[1] James H. Wandersee, Joel J. Mintzes, Joseph D. Novak, "Research on alternative conceptions in science", Dorothy L. Gabel, Handbook of Research on Science Teaching and Learning, Macmillan Publishing Company, New York, 1994, p. 188.

[2] Keil, F. C., "Cognitive science and the origins of thought and knowledge", R. M. Lerner, ed., Handbook of child psychology: Vol. 1. Theo-

retical models of human development, New York: Wiley, 1998, pp. 341 -413.

[3] Rogoff, B. , "Cognition as a collaborative process", In D. Kuhn & R. S. Siegler, eds. , Handbook of child psychology, Vol. 2. Cognition, perception, and language, 5th Ed. , New York: Wiley, 1998, pp. 679 -744.

[4] Valarie L. Akerson, Ingrid Weiland and khadija E. Fouad, "Children's I-deas about life Science Concepts", Kathy Cabe Trundle&Mesut Sackes, "Research in Early Childhood Science Education", Springer, 2015, pp. 99 -121.

[5] Wellman, H. M. , Gelman, S. A. , "Knowledge acquisition in foundational domains", D. Kuhn & R. S. Siegler, eds. , Handbook of child psychology: Vol. 2. Cognition, perception, and language, New York: Wiley, 1998, pp. 523 -573.

附　录

附录1　幼儿前科学概念的临床访谈提纲

1. 呈现小鸡图片、鸭妈妈图片、鸡妈妈图片，讲述情境故事：一只小鸡从一出生（刚刚从鸡蛋里孵出来）就由鸭妈妈照顾抚养。问幼儿：这只小鸡长大后长得和鸭妈妈一样，还是和鸡妈妈一样？为什么和鸡妈妈一样（或者为什么和鸭妈妈一样）？你是怎么知道的，你是从哪里知道的？

2. 呈现动物（小狗）的图片，问幼儿：动物有没有可能会生病？为什么可能会生病（或者为什么可能不会生病）？你是怎么知道的，你是从哪里知道的？

3. 呈现小蝌蚪的图片，问幼儿：小蝌蚪能不能长大（生长）？小蝌蚪为什么能长大？小蝌蚪的长大是怎样的？你是怎么知道的，你是从哪里知道的？

4. 呈现动物的图片（小鸡、蜜蜂），让幼儿判断：动物有没有可能会死亡？为什么动物有可能会死亡（为什么不可能死亡），动物的死亡是怎么样的？你是怎么知道的，你是从哪里知道的？

5. 植物的遗传（呈现一粒花生和几十粒大豆），问幼儿：农民伯伯把花生和大豆都种在了同一块土壤上，那么这颗花生发芽长大后，长出来的是花生还是大豆？为什么长出来的是花生（为什么长出来的是大豆）？你是怎么知道的，你是从哪里知道的？

6. 呈现植物（树、花、青菜）图片，问幼儿：植物会不会生病，植物有没有可能生病？为什么可能会生病（或者为什么可能不会生病）？你是怎么知道的，你是从哪里知道的？

7. 呈现小小的桃树苗的图片，问幼儿：小小的桃树苗能不能长大（生长），让幼儿谈谈小桃树苗为什么能长大，小桃树苗的长大是怎么样的？你是怎么知道的，你是从哪里知道的？

8. 呈现图片（树、草、青菜、花），问幼儿：这些植物有没有可能会死亡？为什么植物有可能会死亡（为什么不可能死亡），植物的死亡是怎么样的？你是怎么知道的，你是从哪里知道的？

9. 呈现两张两对夫妻的图片和一个婴儿的图片，一张图片中一对夫妻的脸型是瓜子脸，脸较长，下巴较尖，另一张图片中一对夫妻的脸型是国字脸，脸较短，下巴较宽。告诉幼儿：有一个婴儿，他是第一张图片中那对夫妻的宝宝，但是他没有和爸爸妈妈在一起吃住，他和第二张图片中的人在一起吃住。问幼儿：这个婴儿长大后他的长相长的有可能和第二张图片上的人一样，还是有可能和第一张图片上的人一样？为什么长相长的有可能和第一张图片上的人一样（为什么长相长的有可能和第二张图片上的人一样）？你是怎么知道的，你是从哪里知道的？

10. 呈现一个大人（外国运动员、老人）的图片，问幼儿：大人有没有可能生病？为什么可能会生病（或者为什么可能不会生病）？你是怎么知道的，你是从哪里知道的？

11. 呈现婴儿的图片，问幼儿：这个婴儿（小宝宝）能不能长大（生长），并请幼儿谈谈小宝宝为什么能长大，婴儿（小宝宝）的长大是怎样的？你是怎么知道的，你是从哪里知道的？

12. 呈现一个大人（外国运动员、老人）的图片，问幼儿：这个人有没有可能会死亡？为什么这个人可能会死亡（为什么这个人不可能死亡）？人的死亡是怎么样的？你是怎么知道的，你是从哪里知道的？

附录2　幼儿临床访谈记录表

幼儿园：　　　　　　　　　　　　　　班级：

幼儿姓名：　　　　　　　　　　　　　幼儿性别：

幼儿出生年月日：　　　　　　　　　　地址：城市（包括县城）　农村（村、镇）

问题	判断	解释	获得方式
动物的遗传			
动物的生病			
动物的生长			
动物的死亡			
植物的遗传			
植物的生病			
植物的生长			
植物的死亡			
人体的遗传			
人体的生病			
人体的生长			
人体的死亡			

附录3　幼儿关于生命现象前科学概念的解释水平的评估标准

幼儿关于遗传现象前科学概念的解释水平的评估标准

水平（赋分）	标准	范例
水平1（0分）	无法解释或不能以生物本身为依据，而是从人的主观意图、情感或错误经验来解释。	小鸡不喜欢鸭妈妈，小鸡不想鸡妈妈了。 长相像鸭妈妈，与鸭妈妈一起生活，受到鸭妈妈的照顾。 我喜欢花生所以能长出花生，土壤不欢迎豆子。 花生听话就长出豆子，不听话就长出花生。 浇了水就长花生，没浇水就长豆子。 父母不见了，和养父母一起生活，吃了养父母的奶。 爸爸妈妈希望我们和他们长相一样。
水平2（1分）	从遗传的表面特征来认识与解释，认识表浅。例如，亲代和子代在外形上很相似。	小鸡和鸡妈妈的羽毛一样，都是白色。小鸡的嘴巴像鸡妈妈，有鸡爪、鸡冠。 花生和豆子形状不一样。 豆子很多，花生只有一个，花生火气大。 小宝宝的头型和爸爸妈妈的头型一样，是圆的，养父母的头型是瓜子型的。 皮肤像妈妈，妈妈很白，养父母都很黑，眼睛像妈妈。
水平3（2分）	从生物的内在因素来认识与解释，对内在因素的认识模糊或不正确（涉及生殖、精子、种子等次级概念，但认识模糊或不正确）。	鸡妈妈生的就是鸡宝宝，鸭妈妈生的就是鸭宝宝。 鸡生的蛋孵出来的。 小鸡是从鸡蛋里的蛋黄变出来的。 花生种子长出花生，豆子种子长出豆子。 妈妈生的，男孩像爸爸，女孩像妈妈。 爸爸精子跑到妈妈肚子里，男孩只像爸爸，女孩只像妈妈。 妈妈肚子里生出来的，吸收了妈妈的营养。 结婚后父母相互配合就会生小孩，总像自己的父母。

续表

水平（赋分）	标准	范例
水平4（3分）	从生物的内在因素来认识与解释，对内在因素的认识比较正确，或较接近本质（涉及生殖、精子、种子等次级概念，但认识比较正确）。	谁生的长相就会像谁，要是不像就不是父母亲生的。 种子是什么，就长出什么。 花生种子有花生的特性。 遗传妈妈的大脑、遗传爸爸的眼睛。 谁生的宝宝就像谁，结婚后爸爸把种子放进妈妈的肚子。 爸爸妈妈的种子。
水平5（4分）	从生物的内在本质特征来认识和解释事物，比较正确（涉及遗传、细胞等本质特征）。	遗传，在肚子里就遗传了爸爸妈妈，细胞能够遗传，肉眼看不到细胞，细胞是红红的，能够检测，可以用显微镜看到。

幼儿关于生长现象前科学概念的解释水平的评估标准

水平（赋分）	标准	范例
水平1（0分）	无法解释或不能以生物本身为依据，而是从人的主观意图、情感或错误经验来解释。	小蝌蚪不是人，所以不能长大；小蝌蚪太小，不能长大。 很多小蝌蚪聚在一起，就能长大。 小蝌蚪想爸爸所以能长大，长成大蝌蚪。 因为动物没有读书，没有上学，所以不能长大。 因为植物很听话，所以能长大。 没有人动它，没有人烦它，它是最友好的，所以能长大。 植物妈妈需要它长大，长大后帮妈妈洗衣服。 植物像人一样吃食物，所以能长大。 因为小宝宝又帅又可爱，所以能长大。
水平2（1分）	从生长的表面特征来认识与解释，认识表浅（如外形从小到大、尾巴消失、长腿、发芽、开花、结果、越来越高、上学）。	生活在水里，水可以帮助小蝌蚪长大，长成大青蛙。 小蝌蚪不需要吃东西，只要喝水就能长大，体形由小到大。 播种、发芽、长出叶子、开花、结果，体形由小到大。 小宝宝将由小到大、由大到老；将经过婴儿、小孩、成年、结婚、做父母、变成老人的过程。 由幼儿园到小学、由小学到中学、由中学到大学。

续表

水平（赋分）	标准	范例
水平3（2分）	从生物的内在因素来认识与解释，对内在因素的认识模糊或不正确（如涉及生殖、食物、营养、生命、种子、生长条件等次级概念，但认识模糊或不正确）	动物吃食物，有营养，面包没有营养，水果蔬菜有营养。 动物都有生命，是动物妈妈生的，所以能长大。 植物有生命，和人一样能长大；生物能长大，玩具不长大。 能长大，因为有根、叶子、土壤、浇水、施肥、太阳。 晚上就会长大，浇水，水就是植物的米饭。 浇水就能长大，植物是水组成的。 人都能长大，人有生命，人工制品不能长大。 人身体里面有个可以长大的东西。 心脏造血、神经变长。
水平4（3分）	从生物的内在因素来认识与解释，对内在因素的认识比较正确，或较接近本质（如涉及神经、生长素、维生素、钙、消化器官等次级概念，认识比较正确）。	营养有促进人生长的功能，营养要均衡。 动物有消化器官（胃）。 植物进行光合作用，植物有一种本领，利用太阳光，将水成为植物身体的一部分。 在妈妈肚子里，妈妈通过脐带把营养传给宝宝。 蛋白质、维生素等营养要素。
水平5（4分）	从生物的内在本质特征来认识和解释事物，比较正确。	细胞生长、细胞分裂、光合作用等。没有一个幼儿达到这个水平。

幼儿关于生病现象前科学概念的解释水平的评估标准

水平（赋分）	标准	范例
水平1（0分）	无法解释或不能以生物本身为依据，而是从人的主观意图、情感或错误经验来解释（如想生病、不听话）。	动物不生病，因为听话、不打架、不会害怕。 动物不是人，所以不生病。 如果生病就吃不到骨头，所以不生病。 植物不是人，所以不生病。 没见过植物打针、吃药，所以不生病。 植物是给人吃的，所以不生病。 勇敢的人、好人、听话的人，不生病。

续表

水平（赋分）	标准	范例
水平2（1分）	从生病的表面特征来认识与解释，认识表浅（如流鼻涕、咳嗽、拉肚子、脸发黑、太累、运动、打针、吃药、皮试、歪了、干了、蔫了、黄了、烂了）。	动物不咳嗽、不发烧，所以不生病。 动物有毛，毛很暖和，可以保护身体，所以不生病。 脸发黑，无力，看样子生病了。 黄了、枯萎、叶子掉落、腐烂，被虫子咬了，要打农药。 见过植物打针、打药水，可能生病。 人会生病，受伤、流血、感冒、咳嗽，发炎、发烧、打针、抽血、皮试、吃药等，就是生病。
水平3（2分）	从生物的内在因素来认识与解释，对内在因素的认识模糊或不正确（如涉及生命、营养、细菌、病毒、卫生、生长条件等次级概念，但认识模糊或不正确）。	动物都有可能生病，吃了脏东西、垃圾食品、过期食品。 细菌传染疾病，细菌是肉眼看不到的虫子，传染是细菌的物理转移，传染者的病将康复，被传染者将染病。 美国人会传染埃博拉病毒，中国人生病不会传染。 细菌还小时，肉眼看不到；细菌长大后，肉眼能看到。 植物有营养，所以不生病。 植物身上的毛可以抵御虫子。 植物缺水生病，水被污染会生病，气温太低会生病。 植物也有生命，也可能生病。 常运动的人，身体结实，不会生病。
水平4（3分）	从生物的内在因素来认识与解释，对内在因素的认识比较正确，或较接近本质（如涉及传染、免疫、细菌、病毒、器官功能、营养等次级概念，认识比较正确）。	皮肤可以杀死传染的细菌。 衰老后容易生病。 遗传病。 动物有自己的抵抗力。 细菌会吃掉人体内的营养。 植物能进行光合作用，所以不生病。 传染细菌，对着别人咳嗽会传染，残疾不会传染。
水平5（4分）	从生物的内在本质特征来认识和解释事物，比较正确。	从细胞功能、稳态的角度进行解释，没有一个幼儿达到这个水平。

幼儿关于死亡现象前科学概念的解释水平的评估标准

水平（赋分）	标准	范例
水平1（0分）	无法解释或不能以生物本身为依据，而是从人的主观意图、情感或错误经验来解释（如幽灵、怪兽、魔法、不想死等）。	动物不是人，没见过动物死亡，所以不会死。 植物不是人，没见过植物死亡，所以不会死。 植物是人种的，如果死了，人就吃不到植物，所以不会死。 长得像妈妈，就不会死；长得不像妈妈就不会死。 运动员不可能死亡，因为经常锻炼。 被日本人杀死的中国人可以复活。 不想死，有功能，能重生；咒语、幽灵、魔法导致死亡。
水平2（1分）	从死亡的表面特征来认识与解释，认识很表浅（如死亡后不能动、不能说话、不能走路、不能喝水等；虽然能够感受到导致死亡的外部原因，如受伤、战争、意外事件等，但认为死亡后可以复活，认识表浅）。	不能呼吸就可能死亡，死亡后还能复活。 闭上眼睛死了，流血死亡，输血后能重生。 植物会被虫子吃掉，没空气也会死亡，死亡后能重生。 植物不是人，不会死；但花会死，花怕太阳。 植物被太阳晒死后，浇水可以重生。 人死后，在地球上无功能，不能复活；在天堂能重生。 老人可能死亡，年轻人不可能死亡。
水平3（2分）	从死亡的内在因素来认识与解释，对内在因素的认识模糊或不正确（如涉及生命、疾病、内部器官功能、生存条件等次级概念，能够认识到死亡无功能性和不可逆性）。	老死，如果老了不死，地球上容不下那么多动物，死后无功能，不能重生。 有抵抗力不会死，体内有抵抗管。 生命体都有可能死亡，有生就有死，被捕杀、疾病、离开适合的环境、突发性灾害都可能导致死亡。 生命只有一次，但猫有9条命，猫死后能重生。 被小偷杀死后，如果没有流血，去医院治疗可以活过来，但如果剪刀剪断脖子，就不能重生。 如果是渴死的，有功能，能重生，但是癌症死亡不能复活。
水平4（3分）	从死亡的内在因素来认识与解释，对内在因素的认识比较正确，或较接近本质（涉及生物体寿命的有限性或者致命性器官衰竭，能够认识到死亡无功能性和不可逆性）。	老死，大脑枯了，不能重生、无功能。 生命只有一次，不能复活、无功能。 被杀死，心脏死亡、心脏流血，无功能、不能重生。 窒息死亡、无功能、不能重生。 生物的寿命是有限的，死亡后无功能、不能重生。 生命就是灵魂，人类没有手能够活，没有脚能够活，没有头就不能活。
水平5（4分）	从死亡的内在本质特征来认识和解释事物，比较正确。	细胞功能、新陈代谢不可逆地终止。没有一个幼儿达到这个水平。

附录4　幼儿生命科学教育教师自评问卷

尊敬的老师，您好：

我们是赣南师范大学幼儿生命科学教育课题组成员，正在研究4—6岁幼儿对动物、植物、人体的认知，该研究可以更好地为学前儿童生命科学教育提供参考证据。作为研究的一部分，我们需要通过问卷调查的方式向您了解一些情况。问卷的内容是您熟悉的，您只需根据实际情况如实回答。问卷的处理是匿名的，回答的信息也仅供研究之用，并且保密，所以请您放心作答。对您的配合，我表示衷心的感谢！

赣南师范大学幼儿生命科学教育课题组

基本信息

幼儿园所在地：1 = 城市（包括县城），　　2 = 农村（村、镇）

教师学历：（1 = 小学或小学以下、2 = 初中、3 = 高中或中专或中师、4 = 大专、5 = 本科、6 = 研究生）

教龄：________________年

下面是教师对幼儿的生命科学教育的情况，请您根据实际情况打分，每一空都要填写分数，每一空都要根据实际情况填0到10之中的某个数字。

1	教师让幼儿知道周围的动物、植物和人体可以分为很多种类。	0 1 2 3 4 5 6 7 8 9 10 您的打分是：________分
2	教师让幼儿体会动物、植物和人体需要水、阳光、空气和营养。	0 1 2 3 4 5 6 7 8 9 10 您的打分是：________分
3	教师让幼儿知道动物、植物和人体有出生、长大和死亡的生命周期。	0 1 2 3 4 5 6 7 8 9 10 您的打分是：________分
4	教师让幼儿体会环境对动物、植物和人体的影响。	0 1 2 3 4 5 6 7 8 9 10 您的打分是：________分

续表

5	教师让幼儿体会动物、植物和人体的活动对环境的影响。	0 1 2 3 4 5 6 7 8 9 10 您的打分是：________分
6	教师让幼儿理解动物、植物和人体生病的原因。	0 1 2 3 4 5 6 7 8 9 10 您的打分是：________分
7	教师让幼儿知道动物、植物、人体的遗传现象。	0 1 2 3 4 5 6 7 8 9 10 您的打分是：________分
8	教师让幼儿观察动物、植物和人体。	0 1 2 3 4 5 6 7 8 9 10 您的打分是：________分
9	教师让幼儿根据对动物、植物和人体的观察提出问题。	0 1 2 3 4 5 6 7 8 9 10 您的打分是：________分
10	教师让幼儿根据对动物、植物和人体的观察进行科学猜测。	0 1 2 3 4 5 6 7 8 9 10 您的打分是：________分
11	教师指导幼儿制定简单的研究计划并执行计划。	0 1 2 3 4 5 6 7 8 9 10 您的打分是：________分
12	教师引导幼儿尝试初步利用设备和工具收集信息。	0 1 2 3 4 5 6 7 8 9 10 您的打分是：________分
13	教师引导幼儿利用证据做出合理解释。	0 1 2 3 4 5 6 7 8 9 10 您的打分是：________分
14	教师重视幼儿在探究中与他人合作与交流。	0 1 2 3 4 5 6 7 8 9 10 您的打分是：________分
15	教师激发幼儿对动物、植物和人体的兴趣。	0 1 2 3 4 5 6 7 8 9 10 您的打分是：________分
16	教师引导幼儿合理对待与自己不一致的观点（注重探究证据，既不迷信权威，也不固执己见）。	0 1 2 3 4 5 6 7 8 9 10 您的打分是：________分

续表

17	教师培养幼儿亲近动物、植物和人体的情感。	0 1 2 3 4 5 6 7 8 9 10 您的打分是：________分
18	教师教育幼儿爱护生命。	0 1 2 3 4 5 6 7 8 9 10 您的打分是：________分
19	教师培养幼儿尊重事实的精神。	0 1 2 3 4 5 6 7 8 9 10 您的打分是：________分
20	教师激发幼儿关于动物、植物和人体的求知欲。	0 1 2 3 4 5 6 7 8 9 10 您的打分是：________分
21	教师鼓励幼儿不畏困难的探索精神。	0 1 2 3 4 5 6 7 8 9 10 您的打分是：________分

您对幼儿科学知识教育有何看法？

____

____

您对幼儿科学方法教育有何看法？

____

____

您对幼儿科学态度教育有何看法？

____

____

附录5　幼儿生命科学教育家长自评问卷

尊敬的家长，您好：

我们是赣南师范大学幼儿生命科学教育课题组成员，正在研究4—6岁幼儿对动物、植物、人体的认知，该研究可以更好地为学前儿童生命科学教育提供参考。作为研究的一部分，我们需要通过问卷调查的方式向您了解一些情况。问卷的内容是您熟悉的，您只需根据实际情况如实回答。问卷的处理是匿名的，回答的信息也仅供研究之用，并且保密，所以请您放心作答。对您的配合，我表示衷心的感谢！

赣南师范大学幼儿生命科学教育课题组

幼儿园：　　　班级：　　　幼儿姓名：　　　家长姓名：

幼儿性别：(1＝男，2＝女)　幼儿出生日期：____年____月____日

幼儿居住地：1＝城市（包括县城），　2＝农村（村、镇）

家庭月收入：1＝2000元以下；2＝2000—4000元；3＝4000—6000元；4＝6000元以上

幼儿主要看护人：（1＝父亲，2＝母亲，3＝祖父母或外祖父母，4＝保姆，5＝其他）

父亲学历：（1＝小学或小学以下，2＝初中，3＝高中或中专，4＝大专，5＝本科及以上）

母亲学历：（1＝小学或小学以下，2＝初中，3＝高中或中专，4＝大专，5＝本科及以上）

父亲职业：(1＝行政机关工作人员，2＝事业单位工作人员，3＝企业工作人员，4＝自由职业者，5＝农民，6＝其他)

母亲职业：(1＝行政机关工作人员，2＝事业单位工作人员，3＝企业工作人员，4＝自由职业者，5＝农民，6＝其他)

下面是家长对幼儿的生命科学教育的情况，请您根据实际情况打分，每一空都要填写分数，每一空都要根据实际情况填0到10之中的某个数字。

1	家长让幼儿知道周围的动物、植物和人体可以分为很多种类。	0 1 2 3 4 5 6 7 8 9 10 您的打分是：________分
2	家长让幼儿体会动物、植物和人体需要水、阳光、空气和营养。	0 1 2 3 4 5 6 7 8 9 10 您的打分是：________分
3	家长让幼儿知道动物、植物和人体有出生、长大和死亡的生命周期。	0 1 2 3 4 5 6 7 8 9 10 您的打分是：________分
4	家长让幼儿体会环境对动物、植物和人体的影响。	0 1 2 3 4 5 6 7 8 9 10 您的打分是：________分
5	家长让幼儿体会动物、植物和人体的活动对环境的影响。	0 1 2 3 4 5 6 7 8 9 10 您的打分是：________分
6	家长让幼儿理解动物、植物和人体生病的原因。	0 1 2 3 4 5 6 7 8 9 10 您的打分是：________分
7	家长让幼儿知道动物、植物、人体的遗传现象。	0 1 2 3 4 5 6 7 8 9 10 您的打分是：________分
8	家长让幼儿观察动物、植物和人体。	0 1 2 3 4 5 6 7 8 9 10 您的打分是：________分
9	家长让幼儿根据对动物、植物和人体的观察提出问题。	0 1 2 3 4 5 6 7 8 9 10 您的打分是：________分
10	家长让幼儿根据对动物、植物和人体的观察进行科学猜测。	0 1 2 3 4 5 6 7 8 9 10 您的打分是：________分
11	家长指导幼儿制订简单的研究计划并执行计划。	0 1 2 3 4 5 6 7 8 9 10 您的打分是：________分
12	家长引导幼儿尝试初步利用设备和工具收集信息。	0 1 2 3 4 5 6 7 8 9 10 您的打分是：________分
13	家长引导幼儿利用证据做出合理解释。	0 1 2 3 4 5 6 7 8 9 10 您的打分是：________分

续表

14	家长重视幼儿在探究中与他人合作与交流。	0 1 2 3 4 5 6 7 8 9 10 您的打分是：________分
15	家长激发幼儿对动物、植物和人体的兴趣。	0 1 2 3 4 5 6 7 8 9 10 您的打分是：________分
16	家长引导幼儿合理对待与自己不一致的观点（注重探究证据，既不迷信权威，也不固执己见）。	0 1 2 3 4 5 6 7 8 9 10 您的打分是：________分
17	家长培养幼儿亲近动物、植物和人体的情感。	0 1 2 3 4 5 6 7 8 9 10 您的打分是：________分
18	家长教育幼儿爱护生命。	0 1 2 3 4 5 6 7 8 9 10 您的打分是：________分
19	家长培养幼儿尊重事实的精神。	0 1 2 3 4 5 6 7 8 9 10 您的打分是：________分
20	家长激发幼儿关于动物、植物和人体的求知欲。	0 1 2 3 4 5 6 7 8 9 10 您的打分是：________分
21	家长鼓励幼儿不畏困难的探索精神。	0 1 2 3 4 5 6 7 8 9 10 您的打分是：________分

您对幼儿科学知识教育有何看法？

____

____

您对幼儿科学方法教育有何看法？

____

____

您对幼儿科学态度教育有何看法？

____

____

后　　记

博士生的学习与研究是一个短暂又漫长的修炼过程，浸润着汗水与心血，经历着欣喜、苦闷、焦躁与感动，饱含着师长和亲人默默的关怀与付出。尤其是博士论文，凝结着老师的培育与关怀，凝结着朋友的鼓励与帮助，凝结着亲人的支持与付出，也凝结着自己的坚持与勤奋。我要感谢论文背后的老师、同学、朋友、同事和亲人，是你们的启发、鼓励、引领和支持，使我完成了如此艰巨的任务。

首先，我要感谢我的导师——严仲连教授。我很幸运的遇到了这样一位在学识、智慧和修养方面都让我十分敬仰的老师。恩师不嫌弃我的浅陋和愚笨，宽容地接纳我、点拨我、鼓励我、引领我。在学术探索的道路上，导师以敏锐的思维、宽厚的功底和前沿的研究为我提供研究视角和学术观点，指导我在“和而不同”的问题解决和学术研讨中进步。从“小论文”的撰写、修改到投稿，从“大论文”的选题、开题、调研、撰写、答辩到最终完成，从论文的思想观点、逻辑结构到研究方法，都浸润着导师的精心指导和学术品格。博士研究生期间不仅是一个学问的研修过程，更是人生的一个成长过程。导师的“学高为师、身正为范”，将使我终生受用，激励我努力成为一个对国家、对社会和对家庭负责任的人，激励我热爱生活和热爱研究。我还要感谢我的师母——谢福秀，师母默默地照顾和支持着我的导师，使我的导师有更多的精力和时间指导我，师母不仅传承了传统文化中“相夫教子”的美德，她的良好学术素养和国际视野也直接使我受益很大。

感谢马云鹏教授对我的关心、鼓励和指导，正是您的肯定使我有足够的信心和力量，您的指导使我有更好的定位和方向，您关爱安抚我焦躁的心情，您博大的学术胸怀照亮了我的求学之路。感谢林智中教授在长春的讲学和指导，您精深的学术造诣和科学精神，使我获益良多。

感谢答辩委员会专家和博士生指导小组的每一位老师——陈旭远教授、吕立杰教授、赵俊芳教授、李广教授、熊梅教授、于海波教授和刘学智教授，打开了我的学术视野，明晰了我的研究思路，在论文的选题、开题和答辩过程中提出了宝贵建议。

感谢教育学部的邬志辉教授、柳海民教授、姚伟教授、王小英教授、于海波教授、朱红教授、盖笑松教授、张海波副教授、刘善槐副教授、丁锐副教授、梁红梅副教授、解书副教授、杨宏丽副教授，你们的学术智慧和教授风范有力地推动我前行。感谢马卓老师为博士生认真地工作，及时地为我们排忧解难。

感谢我的硕士生导师吴永军教授，当年您帮助我打下了学术研究的基本功，今天您依然有力地支持我。感谢丁海东教授对本论文的启发与肯定。

感谢华中师范大学郑洁博士，很幸运认识你，我在研究期间得到了你的鼎力相助，你提出的宝贵意见和心理支持，使我有勇气往前迈进。感谢祖静博士、丁陈栋博士、池晓军硕士，你们总是能及时为我排忧解难。

感谢我的同门兄弟姐妹，何静、马瑞青、陈玮、杜剑锐、郭爽、李容香、张庆、赵晏、安金雨、张娟娟、米娜、孙一铭、刘明月，我们在一起生活和学习，这种融洽又真诚的学习气氛使我们的相遇充满温暖。

感谢我的朋友，柯珊、姜超、胡洪强、周兆海、刘江峡、张家辉、高晓文、单成蔚、陈飞、朱立明、米雪、索长清、丁学森、金胜昔、李维、王福禄、肖生龙、张金伟，我们一起在图书馆安静地学习，在校园快乐地散步，在学术沙龙中热烈地讨论，我们间的友谊使沉闷的博士生活中总有那一抹难得的愉快。

感谢赣南师范大学的领导和老师的理解和包容，陈上仁院长大力的支持我，为我免除小孩入学的后顾之忧，助我争取充分的政策支持和时间支持，使我得以安心就学和研究并且大力资助我出版专著。感谢李东斌院长一直以来在生活、学业与工作中对我的精心指导与大力支持李东斌院长对专著给予了切实有力的指导与支持。感谢谭诤博士与陈爱忠副教授对我的真诚热心帮助。感谢我的同事吴笑臣、曹晓刚、相爱存、易朝红、谢章莲、郑显亮、邓小平，谢谢你们。

感谢支持本书的幼儿园老师、家长和小朋友，感谢邹琴香、王一红、蔡小勇、陈富英、王依群、陈萍、方丽、朱荣、丁翠英、曾令洋等幼儿园园长的支持和帮助，你们既是我的老师也是我的朋友。

感谢我的妻子和可爱的女儿，感谢我的父母，感谢我的兄弟姐妹，家人毫无怨言的付出，使我心无旁骛地投入学习与研究之中，因为有你们我才有勇气，因为有你们我的研究才有意义。

感谢素未谋面的中国社会科学出版社的领导与编辑赵丽，感谢他们将这本著作列入出版计划，感谢他们的辛勤工作与有力指导。这对像我这样没有名气的学前教育领域的研究者尤为重要。

感谢所有关心我、鼓励我、帮助我的人……

2017年2月27日

于赣南师范大学图书馆